国家社科基金
后期资助项目

汉语疑问焦点的韵律表现

阎锦婷 高晓天 著

中国社会科学出版社

图书在版编目（CIP）数据

汉语疑问焦点的韵律表现 / 阎锦婷等著. -- 北京：中国社会科学出版社，2025.4. -- ISBN 978-7-5227-4729-3

Ⅰ. H146.3

中国国家版本馆 CIP 数据核字第 2025SL7891 号

出 版 人	赵剑英
责任编辑	黄　丹　魏厚宾
责任校对	李　硕
责任印制	李寡寡

出　　版	中国社会科学出版社
社　　址	北京鼓楼西大街甲 158 号
邮　　编	100720
网　　址	http://www.csspw.cn
发 行 部	010-84083685
门 市 部	010-84029450
经　　销	新华书店及其他书店
印　　刷	北京君升印刷有限公司
装　　订	廊坊市广阳区广增装订厂
版　　次	2025 年 4 月第 1 版
印　　次	2025 年 4 月第 1 次印刷
开　　本	710×1000　1/16
印　　张	15.5
字　　数	278 千字
定　　价	85.00 元

凡购买中国社会科学出版社图书，如有质量问题请与本社营销中心联系调换
电话：010-84083683
版权所有　侵权必究

国家社科基金后期资助项目
出版说明

后期资助项目是国家社科基金设立的一类重要项目，旨在鼓励广大社科研究者潜心治学，支持基础研究多出优秀成果。它是经过严格评审，从接近完成的科研成果中遴选立项的。为扩大后期资助项目的影响，更好地推动学术发展，促进成果转化，全国哲学社会科学工作办公室按照"统一设计、统一标识、统一版式、形成系列"的总体要求，组织出版国家社科基金后期资助项目成果。

全国哲学社会科学工作办公室

目 录

第一章 绪论 ……………………………………………………… (1)
    第一节 疑问与焦点 …………………………………………… (1)
    第二节 汉语疑问句的韵律表现 ……………………………… (6)
    第三节 汉语焦点的韵律表现 ………………………………… (10)

第二章 韵律实验说明 ………………………………………… (14)
    第一节 实验设计 ……………………………………………… (14)
    第二节 实验方法 ……………………………………………… (18)
    第三节 声学数据的提取与处理 ……………………………… (20)

第三章 是非问句焦点的韵律表现 …………………………… (22)
    第一节 自然焦点的语调问句和语气词"吗"问句 ………… (23)
    第二节 对比焦点的语调问句和语气词"吗"问句 ………… (33)
    第三节 回声问句 ……………………………………………… (48)

第四章 特指问句焦点的韵律表现 …………………………… (56)
    第一节 一般特指问句 ………………………………………… (57)
    第二节 包含两个疑问词的特指问句 ………………………… (68)
    第三节 特指问句与选择问句的混合形式 …………………… (76)

第五章 正反问句焦点的韵律表现 …………………………… (83)
    第一节 "V不VO"正反问句 ………………………………… (84)
    第二节 "VO不"和"VO没有"正反问句 ………………… (94)
    第三节 带"是不是"的正反问句 …………………………… (100)

第四节　作为附加问句的正反问句 …………………………（107）

第六章　选择问句焦点的韵律表现 ……………………………（117）
　　　第一节　前后选择项之间有关联词语相联系 …………………（118）
　　　第二节　前后选择项之间有问号 ………………………………（129）
　　　第三节　紧缩的选择问句 ………………………………………（136）

第七章　余论 ……………………………………………………………（143）
　　　第一节　焦点数量、位置和声调对疑问焦点韵律表现的
　　　　　　　影响 …………………………………………………（143）
　　　第二节　韵律三要素在疑问焦点表达中的相关关系 …………（150）
　　　第三节　疑问标记在疑问焦点表达中的相互关系 ……………（154）

第八章　结语 ……………………………………………………………（160）

参考文献 …………………………………………………………………（164）

附录1　音高数据（半音值） ……………………………………………（176）

附录2　时长数据（时长比值） …………………………………………（203）

附录3　音强数据（音量比值） …………………………………………（221）

后　记 ……………………………………………………………………（240）

第一章 绪 论

汉语疑问句和焦点一直是语言研究中的热点问题,许多学者都在这两大问题上投入过一定的精力,并由此产生了一大批研究成果。随着近年来声学实验、感知实验、语料库等科技手段的迅速发展,学界对焦点的韵律特征的实验探索越来越多,并开拓了疑问句研究的新领域。

第一节 疑问与焦点

疑问和焦点是两个重要的语法范畴。学界对于汉语中疑问范畴和焦点范畴的研究已经比较深入,一系列专著如《现代汉语疑问句研究》(邵敬敏,1996)、《话题与焦点新论》(徐烈炯、刘丹青,2003)、《焦点结构和意义的研究》(徐烈炯、潘海华,2005)、《汉语句子的焦点结构和语义解释》(袁毓林,2012)等,影响深远。

最早对汉语疑问句予以关注的是马建忠的《马氏文通》,按照助字所传语气的不同,其将疑问句分为传信和传疑两大类。20世纪50年代,吕叔湘在《语法学习》(1953)一书中将反复问和抉择问合并为选择问,将疑问句分为是非问、选择问和特指问三大类。之后,黄伯荣(1958)等学者对疑问句的分类进行了调整和修改。

20世纪80年代至90年代,学者们对疑问句的分类、疑问程度、句尾语气词、疑问句的历时发展等问题进行了多角度、深层次的探讨。徐杰、张林林(1985)将疑问程度划分为最高100%、次高80%、次低60%、最低40%四个层次,且将疑问句类型同疑问程度一一对应。邵敬敏(1996)也对疑问句的疑问程度进行了阐述,他认为特指问句的疑问程度最强,"吗"字是非问句较强,正反问句信疑各占一半,"吧"字是非问句较弱,而反诘问的疑问程度最弱。胡明扬（1981）、邵敬敏（1989）、金立鑫（1996）等对句尾语气词"呢"做了专门讨论，认为"呢"不是一个疑问语气词，有没有"呢"，对构成一个疑问句来说，没有影响。对这个问题，也有学者持不同意见（陈妹金，1995；熊仲儒，1999）。祝敏彻（1995）对古代汉语和近代汉语中的选择问句和正反问句的相关形式进行了梳理和分析，让我们对这两种疑问句的历时发展特点有了更加清晰的认识。

疑问句的分类和描述仍是这阶段研究的热点。范继淹（1982）从交际功能的角度出发将疑问句分为两类，认为除了特指问句，其他问句都是选择关系。朱德熙（1982）将疑问句分为是非问句、特指问句和选择问句三类，且把这三类问句都看成由陈述句转换而来，同时，又把反复问句看作选择问句的一种特殊形式。邢福义（1991）、张伯江（1997）也把疑问句分为这三类，只是选取了不同的划分角度，前者从基干的构造和提问的要求出发，后者的分类依据是大小不同的疑问域。邵敬敏（1996）则把所有的疑问句都看成一种选择，从"选择"的角度把疑问句分为是非选择问句和特指选择问句，二者的根本区别在于前者要求作肯定或否定的回答，后者要求作针对性的回答。李宇明（1997）首先将疑问句的疑问标记分为四类：疑问语调、疑问语气词、疑问代词和疑问句法结构，然后将这四类标记分为三个层级，各层级的疑问标记可以与各类疑问句对应起来。而一般的语法教材和语法论著都按照疑问句的结构形式将其划分为四类：是非问句、特指问句、正反问句和选择问句［叶苍岑主编《现代汉语语法基本知识》，1986；邢公畹主编《现代汉语教程》，1995；刘月华等著《实用现代汉语语法》（增订本），2001；黄伯荣、廖序东主编《现代汉语》（增订五版），2011］。

此外，一些学者把目光转向了特定疑问类型的研究，并取得了相当的研究成果。如林裕文（1985）对是非问句的研究中指出，"是非问句如果要突出疑问点，可以用上句中重音"；邵敬敏（1994）探讨了选择问句的形式特点及前后选择项之间的语义关系，还提到了选择问句的应用价值等问题；丁力（1999）从焦点和论域层面出发，对"是不是"问句进行考察，讨论了"是不是"问句和正反问句、是非问句之间的关系等。

进入21世纪以来，学界开始着眼于"非疑问用法"以及"疑问功能"的研究，相关领域的发文量基本保持着稳定的高产高质量局面（张雪秦、孙慧莉，2020）。邵敬敏、朱彦（2002）讨论了"是不是VP"问句的肯定性倾向，与相关句式进行信疑度的比较，分析了该问句的语用类型、历史发展轨迹和类型学意义。邵敬敏（2008、2012、2013）还讨论了由判断动词"是"构成的三种附加问：A式"是不是"、B式"是吗"、C式"不是吗"的信疑程度与语义倾向，是非问句内部结构类型的特点及横向的功能比较，疑问句的结构类型跟反问句的转化关系等。这些文章都收录到邵敬敏先生的著作《现代汉语疑问句研究（增订本）》中，对我们的研究具有重要的参考价值。此外，程凯（2001）考察了汉语是非疑问句的多种表现，并通过最简方案中的不对称理论的同序框架推演了各自的生成过程。苏若阳（2018）在历时类型学的视角下对汉语是非问句作了专题研究，探讨了是非问句演变中的诸多问题。傅玉（2020）在形式句法理论框架下，从英汉对比视角分析了现代汉语选择疑问句的句法特性。随着外国语言学理论的引进，汉语语法学界对疑问句的研究出现了许多新的论点。

值得一提的是，该阶段很多学者开始尝试用定量分析的实验方法研究疑问句。声学实验、感知实验、数据库等越来越多地融入现代汉语疑问句的研究中，取得了不少令人瞩目的研究成果。下节来谈这一问题。

语言学领域中"焦点"的概念最早是由 Vilem Mathesius 提出的，他在有关句子功能的研究中，首次使用"焦点"这一概念来指称新信息和叙述的核心（Mathesius，1929）。"焦点"概念自20世纪80年代中期引入我国语法学界后，不同学者从不同理论背景出发，依据研究需要或所需视角给焦点下了不同的定义。张黎（1987）、陈昌来（2000）、孙汝建（2004）等从信息结构角度切入，认为焦点是说话人表达的新信息中的重点信息。然而，有学者指出，在实际话语中，我们可以找到很多以旧信息作焦点的例子（冉启斌等，2013）。方梅（1995）从语义角度切入，认为一个句子的焦点是句子语义的重心所在。徐烈炯、刘丹青（1998）、潘建华（2000）则从语用角度切入，认为焦点在本质上是一个话语功能概念，它是说话人最想让听话人注意的部分。祁峰（2014）整合凸显形式与功能的不同角度，给焦点下了一个比较长的定义：焦点是说话者用超音段的、局部性的韵律语法手段，对话语中某些片断进行凸显操作，分为不可简省的和刻意重音的凸显；在说话者的焦点选择中，既需要照顾话语整体及其部件凸显自身重要性的要求，又需要根据自己的交际目的来处理这些要求；焦点的选择，最终决定了话语的建构。

相应地，焦点的分类尚存在较大分歧。最常见的是将焦点分为自然焦点/常规焦点和对比焦点/强调焦点两类（张黎，1987；方经民，1994；方梅，1995）。前者指的是，语句在没有其他特殊因素影响的情况下，焦点总是位于句末；后者指的是，当语句受到特殊因素的影响，如说话人有对比或强调的目的时，焦点可能位于句子的其他部分。与之基本对应的是无标记焦点和有标记焦点的分类（刘鑫民，1995；陈昌来，2000）。无标记焦点的位置比较固定，总在述题结束的地方；有标记焦点的位置则比较灵活，往往不在句末。除此之外，焦点还有宽窄之分（Ladd, 1980; Lambrecht, 1994; Alan Cruttenden, 2002）。一般认为，宽焦点是整个谓语部分或整个句子作焦点，而窄焦点由一个句法成分来充当。还有学者按照表达功能的不同对焦点类别进行了三分和四分，如刘丹青、徐烈炯（1998）认为，以小句内部其他成分为背景时，焦点的性质可以描述为"突出"（prominent），以小句外的内容为背景时，焦点的性质可以描写为"对比"（contrastive），并以［±突出］和［±对比］两对功能特征为参项，将焦点分为三类：自然焦点［+突出］［-对比］、对比焦点［+突出］［+对比］和话题焦点［-突出］［+对比］。徐杰（2001）提出了［±突出］和［±对比］存在的问题：（1）焦点性质不因背景呈现方式而有实质性不同；（2）"突出"和"对比"作为两个对立特征不兼容；（3）该分类系统缺乏一个共同的语法特征使三类焦点"物以类聚"而成一类；（4）"突出"和"对比"不是处在一个层面的，前者是结果，后者是过程。也就是说，不应将"话题焦点"和"自然焦点""对比焦点"并列在一起。

可见，正如徐烈炯（2001）所指出的："焦点是音系学、句法学、语义学、话语分析等语言学各个学科共同感兴趣的问题，也是形式语言学、功能语言学等语言学各个学派共同感兴趣的问题。语言学中得到如此广泛注意的课题不多。"综合前人的研究，本书遵循简单实用原则，从现代汉语疑问句的语义特征和语用功能的实际出发，认为焦点就是受语义和语用的影响而相对凸显的成分，是话语中的重要信息，可通过句法、韵律等多种方式实现。我们对焦点的分类采用最常见的自然焦点/常规焦点和对比焦点/强调焦点两分法。

关于汉语中疑问与焦点的关系，最早的研究应该是吕叔湘在《中国文法要略》（1942）中谈到的，在是非问和特指问两种疑问句中如何确定焦点的问题。之后的相关研究资料比较少。直到20世纪80年代中期，"焦点"概念引入我国语法学界，疑问与焦点的关系问题才开始被学者们关注。

吕叔湘（1985）认为，是非问句一般是对整个陈述的疑问，但有时疑问也会集中在某一点，形成一个焦点，这个焦点在句中可以用对比重音来表示。林裕文（1985）则认为，是非问句的答语往往是"嗯"或"不"，是对整个句子的肯定或否定，这就无所谓疑问点了。后又说："但能不能因此说是非问就一定没有疑问点呢？也不是。是非问如果要突出疑问点，可以用上句中重音。"这两篇文章从疑问范畴出发，通过引入焦点范畴，讨论了是非问句中焦点的确定方式等问题。

方梅（1995）以疑问词在动词前和在动词后的两套特指问句为例，通过对预设的定性分析区别了句子的常规焦点和对比焦点。邵敬敏（1996）从答问方式切入，进一步指出，要区分问话人表达的疑问焦点和答话人理解的疑问焦点。刘丹青（1991）在考察苏州方言用"可VP"式表达普通话中是非问句和正反问句的内容时，从方言的角度讨论了疑问范围和焦点的关系。徐杰（1999）提出"疑问焦点实际上就是一般的句子焦点在疑问句中的具体化和实例化"，从而指出了疑问焦点的本质。较之前的研究，这些文章对疑问和焦点的关系做了较为深入的探讨。

近二十年来，专门讨论疑问与焦点之间关系的文献数量逐渐增多。陈昌来（2000）、刘顺（2003）、尹洪波（2008）等对几种不同类型的疑问句焦点的确定方式进行了较为详细的举例和分析，做了较为全面的概述和总结。如尹洪波指出，是非问句都存在焦点，但有的焦点透明度低，需要借助语境确定；特指问句可以只有一个疑问焦点，也可以有多个疑问焦点，多个焦点之间可以是并列关系；正反问句的焦点总落在"X 不 X"上；选择问句的焦点可以是选择项中的某一成分，也可以是整个选择项。

郭锐（2000），郭婷婷（2005），金红（2008），唐燕玲、石毓智（2009、2011）针对某一种特定的疑问句（"吗"字是非问句、特指问句、特指反问句）中疑问与焦点之间的关系问题进行了较为深入的探讨，研究采用了一些新的理论和方法。如郭锐用焦点理论来解释"吗"字是非问句的确信度和疑问程度，从而指出，如果焦点是整个句子的谓语或主要动词，一般是中确信度的；如果焦点在状语、补语或主语、宾语、定语上，"吗"问句则是高确信度的。唐燕玲、石毓智（2009）从英语、现代汉语、古汉语等跨语言的角度讨论疑问和焦点两种语法范畴之间的功能与形式上的关系，文末指出"疑问和焦点之间在形式上存在着种种共性，其背后的原因是它们功能上的相似性"。

祁峰（2017、2020）以普通话及吴方言的正反问句、特指问句为例，分析了汉语普通话及吴方言中疑问和焦点这两个语法范畴之间的互动关系，包括疑问表达手段对正反问句、特指问句中疑问焦点的影响，以及焦点表现形式对正反问句、特指问句表达功能的影响，对疑问与焦点关系进行了较为深入的定性分析。

王余娟等（2021）采用声调聚合分析法考察了疑问语气和焦点对汉语四种声调音高实现的影响规律。实验结果显示，疑问语气和焦点的作用都是全局性的，对声调的音高值和调型都有影响，但对句中不同位置、不同声调的影响方式是不同的。研究揭示了疑问语气、焦点和声调之间的交互关系。

综上所述，疑问与焦点之间不是相互独立、各自为政的，它们在功能和形式上相互关联。学者们从这个角度切入，展开了越来越多的探讨。已有研究从疑问、焦点两个不同范畴出发，从答问、方言等不同角度切入，结合语义、语用特征，揭示了疑问与焦点的内在关系，带给我们很多启示。但也应该指出，这方面的探讨还不够充分，我们的研究将为疑问焦点的韵律特征带来一些新的发现。

第二节　汉语疑问句的韵律表现

韵律是超音段语音学和音系学的术语。韵律通过音高、时长和音强等声学参数的协调变化，传递不同的信息内容，表达说话语气，传达情绪和情感，体现不同的语用功能，在人们的交际中发挥着很重要的作用。20世纪80年代末，陆丙甫、端木三、冯胜利等学者通过引入西方前沿的语言学理论，开始探讨汉语中音系平面和词汇平面、句法平面的接口问题（Lu & Duanmu，1991、2002；冯胜利，1997、1998；Duanmu，1999）；逐渐地，学者们发现汉语中韵律和语法之间存在着内在的联系（冯胜利，2000；吴为善，2006；王洪君，2008；周韧，2011），探讨韵律和语法互动关系的研究越来越多。疑问句成为韵律研究的热点问题之一。除少量的韵律感知研究（林茂灿，2004、2006；王韫佳，2008；江海燕，2009；杨洁、孔江平，2020）外，汉语疑问句的韵律表达特征经过许多学者坚持不懈的探索，取得了引人注目的成果。

吴宗济（1982）、胡明扬（1987）认为，如果一个句子单靠语调来表达疑问语气，那么句尾会抬高，但调型不变，句中其他基本单元也与陈述句相同；如果其凭借语调以外的疑问标记（语气助词、特指疑问词、疑问句法结构）来表达语气，疑问语调特征减弱。

胡明扬（1987）还进一步指出，语调和句子类型两者之间的关系是相当复杂的。他把每种语调的适用范围都分为专用范围和活用范围两种。其中，高调型的疑问语调的专用范围是不带语气词"吗"的是非问句和选择问句的前一分句，活用范围包括带语气词"吗"的是非问句（使用疑问语调时表示发问者对句子内容有怀疑）、带疑问代词的特指问句（使用疑问语调时表示强调或追问）以及正反问句（使用疑问语调时表示强调或追问）。

劲松（1992）的实验结论与吴宗济（1982）、胡明扬（1987）有相似之处：如果单凭语调形式表示疑问语气，那么句子末的节奏单位就是高语调；如果句子中有明显表示疑问的疑问代词和疑问句法结构，那语调的高低就存在一定的灵活性。

沈炯（1985，1992，1994）通过多年研究，在语调模型上提出了独到见解。他认为，陈述语调在调核之后高音线骤落、低音线下延，而疑问语调在调核之后高音线渐落、低音线上敛。

杨立明（1995）区分了"矛式"和"盾式"两种疑问语调，研究指出：下线提高、调域较窄的"矛式升调"普遍存在于有标疑问句中，是疑问句最典型的韵律特征；上线提高、调域变宽的"盾式升调"突出地体现在无标疑问句中，表示询问的色彩较弱。

曹剑芬（2002）对比分析语调是非问句和相应的陈述句后指出，疑问句的平均音高高于相应的陈述句，且这些疑问句总体的调阶走势是上升或者相对趋平的，但陈述句都是下降的。后来的许多实验结果都验证了这一观点，并且研究越来越细化。如 Yuan（2006）就采用将疑问句与陈述句相应音节的音高相减的方法，发现疑问句音高在陈述句基础上整体提升，越接近句末升幅越大。彭小川（2006）则指出，普通话是非问句表示疑问的语调不仅有上升语调一种，还有一种低平语调。低平语调主要表达一种求证的语气，上升语调所表达的诧异或怀疑的语气比较强。杨洁、孔江平（2020）在探讨陈述句和疑问句之间的感知范畴时也做了声学分析，结果表明，无论句末字调是几声，疑问句的平均音高均高于陈述句。王余娟等（2021）的实验语料也是特定声调组合的实验语句，研究指出，疑问句各声调的低音点从句首开始就明显高于陈述句，但音域下线基本保持水平，与陈述句的差异越来越大缘于陈述句的音域下线不断降低。

　　阮昌娜（2004）、王韫佳（2008）、江海燕（2009）、柴丹丹（2017）等先后利用语音实验较为详细地描述了陈述句与疑问句以及不同类型疑问句之间的音高特征，对比分析了它们的声学差异，选取的参数略有不同（如音高范围、全句基频值、末字基频值等）。除音高特征的描写外，陈茸、石媛媛（2009）的研究也进一步探讨了不同疑问标记之间的影响，认为语调以外的其他疑问标记的使用起到了弱化语调的作用。在三种疑问句中，不带语气词"吗"的是非问句语调最强，带语气词"吗"的是非问句语调次之，带疑问句法结构的正反疑问句语调最弱。

　　王萍、石锋（2010）提出"音高起伏度"的计算方法，对四位汉语北京话发音人的语调是非问句语料进行定量分析，研究表明：疑问句的语句调域整体提高并扩展。王萍等（2017）又对普通话陈述句和同型疑问句进行了较大样本的实验研究，与已有的小样本陈述句和疑问句的实验结果基本一致，只是在局部细节上有少量差异。

　　疑问语调的音高分析也是人机交互与对话系统领域中的重要问题。Liu 等（2005）在对疑问句与陈述句的音高差进行拟合时指出，疑问句的音高上升不是线性，而是成指数的。Lai 等（2014）基于汉语普通话自然对话语料库，观察不同类型疑问句的韵律词最大值的连线，认为句尾音高降低在疑问句和陈述句中都存在。具体来说，在是非问句、特指问句、正反问句等有标记的疑问句和陈述句中，这种效应会发生，表现为整句下倾与终端下倾的叠加；但在无标记是非疑问句中，边界语气会抑制这种效应。许小颖等（2018）以疑问句与陈述句的音高曲线的回归线代表语调走势，结合实验语料与自然语料对二者语调进行分析，发现音高曲线的回归斜率是区别陈述句与疑问句语调的重要韵律特征。陈述句语调的句首接近水平略有上升，中间呈下倾趋势，句末形成终端下倾；而疑问句语调在句首呈上升趋势，句中开始下倾，到句末又向水平状态回调。

　　除音高外，Kochanski & Shih（2003）还进一步指出，与同型陈述句相比，语调问句最长时长出现在句尾音节；在强度上，语调问句与陈述句都表现出整体的能量下降，但在语调问句的最后一个音节可以观察到强度的明显上升。

林茂灿（2006）用声学数据论述关于普通话回声问的边界调时指出，疑问的边界调基频曲拱，保持单字调调型不变；疑问边界调的时长比其陈述的长，但疑问及陈述的边界调时长都不一定比其前音节的长；疑问的边界调要比陈述的"重"。

陈立民（2017）在研究不同类型疑问句的形式与意义时，首次谈到了长音与疑问句的关系，提出"所谓疑问语调就是有关的疑问形式读长音"的观点。研究采用的是描写并进行一定解释的定性分析法，未提供量化的实验数据。

王萍、石锋（2020）采用"音量比"的计算方法，对汉语普通话陈述句、疑问句等不同语句类型的音强表现进行了系统的分析和比较，发现不同因素对于音强的影响程度存在差异，其中语气表达影响最大。

石锋、温宝莹（2020）对50名北京普通话母语者的陈述句和疑问句进行了调查，分析普通话语调音高、时长和音强三要素之间的关系，首次对韵律不同步原理做了解释和探讨。

还有不少方言疑问句韵律的实验研究（吴宇晴，2017；王琼，2017等）和留学生习得汉语疑问句语调的实验研究（阎锦婷，2016；黄璐，2020等），此处就不再详述。

总之，随着实验语音学的发展，学界对汉语疑问句韵律表达特征的研究发展迅速。在这些研究中，音高特征的研究相对较多，选取的参数多是调域上下线及范围、全句平均基频、句末基频等，而时长、音强特征的研究相对较少。在韵律分析中如果只看到音高，就是一种抽象的线性起伏；加入时长，会成为一幅实在的平面图景；再加音量，才是一串鲜活语言的立体音流（石锋，2017）。且研究对象集中于不带疑问词的语调是非问句，对带语气词"吗"的是非问句、特指问句、正反问句及选择问句的研究仍显薄弱，对一些功能类型的疑问句如"回声问""X不X"附加问的韵律研究几乎为零。需要追问的问题，如采用朗读形式获得语料的自然焦点是非问句与通过语境设置不同位置的对比焦点是非问句的韵律表现有何不同？特指问句中不同音节数目及不同位置疑问词的韵律表现有何共性和差异？"回声问""X不X"附加问等语用功能特征和韵律表现形式是怎样的关系？无连接词"还是"的紧缩选择问句的韵律表现是什么？很多被忽略的问题，如怎样解释焦点的韵律特征差异对疑问功能的影响？韵律三要素——音高、时长、音强在表达疑问焦点时如何协调变化？疑问语调与其他疑问标记在表达疑问信息时各自的作用是什么？……

以上都是需要花大力气进一步探讨研究的问题。如果对这些问题深入研究就会发现，疑问与焦点之间、句法与音系之间的内在关系还有更广阔和更具语言学价值的研究前景。

第三节　汉语焦点的韵律表现

韵律研究中，疑问语气与焦点信息表达是两大热点。鉴于焦点与韵律的密切关系，很多研究者从语音学角度对汉语焦点进行了研究，关注较多的是音高和时长特征。

赵元任（1979）提出焦点重音的韵律表现，"首先是扩大音域和持续时间，其次才是增加强度"，另外"焦点后成分被弱读，其持续时间也相对地缩短"。赵元任先生对汉语重音的研究具有开创性意义。

之后的进一步研究发现，汉语的自然焦点重音常常落在句末的实词上（冯胜利，1997；Xu，1999；叶军，2001）。相比于自然焦点，当句子中出现一个强调焦点时，焦点词的音高升高，时长延长；焦点前成分的音高基本保持不变；焦点后成分的音高显著降低，调域压缩（沈炯，1992、1994；林焘、王理嘉，1992；Xu，1999；许洁萍等，2000；Liu & Xu，2005；贾媛等，2007、2008；曹文，2010；陈怡、石锋，2011；Xu et al.，2012；Chen et al.，2014；刘璐、王蓓，2020）。

有学者探讨了焦点的韵律表现与焦点词所在位置的关系。Xu（1999）指出，焦点在句首和句中的音高表现比在句末显著。Liu 和 Xu（2005）实验表明，疑问语气和焦点可以同时实现，疑问语调下，句首、句中和句末焦点仍然可以被感知。与陈述相比，当焦点位于疑问句句首时，疑问句音高整体提升；当焦点位于句中时，疑问句从焦点词开始音高提高，焦点充当了陈述和疑问语调区分的拐点；当焦点位于句末时，疑问句与陈述句之间的音高差异与自然焦点的陈述句和疑问句之间的音高差异类似，在句末表现出最大的句式差异。陈怡、石锋（2011）的实验结果是：不同位置的焦点所在的词调域都有显著扩展。Wang 和 Xu（2017）控制了焦点位置、边界强度等因素，考察普通话单焦点后的音高压缩范围，实验结果显示：

单焦点条件下,焦点后的压缩可以跨过所有的边界等级,包括从句间边界。Hsu 和 Xu(2020)研究发现,是非问句的句末语气词"吗"即使在焦点位置后,在声学特征上也有一定的凸显;特指疑问句中,句首疑问焦点"谁"的发音长度更长、强度更高,句末疑问焦点"什么"和"哪里"表现出一定的边缘效应。王蓓(2022)①进一步指出,句末焦点后没有音高、音强的压缩(Post-focus compression,PFC),所以句末焦点音高感知正确率通常偏低,提高正确率需要更高的音高。

还有学者探讨了焦点的韵律表现与焦点词声调的关系。Xu(1999)考察了普通话单字和两字组焦点成分的音高变化规律,指出受焦点的影响四声的音域被拉大,具体地说,阴平、阳平和去声的高调被抬高,阳平、上声以及去声的低调被降低,但随着焦点位置的不同音高的程度变化,焦点在句首和句中的表现比在句末显著。贾媛等(2006、2008)考察了焦点对普通话两字组、五字组音高的整体作用,指出焦点对焦点成分的高调作用明显,表现为将高的声调显著地抬高,对低调作用不显著。林茂灿(2011)认为,焦点落在阴平、阳平和去声音节时,其时长往往增长(不一定总是增长);落在上声音节时,时长一定增长。

总之,随着近年来实验语音学的迅速发展,汉语单焦点的韵律表现已有很多研究,且研究结论比较一致。而关于双焦点、多焦点的韵律表现研究则比较有限。

Jia 等(2010)研究了汉语双焦点和多焦点在音高上的表现,结果显示:双焦点中,两个焦点都会出现音高上升,焦点间的成分并没有出现音高下降;多焦点中,只有最右边的焦点音高明显升高。据此,他们认为,"凸显是分层级的"。Wang 和 Féry(2015)、刘璐和王蓓(2020)的研究也证实了"双焦点句中第一个焦点后音高压缩有限"。对这一现象,Wang 和 Féry 在关于德语双焦点的研究中做了较为详细的解释:并不是因为时间的限制(两个焦点的距离太近),而是为了提示下一个重要信息的出现,或者第一个焦点后的部分其实是第二个焦点前的成分,焦点前成分的音高基本保持不变。

Kabagema-Bilan 等(2011)采用由阴平组成的短句(如"猫咪偷乌鸦窝")考察焦点问题。实验结果表明,双焦点句子中的第一个焦点的时

---

① 王蓓:《焦点感知》,"实验语言学+"云上论坛,2022 年 10 月 24 日。

长发生了延长,但音高没有明显变化,第二个焦点音高升高也很有限,但表现出焦点后音高范围的压缩和时长的延长。

Yuan 等(2016)用较复杂的双宾语句式研究双焦点的表现,研究结果表明,第一个焦点后音高压缩的范围受第二个焦点位置的影响:如果第二个焦点在前一个宾语中,动词就没有焦点后压缩;当第二个焦点在后一个宾语中时,动词和前面的宾语都有明显的焦点后压缩。

刘璐(2017)专门就单焦点和双焦点的韵律实现方式做了对比分析,通过焦点后压缩的范围探究焦点结构和韵律结构的交互作用方式,发现韵律结构对焦点范围的限定在单焦点和双焦点间是不同的。王蓓等(2019)实验控制了焦点词的位置和句子长度两个因素,发现双焦点句中两个焦点有各自的实现范围,其音高升高和时长延长都和所对应的单焦点的条件接近,也可以在同一个语调短语内共存。第一个焦点后因为有了韵律短语边界而缺少音高压缩,而与两个焦点间的音节数没有直接关系。在合作的研究(刘璐、王蓓,2020)中,语音分析结果进一步显示,焦点词音高上升和时长延长的情况不受焦点词后边界强度的影响;双焦点句中第一个焦点后的音高压缩会被中等强度的边界减弱,而只有非常强的边界才会减弱单焦点后的音高压缩;随着韵律边界强度增加,边界前的词时长增加,但延长量是有限的,且不受焦点位置的影响。

可见,音高和时长在表征焦点时起到重要作用,已基本得到了学界的认同。但仍有一些需要追问的问题,如不同声调、不同音节长度对焦点词韵律表现的交互影响,焦点重音条件下音高和时长的相关关系等。尽管有研究提及这部分内容(Xu,1999;Chen,2006;贾媛等,2007、2008;许洁萍等,2000),但更多更细化的研究仍需要展开。

此外,对于音强在表征焦点时的作用,学界仍存在很多分歧。有研究者认为焦点在音强上没有明显表现,也有研究者认为音强也是焦点的重要表征。陆续有一些研究在尝试寻找焦点在音强上的表现,如蔡维天、李宗宪(2016)谈汉语焦点的韵律机制时,利用 Praat 软件分析了疑问词焦点的声学表现,结果显示,疑问词"谁""什么"是焦点重音,音域扩大,时长增长,音强增大。黄靖雯(2019)考察了普通话句中焦点陈述句和句末焦点陈述句的韵律分布模式后发现,陈述句两个位置的焦点调域显著扩展,时长明显延长,音强显著增强;焦点前和焦点后调域被压缩,音强相对减弱,焦点后成分时长缩短。此外,时秀娟(2018),温宝莹、东鞛妍

(2019), 王萍等 (2019), 许峰 (2020) 分别对汉语普通话 "不" 字句、"连" 字句、"是" 字句及否定句中焦点的音高、时长和音强表现进行了系统的实验分析。

而且, 以往研究多以陈述句为基础, 将韵律词切音分界, 得到目标句中非焦点成分与焦点成分的韵律对比, 语句整体的功能表达有时会被忽略。汉语疑问句在自身结构上有特有的标记, 在语义上有特别的内涵, 在语用上有特殊的功能。汉语疑问句中焦点的韵律表现究竟是怎样的? 本书尝试着来解答这一问题, 以进一步揭示疑问与焦点的关系。

第二章 韵律实验说明

第一节 实验设计

一 实验句

沈炯（1985）为了找到每位发音人不同位置字音的全调域，进而得到该发音人整个语句的全调域，设计了四个声调聚合的实验句。如下：

①张忠斌星期天修收音机。
②吴国华重阳节回阳澄湖。
③李小宝五点整写讲演稿。
④赵树庆毕业后到教育部。

每个实验句中，第1—3字字音为句首韵律词；第4—6字字音为句中韵律词；第7—10字字音为动宾结构的句末韵律词。考虑到上声变调，在后来的研究中我们又增加了两个句子，它们分别是：

⑤李金宝五时整交讲话稿；
⑥李小刚五点半写颁奖词。

本书将以上6个陈述句作为研究基式，在此基础上设计了20组同型的疑问句，见表2-1-1。

如表2-1-1所示，本书的研究对象主要是四种结构类型不同的汉语疑问句焦点的韵律表现：是非问句、特指问句、正反问句和选择问句，各类疑问句内部再做一些具体的划分。是非问句中,量化分析了自然焦点的语调问句和语气词"吗"问句(第1—2组)、对比焦点的语调问句和语气词"吗"问句(第3—5组),及具有特别表达功能的回声问句(第6组);特指问句中,量化分析了一般特指问句(第7—9组)、包含两个疑问词的特指问句(第10—11组),及特指问句与选择问句的混合形式(第12组)中疑问焦点的韵律表现;正反问句中,量化分析了一般正反问句(第13—15组)、带"是不是"的正反问句(第16组)中焦点的韵律表现,还对具有特别表达功能的作为附加问句的正反问句(第17组)做了韵律上的初步探索;选择问句中,量化分析了前后选择项之间有关联词语相联系的问句(第18组)、前后选择项之间有问号的选择问句(第19组),及紧缩的选择问句(第20组)中焦点的韵律表现。

表2-1-1　　　　　　　　　同型疑问句

第1组　语调是非问句	第2组　语气词"吗"是非问句	第3组　对比焦点的是非问句(句首焦点)
张忠斌星期天修收音机?	张忠斌星期天修收音机吗?	**张忠斌**星期天修收音机(吗)?
吴国华重阳节回阳澄湖?	吴国华重阳节回阳澄湖吗?	**吴国华**重阳节回阳澄湖(吗)?
李小宝五点整写讲演稿?	李小宝五点整写讲演稿吗?	**李小宝**五点整写讲演稿(吗)?
赵树庆毕业后到教育部?	赵树庆毕业后到教育部吗?	**赵树庆**毕业后到教育部(吗)?
李金宝五时整交讲话稿?	李金宝五时整交讲话稿吗?	**李金宝**五时整交讲话稿(吗)?
李小刚五点半写颁奖词?	李小刚五点半写颁奖词吗?	**李小刚**五点半写颁奖词(吗)?
第4组　对比焦点的是非问句(句中焦点)	第5组　对比焦点的是非问句(句末焦点)	第6组　回声问句(全句焦点)
张忠斌**星期天**修收音机(吗)?	张忠斌星期天**修收音机**(吗)?	你是说,张忠斌星期天修收音机吗?
吴国华**重阳节**回阳澄湖(吗)?	吴国华重阳节**回阳澄湖**(吗)?	你是说,吴国华重阳节回阳澄湖吗?
李小宝**五点整**写讲演稿(吗)?	李小宝五点整**写讲演稿**(吗)?	你是说,李小宝五点整写讲演稿吗?
赵树庆**毕业后**到教育部(吗)?	赵树庆毕业后**到教育部**(吗)?	你是说,赵树庆毕业后到教育部吗?
李金宝**五时整**交讲话稿(吗)?	李金宝五时整**交讲话稿**(吗)?	你是说,李金宝五时整交讲话稿吗?
李小刚**五点半**写颁奖词(吗)?	李小刚五点半**写颁奖词**(吗)?	你是说,李小刚五点半写颁奖词吗?

续表

第 7 组 一般特指问句（"谁"问句）	第 8 组 一般特指问句（"什么时候"问句）	第 9 组 一般特指问句（"什么/哪里"问句）
谁星期天修收音机？	张忠斌什么时候修收音机？	张忠斌星期天修什么？
谁重阳节回阳澄湖？	吴国华什么时候回阳澄湖？	吴国华重阳节回哪里？
谁五点整写讲演稿？	李小宝什么时候写讲演稿？	李小宝五点整写什么？
谁毕业后到教育部？	赵树庆什么时候到教育部？	赵树庆毕业后到哪里？
谁五时整交讲话稿？	李金宝什么时候交讲话稿？	李金宝五时整交什么？
谁五点半写颁奖词？	李小刚什么时候写颁奖词？	李小刚五点半写什么？
第 10 组 包含两个疑问词的特指问句（1）	第 11 组 包含两个疑问词的特指问句（2）	第 12 组 特指问句与选择问句的混合形式
谁星期天修什么？	张忠斌什么时候修什么？	谁星期天修收音机？张忠斌还是吴国华？
谁重阳节回哪里？	吴国华什么时候回哪里？	谁重阳节回阳澄湖？吴国华还是李小宝？
谁五点整写什么？	李小宝什么时候写什么？	谁五点整写讲演稿？李小宝还是赵树庆？
谁毕业后到哪里？	赵树庆什么时候到哪里？	谁毕业后到教育部？赵树庆还是李金宝？
谁五时整交什么？	李金宝什么时候交什么？	谁五时整交讲话稿？李金宝还是李小刚？
谁五点半写什么？	李小刚什么时候写什么？	谁五点半写颁奖词？李小刚还是张忠斌？
第 13 组 一般正反问句（V 不 V）	第 14 组 一般正反问句（V 不）	第 15 组 一般正反问句（V 没有）
张忠斌星期天修不修收音机？	张忠斌星期天修收音机不？	张忠斌星期天修收音机没有？
吴国华重阳节回不回阳澄湖？	吴国华重阳节回阳澄湖不？	吴国华重阳节回阳澄湖没有？
李小宝五点整写不写讲演稿？	李小宝五点整写讲演稿不？	李小宝五点整写讲演稿没有？
赵树庆毕业后到不到教育部？	赵树庆毕业后到教育部不？	赵树庆毕业后到教育部没有？

续表

第13组 一般正反问句（V不V）	第14组 一般正反问句（V不）	第15组 一般正反问句（V没有）
李金宝五时整交不交讲话稿？	李金宝五时整交讲话稿不？	李金宝五时整交讲话稿没有？
李小刚五点半写不写颁奖词？	李小刚五点半写颁奖词不？	李小刚五点半写颁奖词没有？
第16组 带"是不是"的正反问句	第17组 作为附加问句的正反问句	第18组 选择问句（选择项之间有关联词语"还是"）
张忠斌是不是星期天修收音机？	张忠斌星期天修收音机，对不对？	张忠斌星期天修收音机还是修电视机？
吴国华是不是重阳节回阳澄湖？	吴国华重阳节回阳澄湖，对不对？	吴国华重阳节回阳澄湖还是回洞庭湖？
李小宝是不是五点整写讲演稿？	李小宝五点整写讲演稿，对不对？	李小宝五点整写讲演稿还是写检讨书？
赵树庆是不是毕业后到教育部？	赵树庆毕业后到教育部，对不对？	赵树庆毕业后到教育部还是到宣传部？
李金宝是不是五时整交讲话稿？	李金宝五时整交讲话稿，对不对？	李金宝五时整交讲话稿还是交颁奖词？
李小刚是不是五点半写颁奖词？	李小刚五点半写颁奖词，对不对？	李小刚五点半写颁奖词还是写举报信？
第19组 选择问句（选择项之间有问号）	第20组 紧缩的选择问句	
张忠斌星期天修收音机呢？修电视机呢？	张忠斌星期天修收音机修电视机？	
吴国华重阳节回阳澄湖呢？回洞庭湖呢？	吴国华重阳节回阳澄湖回洞庭湖？	
李小宝五点整写讲演稿呢？写检讨书呢？	李小宝五点整写讲演稿写检讨书？	
赵树庆毕业后到教育部呢？到宣传部呢？	赵树庆毕业后到教育部到宣传部？	
李金宝五时整交讲话稿呢？交颁奖词呢？	李金宝五时整交讲话稿交颁奖词？	
李小刚五点半写颁奖词呢？写举报信呢？	李小刚五点半写颁奖词写举报信？	

除此之外，结尾部分，本书也对不同焦点类型、不同焦点数量、不同焦点位置的疑问句的韵律异同，疑问语调与焦点的相互关系，焦点重音的音高、时长和音强之间的相关关系，以及疑问标记在疑问焦点表达中的作用等问题做了进一步探讨。

二 发音人和语料录制

共有10—20位发音人参加了实验句的录音工作[①]，男女比例均衡。其中6位是南开大学的学生，年龄在19—21岁，在北京出生、长大，母语为北京话，不会其他方言，普通话水平二级甲等，录制了部分实验语句；其余发音人是沧州师范学院的师生，年龄在19—29岁，日常用普通话交流，普通话水平一级乙等或二级甲等，录制了部分实验语句。

录音分别在南开大学语音实验室和沧州师范学院语音实验室进行，不但能解决录音的混响问题，而且可以很好地解决噪声干扰对录音的影响。按照不同的实验目的，选择采用直接朗读实验句的方式或根据语境读出实验句的方式进行录音[②]。先请发音人熟悉实验语句，对朗读要求和相关语境做介绍说明，进入试录音阶段；试录音结束后，对发音人声韵调发音错误、语速过快或过慢、有没有根据语境读出句子等现象进行纠正，再进入正式录音环节。

录音软件为Praat，参数设置为11025 Hz，16位，单声道。每位发音人每个实验句连续读两遍，句与句间隔2—3秒，实验结果取两遍的平均值。将发音人所发的实验语料通过得胜（TAKSTAR）PCM-5520专业电容麦克风直接录入电脑，保存为wav格式的声音文件。

第二节 实验方法

本书采用石锋教授提出的"韵律格局"的理念和声学实验方法。韵律格局是基于语调格局（石锋，2013）研究的进一步深化和拓展，它关注不

[①] 录音工作是分批完成的，有的实验招募了10位发音人，有的实验招募了20位发音人。
[②] 包含对比焦点的语调问句和语气词"吗"问句，回声问句是依靠语境引出的，发音人根据语境作出判断并读出实验句；其他的实验句都是采用直接朗读的方式。

同焦点的韵律模式，强调音高、时长、音量三要素在信息传递中的共同作用，实现了语音跟语义、语法、语用的结合。关于汉语韵律的声学特征的大量研究都已采用了这一理念和方法，并取得了较为丰硕的成果。

起伏度、时长比和音量比的计算方法和思路是进行韵律特征量化分析的重要工具。韵律表现在音高方面是语句调型曲线的起伏格式所表现的词调域的宽窄和高低的位置关系，可以用语句调域图和起伏度图表示；在时长方面是语句中各字音相对时长的动态变化构成的分布模式，可以用语句时长比图表示；在音强方面是语句中各字音的相对音量的动态变化的分布模式，可以用语句音量比图表示。具体实验方法如下：

（1）起伏度

在音高方面，起伏度依据语句中各字/词调域上线的最大值为100%，下线的最小值为0，进行归一化计算。公式如下（石锋，2018）：

$$Q_x = (K_x - K_{min}) / (K_{max} - K_{min})$$

其中，K_{max}为句中各字/词调域上线的最大值，K_{min}为句中各字/词调域下线的最小值，K_x代表最大值和最小值之间的各个字音的上线和下线的测算值。最后根据计算得到的各字调域上线和下线的百分比数值做出字调域条形图，再画出词调域的框线，显示跟句调域的联系。

（2）时长比

在时长方面，音节时长比的测算方法是用语句中每个字音的时长分别除以这个语句中的字音平均时长，得到各个字音的时长比。公式如下（石锋等，2010）：

$$D_x = S_x / S_{mean}$$

公式中，D_x代表某个音节x的时长比，S_x代表一段音节组合中音节x的时长，S_{mean}指的是该段组合的音节平均时长。这种相对时长具有可比性，更具语言学的意义。如果时长比D_x大于1，则被认为发生了音段延长。

（3）音量比

语音的能量是跟音强相对应的。表示语音能量的幅度积计算公式为：某段语音的幅度积$G_x = A_x * S_x$，A_x为某段音的平均振幅，S_x为某段音的时长。幅度积指一段时间内语音的总能量，即所选音段内随时间而变的各采样点幅度的总和，综合考虑了幅度和音长两个语音参数。

语句中，幅度积转换为归一化的音量比，音量比就是每个字音能量的百分比，使音强具有可比性。音量比的计算方法与时长比一致（石锋，2018）：

$$E_x = G_x / G_{mean}$$

公式中，G_x 为某字幅度积，G_{mean} 为全句单字平均幅度积。同样，如果音量比 E_x 大于 1，就是在音强维度出现了相对增幅。

第三节　声学数据的提取与处理

音高方面，使用南开大学桌上语音工作室 MinispeechLab 软件对样品句进行声学实验，修改基频曲线，每条音高曲线等距离提取 9 个基频点数据（赫兹值），然后将提取到的数据粘贴到 Excel 表格里分类汇总，进行统计分析。计算内容包括：每位发音人各实验语句的字调域、词调域和句调域。本书将音高赫兹值转换为半音值，再依据半音值计算百分比值，得到不同发音人字调域、词调域、句调域的分布区间和跨度及词调域间的音高起伏度，最后求得所有发音人同一实验语句的平均值。通过 Excel 完成全部计算，并作出图表。

时长方面，主要使用南开大学桌上语音工作室 MinispeechLab 软件测量每位发音人语句内各个音节的时长及延长时长、音节与音节间的停顿时长（部分实验采用 Praat 软件测量），单位是毫秒。其中非句首的塞音和塞擦音的时长包括闭塞段的长度，句首塞音的闭塞段统一设置为 50 毫秒。然后，把测量的声学数据输入到 Excel 表格，在 Excel 中求得实验句中音节的平均时长。根据上文的计算公式，求出每句每字的时长比。最后，将得到的时长比数据进行平均并作图。

音强方面，与时长原理一致。首先使用 MinispeechLab 软件分别测量发音人每个实验句中音节的幅度积，将测量得到的数据输入 Excel 表格；然后，在 Excel 中将每个句子全部音节幅度积相加得到句子的整体幅度积，继而计算出音节的平均幅度积，利用上文公式求得语句中某字的音量比。最后，将不同发音人的音量比数据进行平均并作图。

对于同一批语料录音，则同时完成起伏度、时长比、音量比的分析，这样便于我们把握汉语疑问焦点的韵律分布模式，使认识更加全面。数据处理过程中，结合韵律在言语表达中的语法功能、语用功能和情感功能，将韵律跟语义、句法、语用、语气等结合在一起分析。研究还使用了 SPSS（社会科学统计软件包）对数据进行统计分析，包括两组数据的均值是否具有显著差异的检验、韵律参数之间的相关分析等。

第三章 是非问句焦点的韵律表现

是非问句是疑问句的四种类型之一，研究相对较多。从语义上看，是非问句属于二值等量疑问句，并且只包含两个命题选项，一个是肯定的，另一个是否定的。形式上，是非问句可以分为语调问句和语气词问句两种，前者只用语调负载疑问信息，后者是语调和疑问语气词共同负载疑问信息。这里的疑问语气词主要包括"吗""吧""啊"及其变体。其中，"吗"字是非问句属于具有较高疑问程度的疑问句（徐杰、张林林，1985；邵敬敏，1996），一直是疑问句研究的热点之一。

一般情况下，如果句中没有对比重音或焦点标记，那么是非问句的焦点是整个句子（刘丹青，2008）或落在句末（刘顺，2003），与自然焦点一致；但是如果句中有对比重音或焦点标记，那么是非问句的焦点要落在对比重音或焦点标记所标记的成分上。本章我们将重点分析：（1）自然焦点的是非问句的韵律特征；（2）包含对比焦点的是非问句，包括句首焦点句、句中焦点句和句末焦点句，即不同焦点位置的是非问句的韵律特征；（3）回声问句，即全句焦点的是非问句的韵律特征。本章我们解决的主要问题是：（1）自然焦点下，不同疑问表达手段（疑问语调和疑问语气词"吗"）对焦点韵律表现的影响，以及焦点的韵律表现对是非问句疑问功能的影响；（2）对比焦点下，焦点词的不同位置对疑问焦点的韵律表现的影响，以及疑问语气与焦点对韵律的调节；（3）不同焦点条件下（自然焦点和对比焦点），是非问句的韵律特征和疑问功能；（4）从全句焦点的回声问句看一般是非问句的焦点是整个句子还是落在句末。

第一节　自然焦点的语调问句和语气词"吗"问句①

刘月华（1988）曾从形式特点、表达功能和对语境的依赖性等角度讨论了语调是非问句与带语气词"吗"的是非问句之间的不同，认为语调问句可分两种情况："S1＋?"主要是对事情表示怀疑、惊讶，"S2＋?"目的之一是求得证实；"吗"字问句有三种情况：预先有倾向性的答案以求答案、预先没有倾向性的答案以求答案、另有目的而不为求答案。袁毓林（1993）详细地分析了语调问句和语气词"吗"问句从形式到意义的一系列区别，指出除了构成方式上存在差异外，各自所表示的预设、焦点和疑问程度都显著不同。郭锐（2000）把"吗"字问句的确信度由高到低分成五级。杨永龙（2003）指出，现代汉语中，语气词"吗"的主要功能有三：全疑而问、半疑而问、无疑而问。郭婷婷（2005）按照"吗"问句的功能类型和疑问程度将其分为询问求知句、测度求证句和反诘质疑句三类。以上是在语法、语义层面对两种是非问句开展的相关研究。

胡明扬（1987）把每种语调的适用范围都分为专用范围和活用范围两种。其中，高调型疑问语调的专用范围是语调是非问句和选择问句的前一分句，活用范围之一是带语气词"吗"的是非问句，使用疑问语调时表示发问者对句子内容有怀疑。阮吕娜（2004）实验结果表明，"吧"字问句与语调问句在语调上有较大的差异，而"吗"字问句在语调上与语调问句比较接近。江海燕（2005）的听辨实验结论是，语气词"吗"可承担全部疑问语气，也可与疑问语调各自承担一部分疑问语气，也可不承担疑问语气。王萍、石锋（2010）研究发现普通话是非问句的句末词调域最大化扩展，覆盖全句调域。阎锦婷（2016）指出语调问句和语气词"吗"问句在句末词的调域差异最明显，疑问语调和"吗"在疑问语气的表达中是叠加与互补的关系。这些属于韵律、语调层面的研究。

以上研究让我们对普通话是非疑问句有了多方面的认识。然而，对是非疑问句内部不同类型之间进行对照比较的研究较为薄弱，在疑问形式对焦点的影响，及焦点的韵律表现对疑问功能的影响方面探讨的深度还不

---

① 原文发表在《南开语言学刊》2017年第2期。原文有6位发音人，本次实验将发音人数量增加到10人，全文稍作修改。

够。邵敬敏（2012）指出这一问题并细化了是非问句内部类型的差异对比，他认为疑问句的不同类别，实际上在怀疑程度方面是有明确分工的，语调是非问具有明显的否定性倾向，即"倾否"；"吗"字是非问属于求知性的，即"求答"。目前研究中语义、语法和韵律、语调层面的结合不够，一些结论还有待于实例的验证。

本节以语调问句和语气词"吗"问句为例，请发音人以自然状态读出实验句，不出现语义强调和感情色彩。参照自然焦点的陈述句来分析同为自然焦点的是非问句的韵律表现，重点对语调问句和语气词"吗"问句进行横向比较，并将韵律、语调层面的表现与语义、语法层面结合，作出量化分析，从而得到疑问与焦点关系的相关结论。

一 音高实验结果及分析

通过声学实验，我们测出 10 位发音人每个语句的字调域、词调域、句调域上线和下线的数据，并计算调域跨度，平均后的三组语句音高数据与图形如表 3-1-1 所示。

表 3-1-1　陈述句、语调问句和语气词"吗"问句的音高数据①　　　　（%）

	陈述句			语调问句			语气词"吗"问句		
	上线	下线	跨度	上线	下线	跨度	上线	下线	跨度
张	82	40	42	82	44	38	85	46	39
忠	83	30	53	86	36	50	88	36	52
斌	78	24	54	81	37	44	84	34	50
星	78	33	45	79	39	40	83	38	45
期	79	30	49	81	38	43	82	36	46
天	76	17	59	80	32	48	81	31	50
修	74	19	55	82	29	53	82	32	50
收	77	26	51	87	34	53	84	32	52
音	74	18	56	94	26	68	91	28	63
机	74	1	73	95	15	80	93	11	82
吗							74	34	40

① 表格左侧以第一个例句标识，但实际上是六个句子的平均结果，下同。

音高起伏图（图 3-1-1、图 3-1-2、图 3-3-3）中细线长方格是字调域，中间的百分比数据标识字调域跨度；粗线方格是词调域，两端的百分比数据分别标识词调域的上线和下线位置；词调域上线最大值和下线最小值之间的范围即全句调域的宽度。

在表 3-1-1 和图 3-1-1 中首先看字调域，句首词、句中词、句末词的末字调域跨度分别是 54%、59% 和 73%，都在各自词调域中跨度最大，末字调域下线都是各自词调域的下线。这表现出字调域跨度在边界前扩展和下线的降低。再看词调域，句首词、句中词、句末词的调域上线分别是 83%、79%、77%，调域下线分别是 24%、17%、1%，呈现出音高下倾的趋势。句首、句中词调域跨度分别是 59% 和 62%，句末词调域跨度最大，为 76%。这是陈述句的音高分布模式，作为我们分析对比的参照基础。

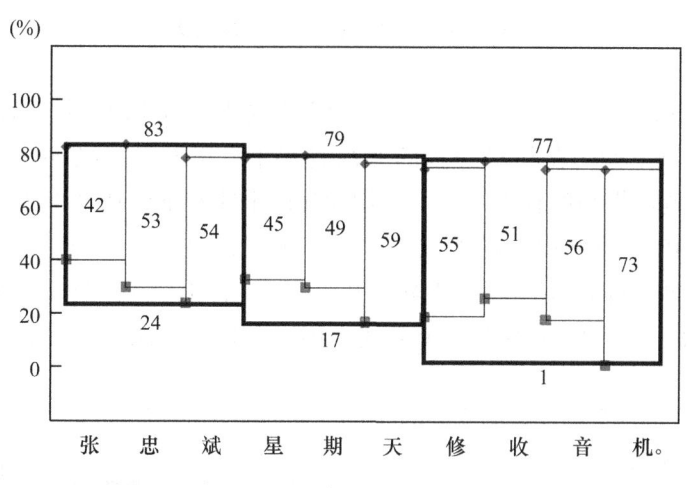

图 3-1-1　陈述句的音高起伏

说明：图形横轴以第一个例句标识，但实际上是六个句子的平均结果，下同。

根据表 3-1-1 的数据，把图 3-1-2 的语调问句和图 3-1-3 的语气词"吗"问句的调域起伏图形跟图 3-1-1 相比，二者的相同点有：第一，全句调域整体提高，上线比陈述句提高 10%—12%，下线提高 10%—14%；第二，句首词和句中词调域跨度明显缩小，语调问句分别是 50%、49%，"吗"字问句为 54%、52%；第三，句末焦点词调域跨度最大化扩展，词调域上线就是句调域上线，词调域下线就是句调域下线，二者句末词调域约80%，覆盖各自的句调域。这种共同的特征形成是非问句独特的音高分布模式。

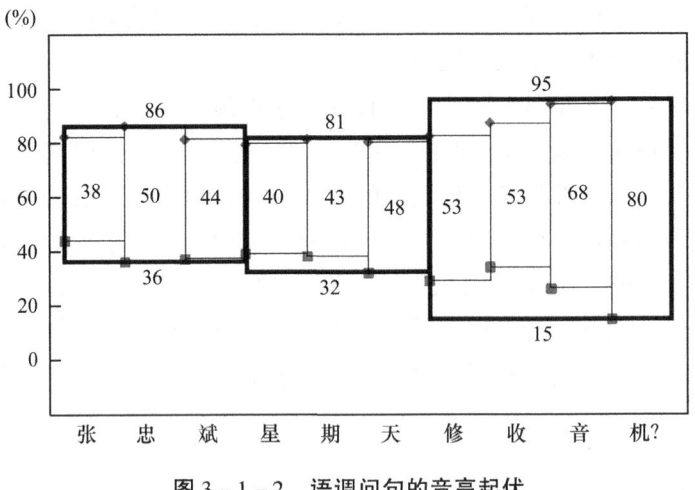

图 3-1-2　语调问句的音高起伏

再对比图 3-1-2 和图 3-1-3 之间的差异，可以看到，语调问句和语气词"吗"问句在相对一致的音高趋势下，也有一定的不同之处：第一，全句调域提高的程度不同。语调问句的上线和下线比"吗"字问句多出 2% 和 4%，下线提高的程度更大些。第二，句首词和句中词调域跨度的缩小程度不同。语调问句缩小 9%—13%，语气词"吗"问句缩小 5%—10%，语调问句缩小得更多些。第三，句中词跟句末词调域上线的

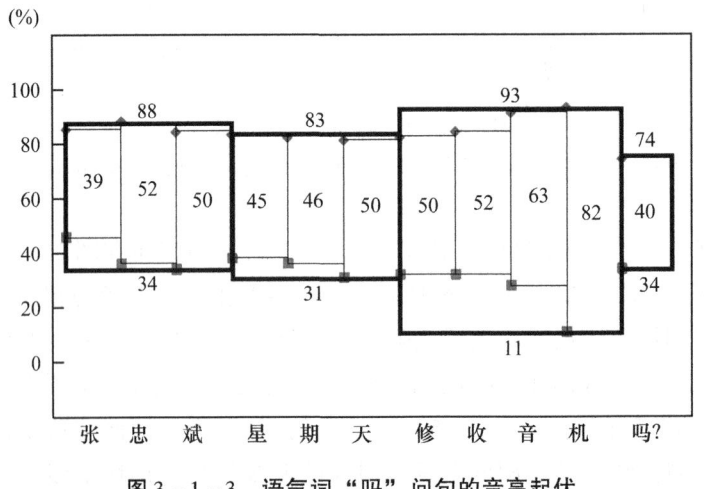

图 3-1-3　语气词"吗"问句的音高起伏

差量不同。语调问句是14%，"吗"问句是10%，说明语调问句的句末词调域上线提升程度更大些。最后的不同点是，"吗"问句末尾有语气词"吗"，而语调问句没有。这可能也是"吗"问句调域扩展或缩小以及提高的程度都不如语调问句的因素，因为还有"吗"字帮助传递疑问信息。

自然焦点的语调问句和语气词"吗"问句的音高特征表明，是非疑问句有着共同的音高趋势；同时，这两种是非问句在局部的表现程度上确有区别，应分属两种不同的是非疑问句小类。

二 时长实验结果及分析

通过声学实验分别测出10位发音人每个语句字音的时长数据，计算得到各个字音的时长比；然后求得全部语句的平均值，就得到了该发音人总体的时长比；最后将全部发音人的数据做平均。陈述句、语调问句和语气词"吗"问句的时长比数据及图形分别见表3-1-2和图3-1-4、图3-1-5、图3-1-6。

表3-1-2　陈述句、语调问句和语气词"吗"问句的时长比数据　　（时长比）

	陈述句	语调问句	"吗"字问句
张	0.83	0.77	0.79
忠	0.94	0.94	0.98
斌	1.24	1.20	1.19
星	0.83	0.85	0.79
期	0.88	0.87	0.91
天	1.19	1.21	1.28
修	1.09	0.93	1.01
收	0.97	0.90	0.88
音	0.90	0.84	0.90
机	1.12	1.47	1.04
吗			1.22

观察表3-1-2和图3-1-4陈述句各词中的字音时长分布，大致呈"√"状模式，中字是谷值，末字是峰值。末字时长比分别是句首1.24、句中1.19、句末1.12，全句最大值在句首词末字，从句首到句末时长比逐渐减小。陈述句在时长方面突出的表现就是边界前的延长。"这应该是

跟音高方面的字调域跨度在边界前的扩展和字调域下线在边界前的降低相联系的"（石锋，2017）。陈述句的时长分布模式是进行比较对照的基础。

图 3 - 1 - 4　陈述句的时长比

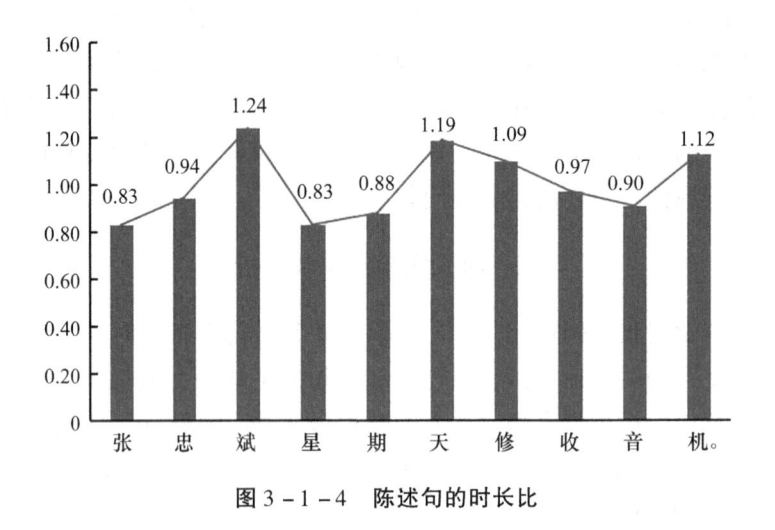

图 3 - 1 - 5 的语调问句和图 3 - 1 - 6 的语气词"吗"问句跟图 3 - 1 - 4 相对照，再结合表 3 - 1 - 2 的数据，可以看到两种是非问句在时长方面的共同点：第一，全句最大值都在句末字，语调问句为 1.47，"吗"问句为 1.22。全句最小值都在句首字，语调问句为 0.77，"吗"问句为 0.79。第二，句首词的末字时长都比陈述句缩减，语调问句缩减 0.04，"吗"问句缩减 0.05。句中词的末字时长都比陈述句增加，语调问句增加 0.02，

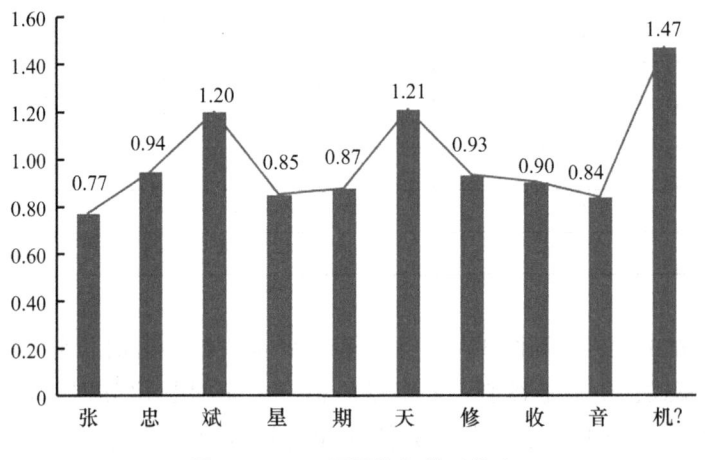

图 3 - 1 - 5　语调问句的时长比

"吗"问句增加0.09。第三，动词时长比陈述句缩减0.08—0.16。第四，各词内部时长分布呈阶梯式升高状，首字较低，末字较高。是非疑问句的时长分布模式除了保持边界前的延长之外，明显不同于陈述句的模式。同时，这与上文所述的是非问句的音高分布模式相互联系。如末字时长为最大值联系音高的句末词调域最大化扩展；句首、句中词末字时长缩减联系音高的句首、句中词调域跨度缩小。

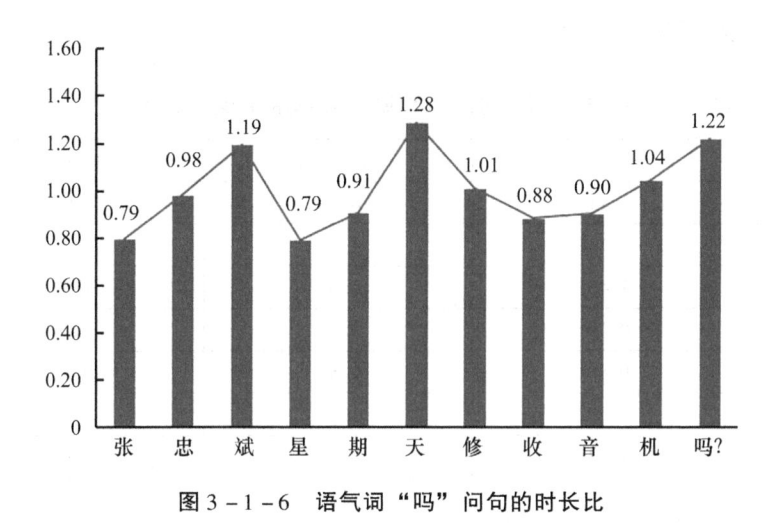

图 3-1-6 语气词"吗"问句的时长比

根据表 3-1-2 的数据和图 3-1-5、图 3-1-6 之间的直观对比，可以发现，语调问句和语气词"吗"问句的时长模式总体一致的同时，也表现出一定的差异。第一，全句最大值的字音不同。尽管都是句末字较长，可是语调问句是句末词的末字最长，"吗"问句最长的却是句中词末字，其次是句末的"吗"字，而且语调问句末字比"吗"字问句的句末词末字长0.43，比句末"吗"字长0.25。第二，单音动词时长的缩减程度不同。语调问句的动词时长比陈述句少0.16，"吗"问句动词只少0.08，前者缩减更多些。第三，句末最大值跟句首、句中词末字时长的差量不同。语调问句的差量为0.26—0.27，"吗"问句差量只有0.03—0.06。语调问句从句末词中字0.84 陡升至末字1.47，差量为0.63；"吗"问句从句末词中字0.90 缓升至末字1.04，再到句末"吗"字1.22，差量分别为0.14 和0.18。显然前者的时长对比更为鲜明。

语调问句和语气词"吗"问句韵律表现的不同反映出它们传递疑问信息的差别。"语调是非问的怀疑，是倾向于不可思议、不可理解、不以为然，具有明显的否定性倾向，但是并没达到反问句的完全否定；'吗'字是非问的怀疑，是真的不知道、不明白，属于求知性的"（邵敬敏，2012）。

三 音强实验结果及分析

音强数据分析采用的也是 10 位发音人的平均结果。陈述句、语调问句和语气词"吗"问句的音量比数据及图形分别见表 3-1-3 和图 3-1-7、图 3-1-8、图 3-1-9。

表 3-1-3　　陈述句、语调问句和"吗"字问句的音量比数据　　（音量比）

	陈述句	语调问句	语气词"吗"问句
张	1.11	0.98	1.03
忠	1.13	1.17	1.23
斌	1.45	1.60	1.59
星	0.79	0.73	0.70
期	0.88	0.83	0.87
天	1.10	1.23	1.28
修	1.03	0.84	0.93
收	0.90	0.86	0.87
音	0.78	0.70	0.75
机	0.79	1.07	0.80
吗			0.94

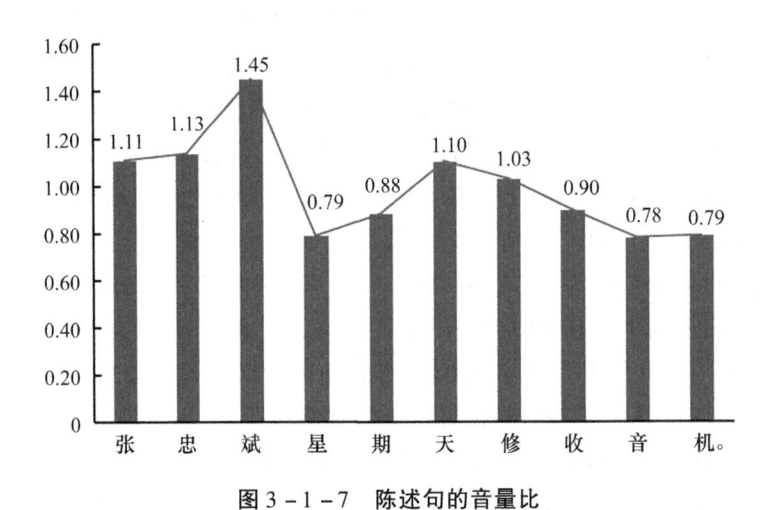

图 3-1-7　陈述句的音量比

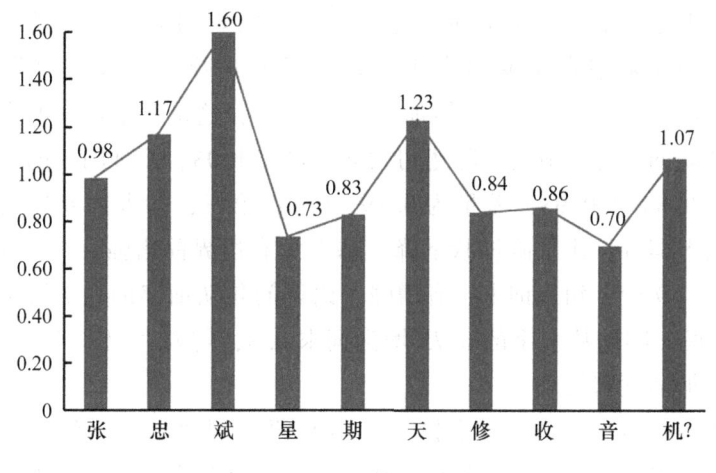

图 3-1-8 语调问句的音量比

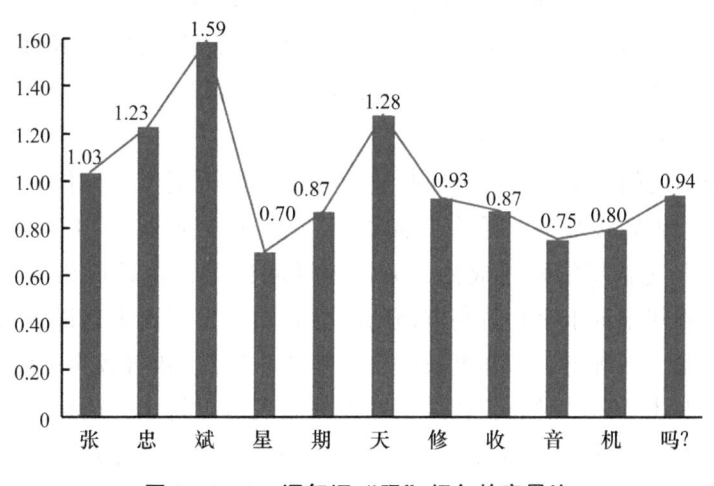

图 3-1-9 语气词"吗"问句的音量比

从表 3-1-3 和图 3-1-7 中可以看到陈述句"字音强度在边界前增强的特征和以词为界的音量递减的趋势"（石锋，2017）。在句首、句中词表现为各字音量比呈阶梯式增强，句末字音量很小。图 3-1-8 和图 3-1-9 的语调问句和语气词"吗"问句的句首、句中词各字也都呈阶梯式增强，表现出在边界前增强的特征。在三个图中都可以看到从句首、句中到句末，音量逐级下降。这就意味着音量最大值都是在句首词的末字。

把图 3-1-8、图 3-1-9 跟图 3-1-7 的基本模式对照，结合表 3-

1-3的数据，它们有三点区别：第一，语调问句和语气词"吗"问句的句首、句中词末字音量明显大于陈述句的对应字。语调问句分别增加0.15、0.13，"吗"问句分别增加0.14、0.18，这是音量增强的表现；第二，单音动词的音量减弱，陈述句动词音量比1.03，两种问句的动词音量比分别是0.84和0.93，差量为0.19、0.1；第三，句末词差异明显，陈述句的句末词音量比呈阶梯状下降，基本没有边界前增强。在图3-1-8和图3-1-9中，句末词末字有增强，语调问句从前字的0.7增至句末的1.07，"吗"问句从前字的0.75增到词末0.8，句末"吗"字增到0.94。句末字增加幅度都较大。

在图3-1-8语调问句和图3-1-9语气词"吗"问句之间对比观察，发现三点差别：第一，句首词和句中词末字的音量比交错增加，在句首词末字是语调问句多出0.01，句中词末字是"吗"字问句多出0.05；第二，单音动词音量减弱程度不同，语调问句动词比陈述句动词减弱0.19，"吗"问句动词减弱0.1；第三，句末字增强的程度不同，语调问句末字比"吗"问句的句末词末字大0.27，比句末"吗"字大0.13。可以看到，语调问句的句末增强较大。

语调问句的句末字音的全面凸显，集中表明说话人对一件事情表示质疑、惊讶，否定度较高，重在"倾否"，语气较为强烈。"吗"问句的语气词"吗"是常用的疑问成分，又作为疑问标记，在时长和音强方面凸显，同时跟句末词末字在音高方面的凸显相结合，共同表达说话人对一件事情不清楚、不理解，未知度较高，重在"求答"，语气较为一般。

综合上述音高、时长、音强三方面的表现可以得出，语调问句和语气词"吗"问句在韵律分布上的共同点表现出是非疑问句的总体韵律特征。二者的差异之处在于表达疑问的方式不一样。语调问句用语调表达疑问，即主要是句末字，也就是句末词的末字，在音高、时长、音强三方面都具有全句最大值，并有句中其他部分的协调整合，呈现出疑问意义。语气词"吗"问句采用疑问语调和句末语气词"吗"共同表达疑问信息，即句末词的末字在音高方面具有最大值，句末"吗"字在时长和音强方面具有最大值或最大增量，再有句中其他部分的协调整合，传递疑问意义。

四 小结

本节以普通话语调问句和语气词"吗"问句为例，考察了两种是非问句焦点的韵律表现，得到如下主要结论：

　　语调问句和语气词"吗"问句作为是非问句的两种类型，虽然它们也属于自然焦点句，但它们的韵律模式与作为基本模式的自然焦点陈述句的韵律模式显著不同：音高方面，陈述句语调表现为音高下倾，字调域跨度在边界前扩展，字调域下线在边界前降低，是非问句的音高表现则是句首词和句中词调域跨度缩小，句末词调域跨度最大化扩展，全句调域提升；时长方面，陈述句的句首词末字有时长比最大值，是非问句的时长比最大值通常出现在句末，句首字时长最短；音强方面，陈述句和是非问句的音量比都是阶梯式下降，可是陈述句的句末字音量未增强，而是非问句的句末字音量有大幅增强。这些音高、时长、音量方面的表现都是相互联系的。

　　语调问句和语气词"吗"问句是不同的是非疑问句，不同的疑问表达手段对焦点的韵律表现产生影响，它们的韵律分布模式有着一定的区别。在音高方面，语调问句的句调域提高程度更大，句首和句中词调域跨度缩小更多，句末词上线提升程度更大；在时长和音强方面，语调问句的句末字时长更长，音量更强，单音动词的时长更短，音量更弱。韵律模式的不同显示出疑问标记独用和复用时在功用上的差异。

　　百分比数据显示，在音高方面，语调问句的句调域提高程度更大，时长和音强方面，语调问句的句末字时长更长，音量更强。同时，音高的赫兹、半音数据是语调问句句调域高于"吗"问句，语句平均时长和幅度积数据也是语调问句大于"吗"问句。可见，基本的绝对值和在此基础上的相对值有互补作用。

　　汉语语调问句和语气词"吗"问句疑问焦点的不同韵律特征表明两种是非疑问句的功能侧重确有分工。语调问句传达的是表示怀疑、惊讶、不可理解的"倾否"信息；语气词"吗"问句传达的是表示对事情不清楚、不明白，以期待对方的回答的"求知"信息。

第二节　对比焦点的语调问句和语气词"吗"问句

　　陈昌来（2000）提出三种方法来确定是非问句的疑问点[①]：一是依靠

[①]　出自陈昌来（2000）现代汉语句子，上海：华东师范大学出版社。

语境，如问答双方谈论的是时间，那么句中的时间词就是疑问点；二是用重音来显示疑问点；三是用"是不是"或"的是"来提示疑问点。本节的实验句依靠语境引出，以第一个句子"张忠斌星期天修收音机"为例，设置语境如下：（1）朋友 A 先告诉你"吴国华星期天修收音机"，朋友 B 后告诉你"张忠斌星期天修收音机"，请你向朋友 B 提出疑问；（2）朋友 A 先告诉你"张忠斌星期一修收音机"，朋友 B 后告诉你"张忠斌星期天修收音机"，请你向朋友 B 提出疑问；（3）朋友 A 先告诉你"张忠斌星期天买电视机"，朋友 B 后告诉你"张忠斌星期天修收音机"，请你向朋友 B 提出疑问。发音人朗读句子时用重音来显示疑问焦点。下面我们将分别讨论两种是非问句的对比焦点及其与自然焦点的组间差异问题。

一 语调是非问句的声学分析

为方便讨论，我们将自然焦点的语调问句定义为 A 组实验句，句首焦点句如"张忠斌星期天修收音机？"定义为 B 组实验句，句中焦点句如"张忠斌星期天修收音机？"定义为 C 组实验句，句末焦点句如"张忠斌星期天修收音机？"定义为 D 组实验句。

1. 音高方面

首先来看图 3-2-1 中句首焦点的音高表现。B 组实验句，焦点词音高上线 98%，下线 19%。焦点后的韵律词音高上线降低 21%，音高下线升高 3%，调域跨度压缩 24%。句末受到疑问语气的影响，音高上线回升 3%，下线继续降低 19%，句末调域扩展。与 A 组自然焦点的是非问句相比，B 组句首焦点词音高上线比同位置非焦点词高 14%，下线比同位置非焦点词低 8%，焦点词读得更高。两组语句焦点词后的音高接近。独立样本 t 检验结果显示，两组语句句首词音高上线差异显著 $t(10) = 5.298$，$P < 0.001$，下线差异不显著 $t(18) = 1.973$，$P > 0.05$，句中词和句末词音高上下线差异均不显著。

再来看句中焦点的音高表现。C 组实验句，焦点词音高上线 98%，下线 14%。焦点前韵律词音高上线 91%，下线 29%，跨度比焦点窄 22%。焦点后韵律词音高上线降至 76%，下线降至 4%，调域跨度也变窄。与 A 组自然焦点的是非问句相比，C 组句中焦点词音高上线比同位置非焦点词高 20%，下线比同位置非焦点词低 3%，句首非焦点词音高接近，焦点后韵律词的音高受到焦点的调节作用而降低和压缩，自然焦点受到疑问语调

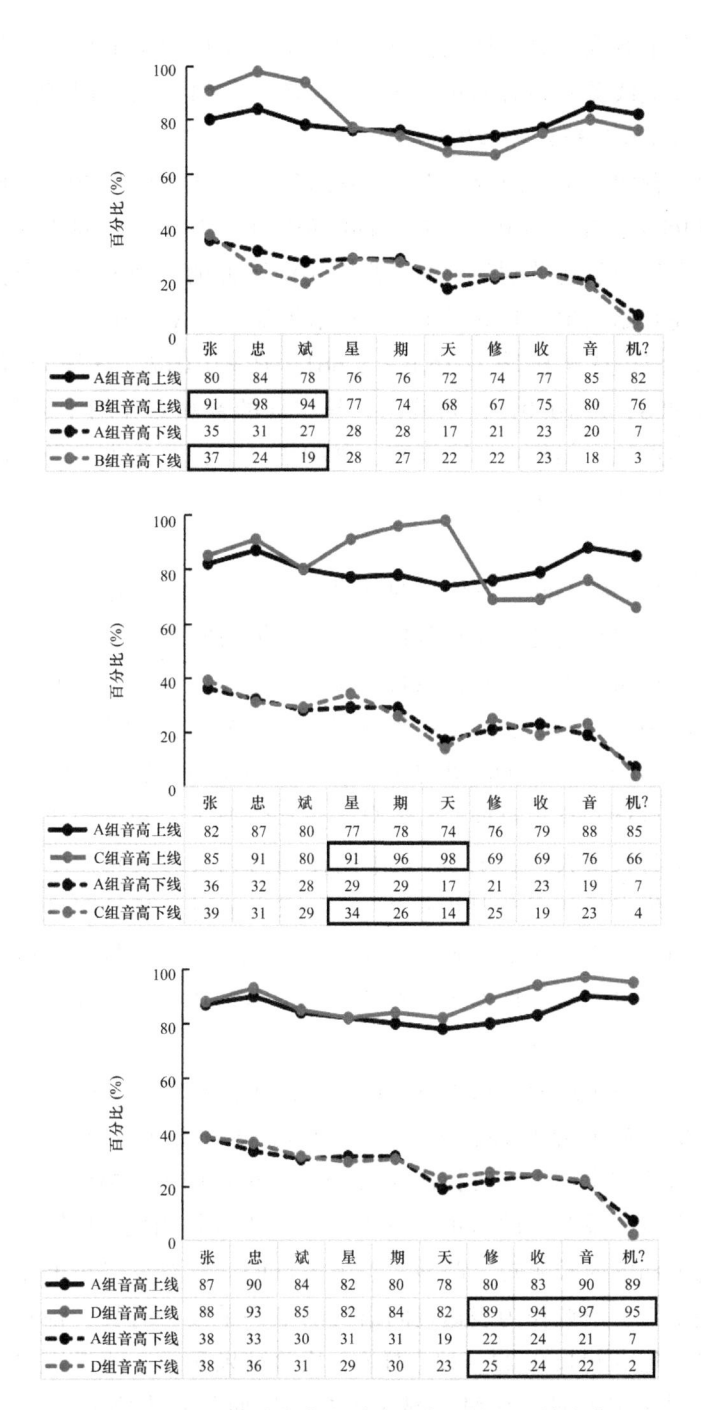

	张	忠	斌	星	期	天	修	收	音	机?
A组音高上线	80	84	78	76	76	72	74	77	85	82
B组音高上线	91	98	94	77	74	68	67	75	80	76
A组音高下线	35	31	27	28	28	17	21	23	20	7
B组音高下线	37	24	19	28	27	22	22	23	18	3

	张	忠	斌	星	期	天	修	收	音	机?
A组音高上线	82	87	80	77	78	74	76	79	88	85
C组音高上线	85	91	80	91	96	98	69	69	76	66
A组音高下线	36	32	28	29	29	17	21	23	19	7
C组音高下线	39	31	29	34	26	14	25	19	23	4

	张	忠	斌	星	期	天	修	收	音	机?
A组音高上线	87	90	84	82	80	78	80	83	90	89
D组音高上线	88	93	85	82	84	82	89	94	97	95
A组音高下线	38	33	30	31	31	19	22	24	21	7
D组音高下线	38	36	31	29	30	23	25	24	22	2

图 3-2-1 自然焦点和对比焦点语调问句的音高

的调节，句末音高升高、调域扩展。独立样本 t 检验结果显示，两组语句句中词音高上线差异显著 $t(9)=8.093$，$P<0.001$，句末词音高上线差异也显著 $t(18)=3.354$，$P=0.004$。

最后来看句末焦点的音高表现。D组焦点词音高上线97%，下线2%，调域跨度95%，比句首和句中焦点词的跨度大。句末是疑问语气与焦点的叠加。焦点词前从句首到句中的音高是逐渐降低的，动词是一个拐点，从动词起音高开始上抬。独立样本 t 检验结果显示，A组和D组两组语句句末词音高上线差异显著 $t(16)=2.661$，$P=0.017$，下线差异也显著 $t(10)=2.908$，$P=0.015$，句首词和句中词的音高差异均不显著。可见，句末对比焦点比自然焦点音高要高，疑问语气下，对比焦点仍然可以在声学上有较突出的音高表征。

2. 时长方面

同样，我们将不同焦点位置的对比焦点句与自然焦点句的时长数据放在一起，为了更加清楚地比较分析，两两一组构成图3-2-2。

首先来看句首焦点的时长表现。B组实验句，句首焦点词音节时长递增，末字增到全句最大值1.3；焦点后时长较短，达到全句最小值0.81，然后回升；句末受疑问语调的影响，时长再度延长，最大值为句末字1.28，时长接近句首焦点词。A组自然焦点情况下，句首韵律词音节时长较短，末字时长最大达到1.2；句中韵律词与句首时长相差不大，但比同位置的对比焦点后的音节时长长0.1；句末音节时长延长明显，时长比为1.47，疑问语调作用明显。独立样本 t 检验结果显示，两组语句句首词末字的时长比并没有显著性差异 $t(8)=1.993$，$P>0.05$；句中词和句末词末字也都没有显著性差异。

再来看句中焦点的时长表现。C组实验句，句中焦点词末字时长比是全句最长的，数值为1.28；焦点前的句首词末字也发生了音节的小幅延长；焦点后的句末词末字时长比为1.25，与焦点词延长幅度接近，疑问焦点后没有发生音节时长的缩短。与A组自然焦点句相比，C组对比焦点句首词和句末词的时长更短，凸显了句中焦点词。自然焦点句末短语受疑问语气影响很大，语调作为表达疑问语气的唯一手段，时长大幅延长，比同位置的对比焦点句长0.22。独立样本 t 检验结果显示，两组语句句首词末字和句中词末字的时长比没有显著差异，反而是句末字时长比差异显著 $t(13)=2.534$，$P=0.025$。

第三章 是非问句焦点的韵律表现

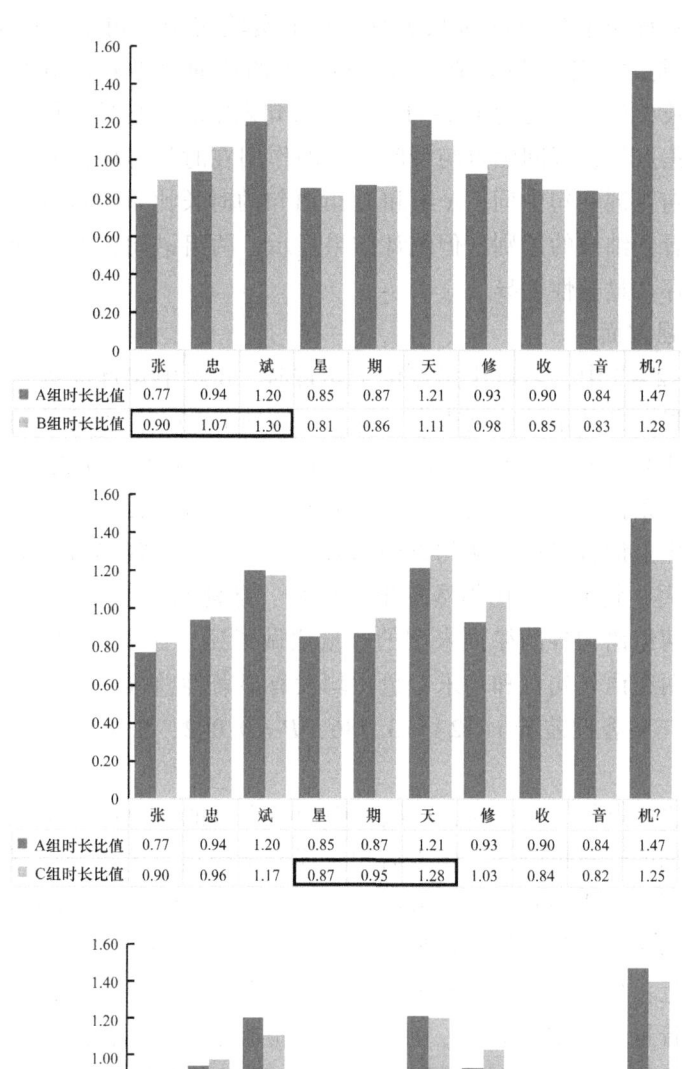

	张	忠	斌	星	期	天	修	收	音	机？
A组时长比值	0.77	0.94	1.20	0.85	0.87	1.21	0.93	0.90	0.84	1.47
B组时长比值	0.90	1.07	1.30	0.81	0.86	1.11	0.98	0.85	0.83	1.28

	张	忠	斌	星	期	天	修	收	音	机？
A组时长比值	0.77	0.94	1.20	0.85	0.87	1.21	0.93	0.90	0.84	1.47
C组时长比值	0.90	0.96	1.17	0.87	0.95	1.28	1.03	0.84	0.82	1.25

	张	忠	斌	星	期	天	修	收	音	机？
A组时长比值	0.77	0.94	1.20	0.85	0.87	1.21	0.93	0.90	0.84	1.47
D组时长比值	0.85	0.98	1.10	0.78	0.90	1.20	1.03	0.89	0.86	1.40

图 3-2-2 自然焦点和对比焦点语调问句的时长

注：图中，自然焦点语调问句的时长数据引自本章第一节。

最后来看句末焦点的时长表现。D组实验句中，句末字的时长比为 1.4，是全句时长比的最大值，句首和句中韵律词边界处音节的时长也都发生了延长，延长幅度为 1.1—1.2。尽管句末字时长最长，但并没有同位置的自然焦点长，疑问焦点与疑问语气的作用在时长方面没有叠加。非焦点位置的句首词和句中词，A组和D组语句的时长比是接近的。尽管声学实验可以看到细微的差别，但统计结果显示，两组语句各韵律词末字的时长比均不存在显著性差异。

3. 音强方面

图 3-2-3 中，当对比焦点位于句首时，B组中句首词各音节能量都发生了增强，尤其是韵律词末字，音量比达到 1.56；焦点后的句中词和句末词音量比是减小的趋势，与句首词相比，分别减小了 0.53 和 0.69。A组自然焦点条件下，句首词音量比也最大，末字达到 1.60，大于B组中相应位置的焦点词音量比；从句首到句末，音量也呈下降趋势，但下降幅度不及B组大，句末音量比仍然发生了增强，是疑问语气表达的韵律条件。我们也对两组语句各韵律词末字的音量比做了独立样本 t 检验的分析，结果显示，两组语句句首和句末音量比均没有显著性差异，反而是句中词末字音量比有显著性差异 $t(12)=3.786$，$P=0.002$，B组焦点后音强显著减小。

当对比焦点位于句中时，C组句中词各音节能量也都发生了增强，焦点前句首词的音量也较强，焦点后句末词音量受焦点的影响而减弱，也说明疑问语调的作用在减弱。A组自然焦点条件下，句中词第 1—2 音节的音量较弱，第 3 音节是韵律词边界，音量比达到了 1.23，与C组同位置的句中焦点接近；句首音量是全句最大的，句末音量回升至 1.07，比C组同位置的句末音量大 0.27。同样，独立样本 t 检验结果显示，两组语句句首和句中音量比均没有显著性差异，反而是句末词末字音量比有显著性差异 $t(13)=2.219$，$P=0.045$，C组焦点后音强显著减小。

当对比焦点位于句末时，D组中句末词没有了焦点后音强的减弱，比焦点位于句首和句中时的音量比大 0.2 和 0.27，动词的音强也较大，读得较重，但句首和句中韵律词的音强均比A组小。独立样本 t 检验结果显示，两组语句句首音量比有显著性差异 $t(13)=3.838$，$P=0.002$。

二 语气词"吗"是非问句的声学分析

同样地，为方便讨论，我们将自然焦点的语气词"吗"问句定义为E

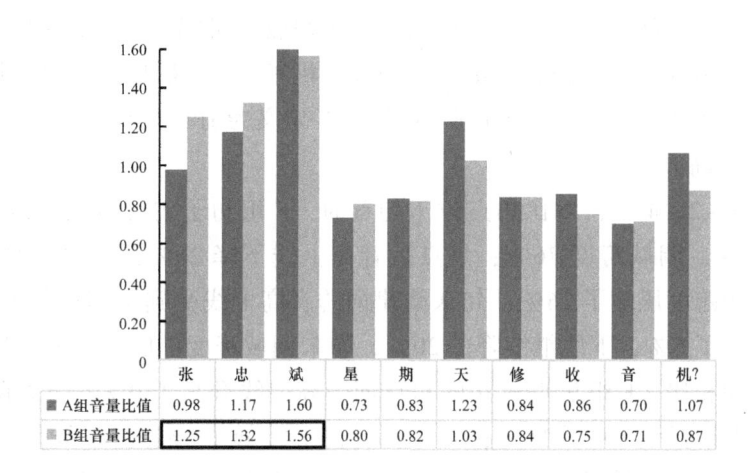

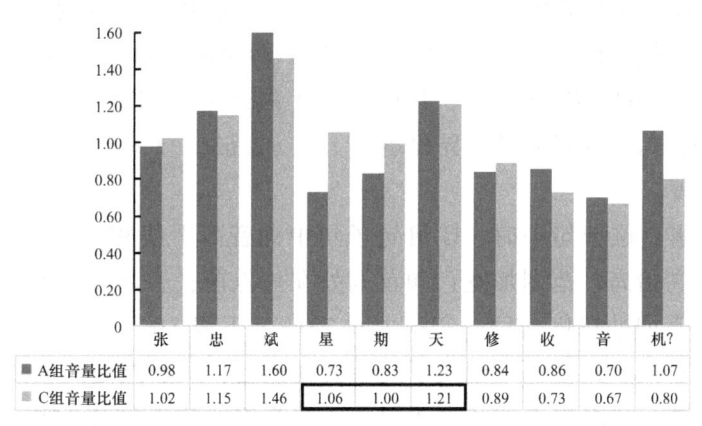

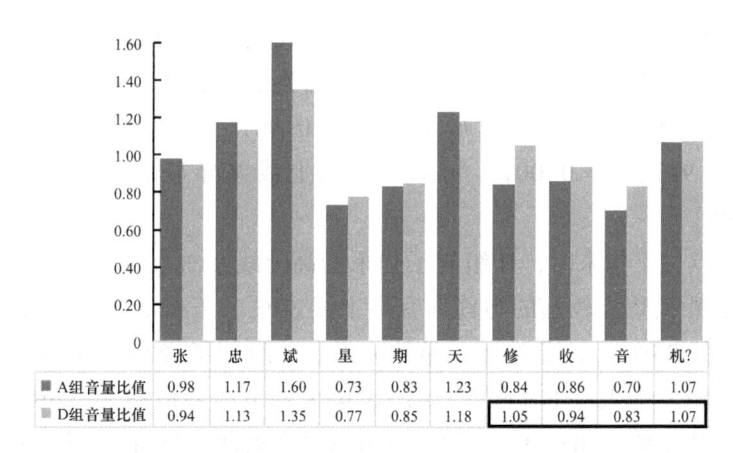

第三章 是非问句焦点的韵律表现 39

	张	忠	斌	星	期	天	修	收	音	机?
■ A组音量比值	0.98	1.17	1.60	0.73	0.83	1.23	0.84	0.86	0.70	1.07
■ B组音量比值	1.25	1.32	1.56	0.80	0.82	1.03	0.84	0.75	0.71	0.87

	张	忠	斌	星	期	天	修	收	音	机?
■ A组音量比值	0.98	1.17	1.60	0.73	0.83	1.23	0.84	0.86	0.70	1.07
■ C组音量比值	1.02	1.15	1.46	1.06	1.00	1.21	0.89	0.73	0.67	0.80

	张	忠	斌	星	期	天	修	收	音	机?
■ A组音量比值	0.98	1.17	1.60	0.73	0.83	1.23	0.84	0.86	0.70	1.07
■ D组音量比值	0.94	1.13	1.35	0.77	0.85	1.18	1.05	0.94	0.83	1.07

图3-2-3 自然焦点和对比焦点语调问句的音强

注：图中，自然焦点语调问句的音强数据引自本章第一节。

组实验句，句首焦点句如"张忠斌星期天修收音机吗?"定义为 F 组实验句，句中焦点句如"张忠斌星期天修收音机吗?"定义为 G 组实验句，句末焦点句如"张忠斌星期天修收音机吗?"定义为 H 组实验句。

1. 音高方面

图 3-2-4 中，对比焦点位于句首时，F 组句子句首音高上线 98%，下线 22%，调域跨度 76%；焦点后音高上线下降 26%，下线音高不变，因此调域跨度压缩了 26%；句末韵律词的音高上线受到疑问语气的影响，音高回升了 6%，下线继续降低 20%，句末调域跨度扩展。与 E 组同型自然焦点句相比，F 组焦点所在的句首词音高上线升高了 9%，下线降低了 7%，调域范围拉大了 16%；句中词音高上线低了 15%，下线低了 1%；句末词音高上线低了 9%，下线低了 5%。也就是说，F 组焦点词以外的音高都比 E 组低。独立样本 t 检验结果表明，两组语句句首音高上线差异显著 $t(8)=4.663$，$P=0.002$，句中音高上线差异也显著 $t(18)=2.563$，$P=0.020$，句末音高上线差异显著 $t(18)=2.636$，$P=0.017$，而下线差异均不显著。

对比焦点位于句中时，G 组句子句中词音高上线 97%，下线 12%，焦点词音高抬高、范围加宽；句首词处在焦点前，音高上线 86%，下线 26%；句末词处在焦点后，音高上线 73%，下线 5%。从图中音高曲线可直观地看到，E 组和 G 组句子句首音高接近，从焦点处曲线开始分离，尤其是上线；G 组焦点词音高比同位置的 E 组非焦点词高 15%，调域比同位置非焦点词宽 24%；G 组焦点后音高比同位置的 E 组音高低 18%，调域比同位置 E 组窄 19%。独立样本 t 检验结果表明，两组语句句中词音高上线差异显著 $t(9)=6.628$，$P<0.001$，音高下线差异也显著 $t(18)=3.917$，$P=0.001$，句末词音高上线差异显著 $t(18)=3.126$，$P=0.006$。

当焦点位于句末时，H 组句子句末音高上线 94%，下线 3%，调域跨度 91%；距离焦点较远的句首词音高上线 89%，下线 30%；焦点前句中词音高上线 85%，下线 23%。整体来看，H 组句子音高曲线与 E 组句子音高曲线相差不大，上线第 3、第 7、第 8 音节的差值略大（6%、12%、7%），下线差值不超过 3%。第 7 音节是单音动词，与句末宾语关系紧密，焦点表现从动词开始。独立样本 t 检验结果表明，两组语句只在句末音高上线上有显著性差异 $t(14)=2.845$，$P=0.013$。

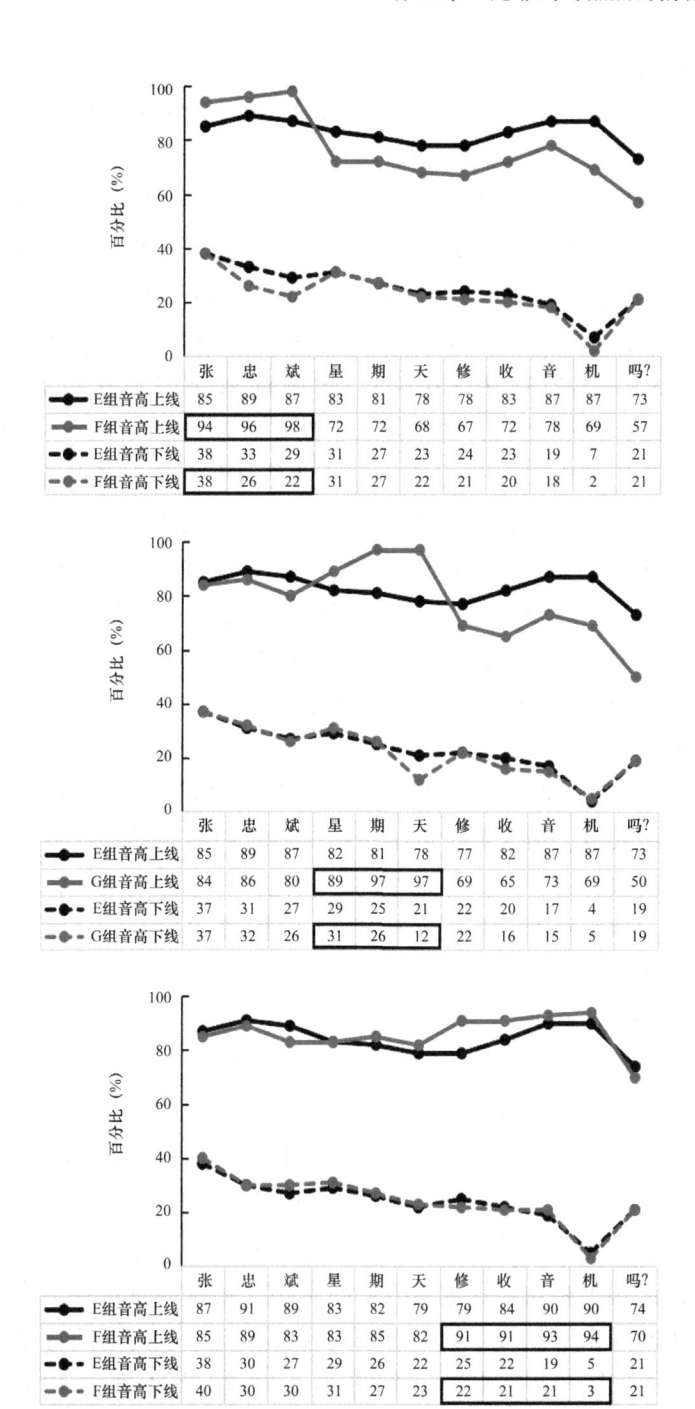

第三章 是非问句焦点的韵律表现 41

	张	忠	斌	星	期	天	修	收	音	机	吗?
E组音高上线	85	89	87	83	81	78	78	83	87	87	73
F组音高上线	94	96	98	72	72	68	67	72	78	69	57
E组音高下线	38	33	29	31	27	23	24	23	19	7	21
F组音高下线	38	26	22	31	27	22	21	20	18	2	21

	张	忠	斌	星	期	天	修	收	音	机	吗?
E组音高上线	85	89	87	82	81	78	77	82	87	87	73
G组音高上线	84	86	80	89	97	97	69	65	73	69	50
E组音高下线	37	31	27	29	25	21	22	20	17	4	19
G组音高下线	37	32	26	31	26	12	22	16	15	5	19

	张	忠	斌	星	期	天	修	收	音	机	吗?
E组音高上线	87	91	89	83	82	79	79	84	90	90	74
F组音高上线	85	89	83	83	85	82	91	91	93	94	70
E组音高下线	38	30	27	29	26	22	25	22	19	5	21
F组音高下线	40	30	30	31	27	23	22	21	21	3	21

图 3-2-4 自然焦点和对比焦点语气词 "吗" 问句的音高

2. 时长方面

图 3-2-5 中，分别将三组不同焦点位置的语气词"吗"问句和相应的自然焦点句放在一起进行两两时长比较。当焦点位于句首时，F 组句子句首各音节时长较长，韵律边界达到全句时长最大值 1.33，焦点后音节的时长逐渐缩短，句中词末字时长比 1.15，句末词末字 0.94，"吗"字时长比 1。除句首焦点词外，F 组句子的音节时长都短于 E 组，焦点对全句时长都有影响。独立样本 t 检验结果表明，两组语句句首词末字时长比有显著差异 $t(13) = 2.213$，$P = 0.045$，句中词末字时长比也有显著差异 $t(13) = 2.232$，$P = 0.044$，句末词末字没有显著差异。

当焦点位于句中时，相应地，G 组句子句中音节时长是全句最大值，焦点以外的句首词和句末词的时长较短，尤其是句末词，受焦点的影响，时长比小于 1，未发生延长，语气词"吗"的时长也未延长。这和自然焦点的 E 组句子表现不同。G 组句子呈现出"焦点词时长拉长，焦点词后时长缩短"的特点。独立样本 t 检验结果表明，两组语句句末词末字时长比有显著差异 $t(13) = 2.521$，$P = 0.026$，句首和句中时长没有显著差异。

当焦点位于句末时，相应地，H 组句子句末词的时长增加了，但没有增加到全句最大值，最大值仍位于句中。但我们看到动词读得比较长，这是句末焦点词独有的特征。与 E 组句子相比，H 组除动词外，各韵律词音长没有更长。独立样本 t 检验结果表明，两组语句句首、句中和句末韵律词末字及动词均没有显著差异。

3. 音强方面

图 3-2-6 中，分别将三组不同焦点位置的语气词"吗"问句和相应的自然焦点句放在一起进行两两音强比较。首先来看 E 组和 F 组。F 组句首词是语句焦点，音强最大；焦点后能量下降明显，下降程度为 0.63；句中到句末能量继续下降，下降程度为 0.46；语气词"吗"音量比为 0.72，句末和语气词"吗"的音强没有增强。E 组句首词音强也很强，但没有 F 组焦点词强；句中和句末受生理因素的影响，发音能量也在下降，但还是比 F 组句中和句末高。分别对两组语句句首、句中、句末的音量比数据做独立样本 t 检验，结果显示，句末音量比差异显著 $t(13) = 2.470$，$P = 0.028$。

再来看 E 组和 G 组。G 组句中词是语句焦点，是除句首外音强比较大

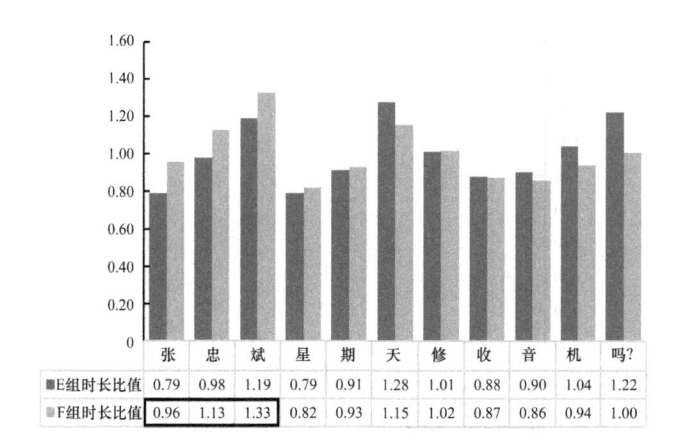

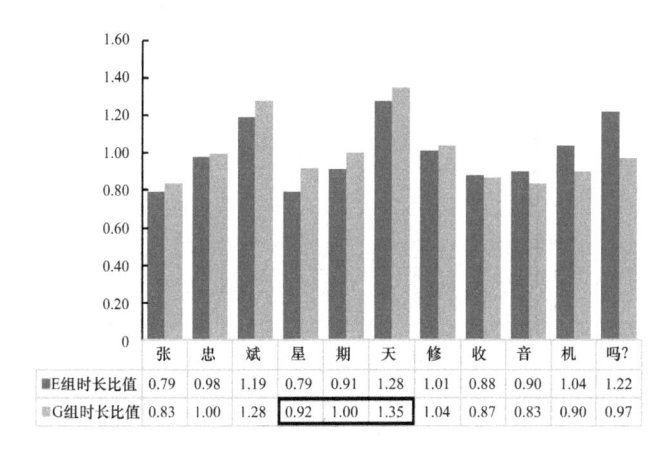

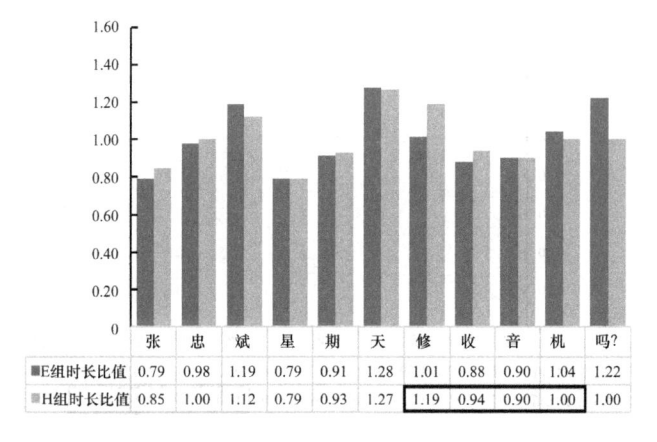

第三章 是非问句焦点的韵律表现 43

	张	忠	斌	星	期	天	修	收	音	机	吗?
■E组时长比值	0.79	0.98	1.19	0.79	0.91	1.28	1.01	0.88	0.90	1.04	1.22
F组时长比值	0.96	1.13	1.33	0.82	0.93	1.15	1.02	0.87	0.86	0.94	1.00

	张	忠	斌	星	期	天	修	收	音	机	吗?
■E组时长比值	0.79	0.98	1.19	0.79	0.91	1.28	1.01	0.88	0.90	1.04	1.22
G组时长比值	0.83	1.00	1.28	0.92	1.00	1.35	1.04	0.87	0.83	0.90	0.97

	张	忠	斌	星	期	天	修	收	音	机	吗?
■E组时长比值	0.79	0.98	1.19	0.79	0.91	1.28	1.01	0.88	0.90	1.04	1.22
H组时长比值	0.85	1.00	1.12	0.79	0.93	1.27	1.19	0.94	0.90	1.00	1.00

图 3-2-5 自然焦点和对比焦点语气词"吗"问句的时长

注：图中，自然焦点的语气词"吗"问句的时长数据引自本章第一节。

44 汉语疑问焦点的韵律表现

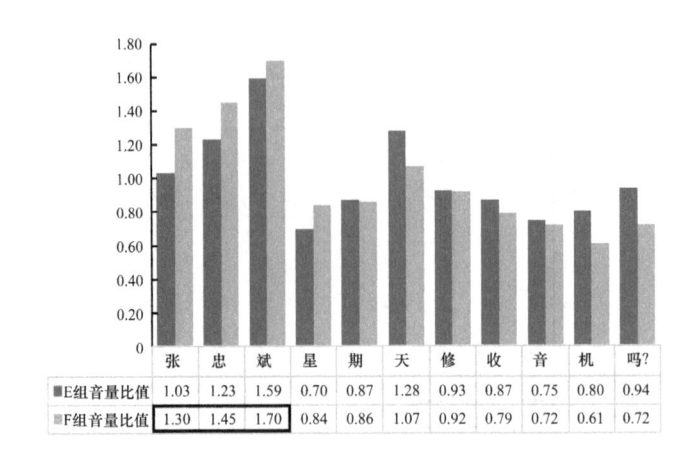

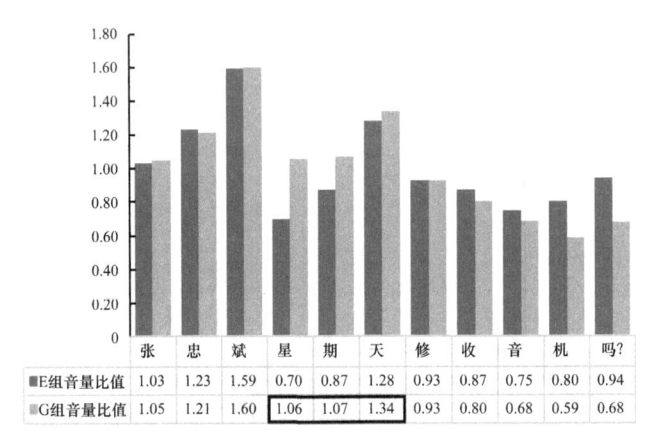

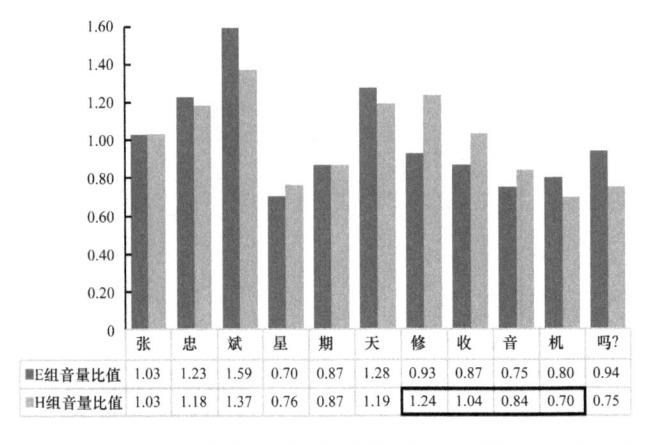

	张	忠	斌	星	期	天	修	收	音	机	吗?
E组音量比值	1.03	1.23	1.59	0.70	0.87	1.28	0.93	0.87	0.75	0.80	0.94
F组音量比值	1.30	1.45	1.70	0.84	0.86	1.07	0.92	0.79	0.72	0.61	0.72

	张	忠	斌	星	期	天	修	收	音	机	吗?
E组音量比值	1.03	1.23	1.59	0.70	0.87	1.28	0.93	0.87	0.75	0.80	0.94
G组音量比值	1.05	1.21	1.60	1.06	1.07	1.34	0.93	0.80	0.68	0.59	0.68

	张	忠	斌	星	期	天	修	收	音	机	吗?
E组音量比值	1.03	1.23	1.59	0.70	0.87	1.28	0.93	0.87	0.75	0.80	0.94
H组音量比值	1.03	1.18	1.37	0.76	0.87	1.19	1.24	1.04	0.84	0.70	0.75

图 3-2-6　自然焦点和对比焦点语气词"吗"问句的音强

注：图中，自然焦点的语气词"吗"问句的音强数据引自本章第一节。

的几个音节；句首音量比仍然是最大的，没有受到焦点的影响；句末音量比数值较小，句末词末字只有 0.59，语气词"吗"的音量比 0.68，受焦点的影响比较大。E 组句首词音强与 G 组相当，句中词音强略小，但句末词音强和语气词"吗"的音强比 G 组分别大 0.21 和 0.26，自然焦点条件下，疑问语调和疑问语气词在共同起作用。分别对两组语句句首、句中、句末的音量比数据做独立样本 t 检验，结果显示，只有句末音量比差异显著 $t(13) = 2.287$，$P = 0.040$。

最后来看 E 组和 H 组。H 组句末词是语句焦点，句首到句中再到句末，音强呈阶梯式下降的特点（动词除外，句首音量比 1.37、句中 1.19、句末 0.70）；单音动词及后面的音节音强发生了增强，接近句末的位置，能量一点点减小。H 组句首和句中的音强比同位置的 E 组小，动词语音突出明显。独立样本 t 检验结果表明，两组语句句首词末字音强差异显著 $t(13) = 4.030$，$P = 0.001$，句中和句末音强差异不显著。

4. 焦点感知判断结果

为深入了解疑问焦点的韵律特征，本节还设计了一项感知实验。感知实验更符合人际交流中的真实听觉判别结果（Fine et al., 1991；Peppé et al., 2007a、2011b；Dahlgren et al., 2018；Patel et al., 2020），在科学研究中应用也非常广泛。

将 10（发音人的数量）×2（语调问句和语气词"吗"问句两组）×6（每组 6 个句子）×4（自然焦点和句首、句中、句末焦点）共 480 个实验句随机播放给 20 位被试听，请被试从语感上判断所听到的句子有无焦点（句中相对凸显的成分）及焦点所在的位置。

这 20 位被试都是沧州师范学院的大学生，10 男 10 女，无视力、听力障碍。感知实验是使用 Eprime3.0 软件完成的。实验流程是：注视点→按空格键开始→显示选项画面，随机播放实验句录音→按键选择（1 自然焦点；2 句首焦点；3 句中焦点；4 句末焦点；5 无法判断）→选择画面不消失，随机播放下一个实验句录音→按键选择。要求被试在十分确定的情况下选择 1—4，在不确定的情况下，如听起来既像 1 自然焦点又像 2 句首焦点时，选择 5 无法判断。无法判断单独计算。正确率 = 正确判断的次数/该组实验句的总数。实验结果见表 3-2-1。

表 3-2-1 中，语调问句焦点感知正确率由大到小依次是句中焦点、句首焦点、句末焦点、自然焦点。对比焦点比自然焦点的感知正确率高。

无法判断中，句首焦点的得分最低，其次是句中焦点，句末焦点和自然焦点无法判断的次数较多。句末焦点和自然焦点的正确率都小于60%，无法判断的次数都大于45，在错误判断中，句末焦点被判断为自然焦点以及自然焦点被判断为句末焦点的比例也是最大的。

表3-2-1　　　　　　　　焦点感知判断结果统计

		正确判断	错误判断	无法判断	正确率（%）
语调问句	自然焦点	521	634	45	43.4
	句首焦点	820	355	25	68.3
	句中焦点	945	224	31	78.8
	句末焦点	712	442	46	59.3
"吗"问句	自然焦点	714	442	44	59.5
	句首焦点	826	343	31	68.8
	句中焦点	1007	167	26	83.9
	句末焦点	773	376	51	64.4

语气词"吗"问句中，焦点感知正确率由大到小仍然是句中焦点、句首焦点、句末焦点、自然焦点。无法判断中，句中焦点的得分最低，其次是句首焦点，句末焦点和自然焦点无法判断的次数也较多。句末焦点和自然焦点的正确率大概为60%—65%，无法判断的次数都大于44，这两组语句的焦点感知容易相混。语气词"吗"问句的感知正确率整体比语调问句高，除句首焦点变化较小外，其他三组焦点句的正确率比语调问句高5%以上。

本次主观听觉判断的结果验证了Xu（1999）、Liu和Xu（2005）的实验结论，疑问语气语调下，焦点仍然可以被正确感知，句首和句中焦点感知的正确率更高。

三　小结

本节我们将三种不同位置（句首、句中、句末）的对比焦点疑问句和同型自然焦点疑问句放到一起，按照"首先比较句内焦点词与非焦点词的韵律特征，然后比较句间相同位置词语的韵律特征"的顺序进行分析，考虑了细节的对比和整体的差异。

研究发现：语调问句中，对比焦点不论位于句首、句中，还是句末，焦点所在的韵律词的音高上线都是全句最高的，调域跨度都是全句最大的。与同型自然焦点的是非问句相比，焦点词的音高升高，升高幅度句中＞句首＞句末。焦点后音高降低、调域跨度压缩，但句首焦点词后的音高与自然焦点并没有显著性差异，句中焦点词后的音高上线与自然焦点有显著差异。焦点前音高与自然焦点相比基本没有变化，上下线数据在统计学上都没有显著差异。

同时，焦点所在的韵律词的时长是全句最长的。与同型自然焦点的是非问句相比，句首和句中焦点词的时长略长，但差异并不显著，句末焦点词时长未拉长。焦点后的时长不同程度地缩短，但统计结果显示，只有句中焦点词后的时长与自然焦点有显著差异，与音高表现一致。焦点前时长与自然焦点接近。

另外，句首韵律词的音强全句最大。当焦点位于句首时，焦点后第一个韵律词（句中词）的音强与自然焦点的差异显著；当焦点位于句中时，焦点后第一个韵律词（句末词）的音强与自然焦点的差异显著；当焦点位于句末时，焦点前第二个韵律词（句首词）的音强与自然焦点的差异显著。也就是说，焦点词本身的音强没有更强，但前后音节的音强变弱，致使句中焦点词听起来比较强。

语气词"吗"问句中，不同位置的焦点的音高上线都是全句最高的，音高下线的最小值都在句末。整体来看，与自然焦点相比，属于对比焦点的韵律词的音高上线被抬高，相应的音高范围也被拉大。同时，当焦点位于句首和句中时，焦点后韵律词的音高上线显著降低，下线基本无变化，调域跨度压缩。句首焦点对音高的影响可延续至句末。

位于句首和句中的焦点词的时长是全句最长的，与自然焦点句相比，时长显著地拉长，但位于句末的焦点词的时长没有拉长。焦点后的时长缩短，但这种调节作用也是有限的，一般只缩短焦点后第一个韵律词的时长。

语气词"吗"问句中，无论焦点在句中哪个位置，音强的规律都是句首词＞句中词＞句末词。与自然焦点相比，对比焦点所在的韵律词的音强没有更强，这与语调问句有相同之处，疑问焦点在音强上主要依靠与周围韵律词的音强对比来凸显。总之，句首和句中焦点在音高、时长上增量明显，句末焦点只在音高上增量明显，且句末焦点和疑问语调纠缠在一起，造成了听感上的不明显。

焦点感知实验结果表明，对比焦点比自然焦点的感知正确率高，与声学上的韵律凸显相统一。语气词"吗"问句的感知正确率整体比语调问句高。不同位置焦点条件下，句中焦点的感知正确率高于句首焦点高于句末焦点。从正确率、错误判断类型、无法判断的数据来看，句末焦点与自然焦点容易相混。

第三节　回声问句

日常交际中，有一种频繁出现但比较特殊的语言现象，即听话人有意或无意地重述前一个说话人所说的全部或部分内容，这种重复的话语就是回声话语（Banfield，1982；Quirk et al.，1985；Yamaguchi，1994；陈治安、文旭，2001）。不管原来的先导句是特指问、是非问还是选择问，当变成回声问时，一律成为是非问（邵敬敏，1992）。

回声问是当前回声话语研究中最受关注、研究成果也最多的部分（王媛媛，2008）。吕叔湘在《中国文法要略》（1942）中就提到过"复问"（即回声问），他指出"复问"应属于是非问句。丁声树（1961）持相同观点。Randolph Quirk 等（1985）在回声话语的基础上，进一步把回声问分为重述性回声问（recapitulatory echo questions）和解释性回声问（explicatory echo questions）。重述性回声问是重复一句话的部分或全部内容，主要目的是为了使所重述的内容得到证实；解释性回声问是指要求对方讲清楚而不是重复刚才所说的某些内容。邵敬敏（1996）探讨了汉语回声问的三条基本语用特征：体现理解焦点，形成新的话题，表示疑惑发问，并根据回声问的形式特点，将其分为"全称回声问"和"偏称回声问"两类，前者乙使用的结构形式与甲完全吻合，后者乙使用的结构形式与甲部分吻合，进行了精简、替换或改造。结合我们的实验句，例如：

甲：张忠斌星期天修收音机。
乙：你是说，张忠斌星期天修收音机吗？

乙说的话就是"全称回声问"。"你是说"后面的分句，完全重复了对方的句子，末尾加疑问语气词"吗"，是对整个事件进行提问，是全句作疑问点的宽焦点句。

> 甲：张忠斌星期天修收音机。
> 乙：星期天？不会吧？

这时，乙说的话是"偏称回声问"，部分重复了对方的句子，是对某个具体的成分进行提问，是窄焦点句。

对回声问句使用目的的研究，还有刘月华等在《实用现代汉语语法》（2001）中指出的，回声问句在交际中的主要功能是表示听话人（乙）对说话人（甲）的问题不清楚、不相信、不理解和不同意，因而重复发问。在听话人重复发问时，往往带有一定的感情色彩，如惊奇、怀疑、不满等。有时，还可以由说话人对问题作进一步的解释。徐晓燕（2003）认为，回声问句属于弱发问话，其主要目的是通过重复对方的话语，要求对方予以补充或解释。刘丹青（2005）认为，回声问句是说话人没听清楚对方的话而对此提出的问句，很大程度上重复了对方的话语。

我们看到，学界对回声问形式和功能的研究已经较多且较有深度，但回声问焦点的韵律特征目前还无从得知。综合前人的研究，本节我们设计了重复性的全称回声问句（以下简称"回声问句"），即对前面说话人的话语进行全部重复，用于说话人没听清楚或没听明白对方的话而提出疑问的全句焦点问句，考察全句疑问焦点的韵律表现。所有实验句都依靠语境引出，以第一句话为例：

> 甲：朋友告诉你"张忠斌星期天修收音机"这件事，你没听清楚或没听明白，请根据这一提示读出句子。
> 乙：你是说，张忠斌星期天修收音机吗？

语料录制后，进行声学分析。

一 音高实验结果及分析

回声问句中，"你是说"分别构成主语和谓语，用于引导并确认信息；"张忠斌星期天修收音机"作为宾语，是被引述和询问的内容；末尾是疑问语气词"吗"。因回声问句后半部分与自然焦点的语气词"吗"是非问

句的音节相同,可以把这两种问句的音高数据放在一起,将音节相同部分做对比分析,如表3-3-1所示:

表3-3-1　　　　回声问句与自然焦点的语气词"吗"问句的
音高数据对比　　　　　　　　　　(%)

	上线	下线	跨度	上线	下线	跨度	
你	62	42	20				
是	75	51	24				
说	81	61	20				
张	92	39	53	88	41	47	张
忠	92	32	60	92	35	57	忠
斌	88	31	57	89	31	58	斌
星	88	32	56	85	32	53	星
期	87	32	55	83	29	54	期
天	85	23	62	81	25	56	天
修	87	23	64	80	26	54	修
收	88	26	62	85	24	61	收
音	92	20	72	90	21	69	音
机	94	4	90	90	8	82	机
吗	82	24	58	76	23	53	吗

表3-3-1是10位发音人的平均数据,图3-3-1左侧是据此做出的调域起伏图。图中,前三个音节为"你是说",音节调域跨度分别是20%、24%和20%,音高逐渐上升,为后面的疑问形式做好准备;后面的从句是重复对方的句子加语气词"吗",句首词音高上线92%,下线31%,句中词音高上线88%,下线23%,句末词音高上线94%,下线4%,语气词"吗"音高上线82%,下线24%,跨度为58%,音高表现符合疑问语气语调特点。

观察表3-3-1和图3-3-1音节相同的部分可知,回声问句疑问焦点处的调域起伏模式与自然焦点"吗"问句基本相同:第一,句首词首字调域跨度最小(53%和45%),句中词和句末词都是末字调域跨度最大(62%、56%和90%、84%);第二,字音下线在边界位置处降低的特征明显;第三,句首词到句中词音高上线和下线均下降,句中词到句末词音

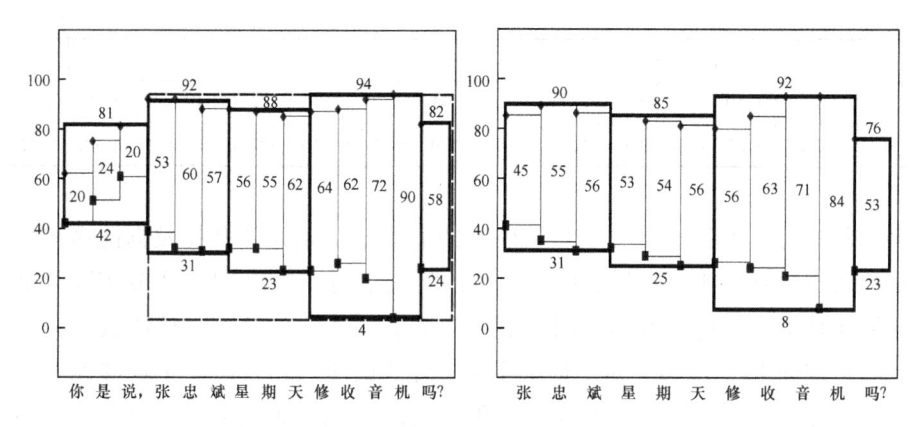

图 3-3-1 回声问句与自然焦点的语气词"吗"问句的音高起伏对比

高上线上升、下线下降，调域跨度呈现大幅扩展的趋势。使用 SPSS 统计软件对音高上下线进行独立样本 t 检验发现，二者音高的差异在统计学上不显著，包括句首词音高差异不显著，上线 $t(16)=0.727$，$P>0.05$，下线 $t(16)=0.592$，$P>0.05$；句中词音高差异不显著，上线 $t(16)=1.343$，$P>0.05$，下线 $t(16)=0.068$，$P>0.05$；句末词音高差异不显著，上线 $t(16)=1.668$，$P>0.05$，下线 $t(16)=0.997$，$P>0.05$。

回声问句的宾语是整个句子的核心，是疑问焦点，它不仅承载了主要的信息内容，而且在韵律表现上起着至关重要的作用。音高数据显示，回声问句疑问焦点的韵律表现与自然焦点"吗"问句接近。

二 时长实验结果及分析

回声问的时长比数据及其与自然焦点的语气词"吗"问句的对比图形如表 3-3-2 所示：

表 3-3-2　　　　　回声问句的时长比数据　　　　　（时长比）

	你	是	说	张	忠	斌	星	期	天	修	收	音	机	吗
句1	0.72	0.82	1.65	0.93	1.05	1.00	0.98	0.72	1.23	1.15	0.84	0.85	0.92	1.06
句2	0.64	0.83	1.61	0.90	0.80	1.44	0.81	0.93	1.15	0.94	0.89	0.91	1.01	1.02
句3	0.60	0.78	1.63	0.81	1.00	1.13	0.79	1.07	1.22	1.28	0.79	0.92	0.96	0.99
句4	0.63	0.86	1.57	1.03	0.98	1.43	0.68	0.83	1.28	1.05	0.90	0.67	0.94	1.07
句5	0.59	0.83	1.58	0.92	1.11	1.04	0.77	1.03	1.26	1.01	0.97	0.93	0.92	1.04

续表

	你	是	说	张	忠	斌	星	期	天	修	收	音	机	吗
句6	0.61	0.79	1.58	0.81	1.11	1.01	0.71	1.12	1.11	1.14	0.84	0.93	1.22	0.96
平均	0.63	0.82	1.60	0.90	1.01	1.18	0.79	0.95	1.21	1.09	0.87	0.87	1.00	1.02

表3-3-2和图3-3-2左侧是10位发音人的平均数据及据此做出的回声问句的时长比图。如前所述，我们将句中与"吗"问句音节相同的部分单独拿出来分析。各韵律词末字均发生了音节的延长，时长比数值分别是：句首词末字1.18，句中词末字1.21，句末词末字1。除了这些音节发生延长外，句首词中字、单音动词和语气词"吗"的时长比也大于1，数值分别是1.01、1.09和1.02。

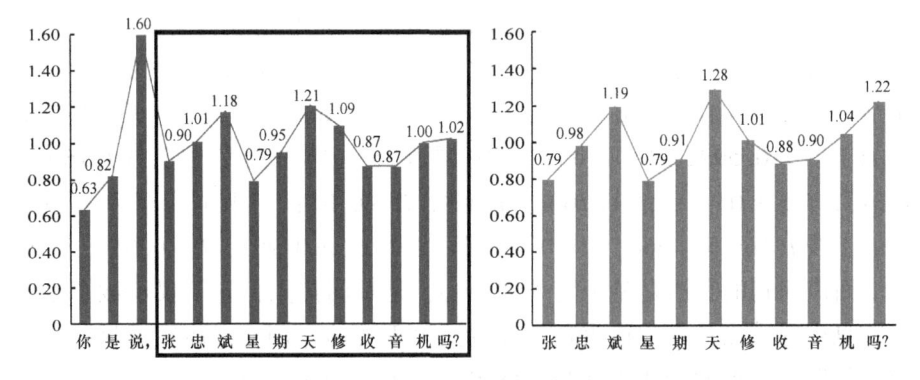

图3-3-2　回声问句与自然焦点的语气词"吗"问句的时长对比

注：右图自然焦点语气词"吗"问句的时长比图引自本章第一节。

由图3-3-2可知，整体来看，回声问句与语气词"吗"是非问句的疑问语气语调都比较舒缓，焦点处各韵律词末字时长比差值较小。使用SPSS统计软件对两组语句音节相同部分的时长比进行显著性检验，结果显示，句首韵律词二者无显著性差异$t(13) = 0.962$，$P > 0.05$；句中韵律词二者无显著性差异$t(13) = 0.851$，$P > 0.05$；句末韵律词二者也无显著性差异$t(13) = 0.532$，$P > 0.05$。可见，回声问句疑问焦点的韵律表现与"吗"问句在时长方面也是接近的，与音高关系一致。

三　音强实验结果及分析

回声问句的音量比数据及其与自然焦点的语气词"吗"问句的对比如

表 3-3-3 和图 3-3-3 所示：

表3-3-3					回声问句的音量比数据								（音量比）
	你	是	说	张	忠	斌	星	期	天	修	收	音	机	吗
句1	0.78	0.79	2.26	1.22	1.16	1.16	0.64	0.45	1.24	1.11	0.84	0.82	0.65	0.90
句2	0.61	0.78	2.37	0.94	1.31	1.35	0.95	1.13	1.02	1.04	0.86	0.84	0.51	0.88
句3	0.62	0.75	2.14	0.73	1.35	1.43	0.95	1.20	1.07	0.87	0.82	0.94	0.57	0.64
句4	0.57	0.74	1.99	1.29	0.84	0.98	0.82	0.91	1.13	1.09	0.90	0.81	1.20	0.77
句5	0.60	0.77	2.35	0.77	1.14	1.69	0.77	0.71	0.98	1.33	0.69	0.77	0.49	0.74
句6	0.69	0.93	2.44	0.86	1.13	1.22	0.75	0.88	1.39	0.64	1.07	0.63	0.41	0.94
平均	0.64	0.79	2.26	0.97	1.15	1.31	0.81	0.88	1.14	1.01	0.86	0.83	0.64	0.81

表 3-3-3 和图 3-3-3 显示，回声问句疑问焦点处句首词和句中词末字发生了音强的增大，数值分别是 1.31 和 1.14，句末词末字音量较小，数值是 0.64，反而是语气词"吗"音量较大（音量比 0.81），整体音强表现符合疑问句的特点。除句首词中字和单音动词外，非边界位置音节音量比均小于 1，未发生能量的增强。

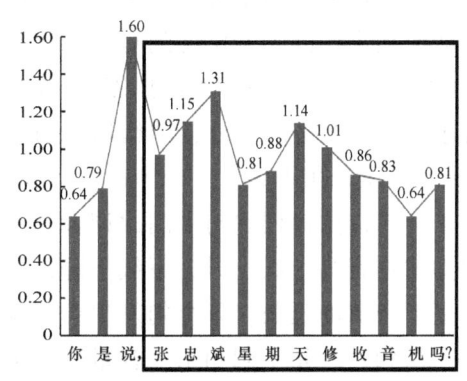

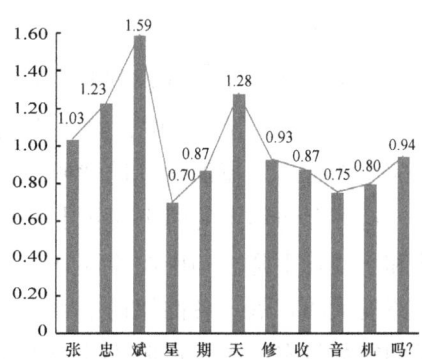

图 3-3-3 回声问句与自然焦点的语气词"吗"问句的音强对比

注：右图自然焦点语气词"吗"问句的音量比图引自本章第一节。为方便对比分析，左图回声问句音量比最大值记作 1.6。

以韵律词为单位，回声问句疑问焦点处从句首、句中到句末，音量逐级下降，句末音节也没有因疑问语调的影响而发生能量的突然明显增强，但因其属于疑问句，所以与自然焦点的陈述句相比，句末音强较大，其句末音节能量较句中回升,此处不赘述。句首词三个音节的音量比分别是 0.97、1.15 和 1.31,句中词三个音节的音量比分别是 0.81、0.88 和 1.14,句末词四个音节的音量比分别是 1.01、0.86、0.83 和 0.64。与音高、时长相对应,语气词"吗"的音量比为 0.81,音强增强,这与"吗"字本身音强有关,另外,"吗"是这类语句之所以属于疑问句的重要标记,起表达疑问语气的重要作用。

使用 SPSS 统计软件对全句焦点的回声问句与自然焦点的语气词"吗"问句的相同音节的音量比差异进行显著性检验,结果显示,句首韵律词二者无显著性差异 $t(13)=1.274$,$P>0.05$;句中韵律词二者无显著性差异 $t(13)=0.468$,$P>0.05$;句末韵律词二者也无显著性差异 $t(13)=1.376$,$P>0.05$。可见,回声问句疑问焦点的韵律表现与"吗"问句在音量方面也是接近的。

四 小结

以上我们分析了是非问句中回声问句焦点的韵律表现。回声问句的焦点可以是自然焦点,也可以是重音在句子某个成分上的对比焦点,以突出听话人理解的重点。本节设计的是对前面说话人的话语进行全部重复,用于说话人没听清楚或没听明白对方的话而提出疑问,希望得到对方证实或解释的重述性的全称回声问句,这种回声问句能嵌入"你刚才说""你是说……(吗)"等结构中,除"你刚才说""你是说"外,结构形式与上文完全吻合,末尾加语气词"吗",是一种全句焦点句。

这种全句焦点的回声问句中,焦点处句首韵律词到句中韵律词音高上线和下线均下降,句中韵律词到句末韵律词音高上线上升、下线下降,调域跨度大幅扩展;各韵律词末字均发生了音节的延长,且全句发生音节延长的次数较多,时长比曲线较为平缓;从句首、句中到句末,音量逐级下降,语气词"吗"字音量回升明显。整体上与自然焦点的语气词"吗"问句的韵律表现是一致的。

我们将全句焦点的回声问句和表"求知"的自然焦点的"吗"字问句的韵律模式进行了较为细致的对比分析,虽然这两种是非问句的语用功能不尽相同,在声学特征上也有一些差异,但数据的统计结果显示,它们音节相同部分在音高、时长和音强方面的差异均不显著。结合上一节的内容,在听感上,句末焦点易和自然焦点相混,一部分句末焦点句被听辨为自然焦点句，一部分自然焦点句被听辨为句末焦点句；但在声学上，句末焦点音高升高、调域加宽，焦点前语音音强较小，与自然焦点句的韵律特征有显著性差异。因此，本节在探讨回声问句的韵律表现的同时，认为：通常所说的自然焦点是非问句应是全句焦点，即以整句为疑问焦点，不是以命题的一个部分作为疑问焦点。研究支持刘丹青（2008）等论述，并提供了焦点与韵律的新视角。

　　回声问句在我们的交际过程中经常出现，是一种普遍却特殊的语言现象，对于它的深入研究，有利于加深我们对这种语言现象的理解，达到更理想的交际效果。除了关注回声问句的疑问形式和疑问功能的许多研究外，还有一些学者引入认知语用学的关联理论、元表征理论等来解释回声问句，如冉永平（2002）认为回声问句具有元表征特性，往往需要对它们进行语境条件下的语用充实才能正确理解等。本节则从焦点的韵律表现入手，将疑问形式与疑问功能结合，进一步揭示了是非问句中疑问与焦点的关系。

第四章　特指问句焦点的韵律表现

特指问句是用疑问代词提出疑点，要求对方针对疑点作出回答的疑问句。疑问代词是个封闭的类，特指问句中常用的疑问代词主要有"谁、什么、哪里、哪、哪儿、多少、多、几、怎么、怎样、怎么样"等。疑问代词数量有限，一些询问项目可以借助疑问代词与其他词类如名词或动词等结合构成的疑问短语来提问。疑问代词在特指问句中的作用主要是代替未知的部分，在句中的句法功能跟所代替的语法单位的句法功能大致相当。这些疑问代词就是特指问句的焦点（吕叔湘，1985；徐杰、李英哲，1993；陈昌来，2000；石毓智、李讷，2001）。

一个特指问句可以有一个疑问焦点，也可以有多个疑问焦点。当有一个疑问焦点时，一般认为，疑问词在动词前，相应的回答倾向于为对比焦点；疑问词在动词后，相应的回答倾向于为自然焦点（张伯江、方梅，1996；刘顺，2003），语音韵律学方面的证据比较少。当有多个疑问焦点时，多个疑问焦点之间是主次关系，还是强调程度均匀的并列关系，学界仍有分歧（徐杰，2001；尹洪波，2008）。特指问句还可以与正反问句、选择问句构成混合形式（邵敬敏，1996；陈立民，2017）。

我们把句法结构中只有一个疑问焦点的称作特指问句的基本句式，即一般特指问句，其他称为变式。本章我们将重点分析：（1）一般特指问句中，不同位置疑问焦点的韵律表现；（2）包含两个焦点的特指问句的韵律表现；（3）正反问句与选择问句混合形式中疑问焦点的韵律表现。想要解决的主要问题是：（1）一般特指问句中，疑问代词充当的焦点与疑问语调在传达疑问信息中的作用是什么，并找到疑问焦点在句中决定相应回答的焦点性质及其语音韵律学证据；（2）包含两个焦点的特指问句中，两个疑问焦点之间是主次关系，还是并列关系？（3）正反问句与选择问句混合形式对疑问焦点的影响，及焦点的韵律表现所表达的疑问功能。

第一节　一般特指问句[①]

前人对一般特指问句的研究主要集中在句法形式和特殊功用上，如吕叔湘《中国文法要略》（1942），朱德熙《语法讲义》（1982），黄伯荣、廖序东《现代汉语》（2011）等指出特指问句要有疑问代词和疑问语调。吕叔湘（1985）提出了特指问句内部语序和外部使用上值得思考的若干问题。陈昌来（2000）指出，特指问句内的疑问代词可在句中不同位置，疑问词的位置就是焦点的位置，是可以移动的。石毓智、李讷（2001）指出，疑问代词的固有词义里含有一个焦点特征，而一般词语的焦点特征是根据所使用的语言环境决定的，疑问代词的这一特征决定了特指问句的情况特殊。郭举昆（2003）从语用学的角度分析特指问句的"否定与反驳""要求说明与解释"等非疑问功能及使用心理。单威（2010）考察了特指问句表否定的用法，并分析了这种用法的产生机制和语用特点。

也有学者对特指问句进行了初步的声学实验，如阮昌娜（2004）、王韫佳（2008）依据高音点、低音点和音高范围三个参数分析对比不同类型疑问句的声学差异。江海燕（2009）对比了陈述句和疑问句调域中线走势图，发现句子起点位置的音高相对集中，特指问句的终点位置高于陈述句、正反问句和选择问句。

疑问代词在语义层面和语用层面划定了问答的范围，由答话人作出确认，在表达疑问语气时，它与疑问语调的关系是什么？句中不同位置疑问焦点的韵律模式之间有着怎样的区别与联系？基于以上问题，本节以一般特指问句为例，参照自然焦点的陈述句来考察汉语特指问句的焦点表达特征，包括音高、时长和音强，并将韵律层面的表现与语义、语法层面结合，作出量化分析，得出相关结论。

一　音高实验结果及分析

将10位发音人自然焦点的陈述句（下称陈述句）和只包含一个疑问焦点的特指问句（下称一般特指问句）的半音数值放在一起，得到的百分

[①] 本节内容在《普通话特指问句的韵律模式》（发表于《汉语史与汉藏语研究》第四辑，2018年）一文的基础上修改而成。

比平均数据见表4-1-1，做出的音高调域见图4-1-1和图4-1-2、图4-1-3、图4-1-4。

表4-1-1　　　　　　　陈述句与一般特指问句的音高数据　　　　　　（％）

	陈述句			特指"谁"问句		
	上线	下线	跨度	上线	下线	跨度
张	77	41	36	91	48	43
忠	78	32	46			
斌	74	25	49			
星	73	35	38	90	47	43
期	73	31	42	75	40	35
天	72	22	50	69	31	38
修	70	23	47	67	28	39
收	71	26	45	65	29	36
音	70	19	51	67	27	40
机	70	4	66	63	12	51

	特指"什么时候"问句			特指"什么/哪里"问句		
	上线	下线	跨度	上线	下线	跨度
张	82	44	38	80	43	37
忠	83	40	43	83	37	46
斌	80	33	47	78	38	40
星	65	40	25	79	38	41
期	98 66	56 44	42 22	77	37	40
天	59	35	24	79	33	46
修	59	29	30	88	23	65
收	62	29	33	73 79	24 33	49 46
音	63	29	34			
机	59	12	47			

由表4-1-1和图4-1-1可知，陈述句表现出字调域跨度在边界前的扩展和下线的降低，句首词、句中词、句末词的末字调域跨度分别是49％、50％和66％，在各自词调域中跨度最大，末字调域下线都是各自词调域的下线。句首词、句中词、句末词的调域上线分别是78％、73％、

71%，音高逐级下倾，句末短语跨度最大。

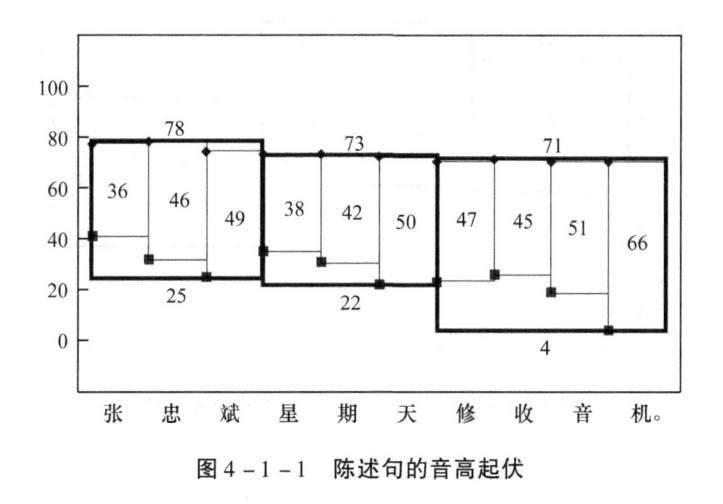

图 4-1-1 陈述句的音高起伏

表 4-1-1 和图 4-1-2、图 4-1-3、图 4-1-4 特指问中，"谁"问句和"什么时候"问句句末词末字调域跨度分别是 51% 和 47%，"什么/哪里"问句句中词末字调域跨度 46%，表现出字调域跨度在边界前的扩展和下线的降低。其他位置除图 4-1-3 句首词末字外，未表现出"字调域跨度在边界前的扩展和下线的降低"的特征。

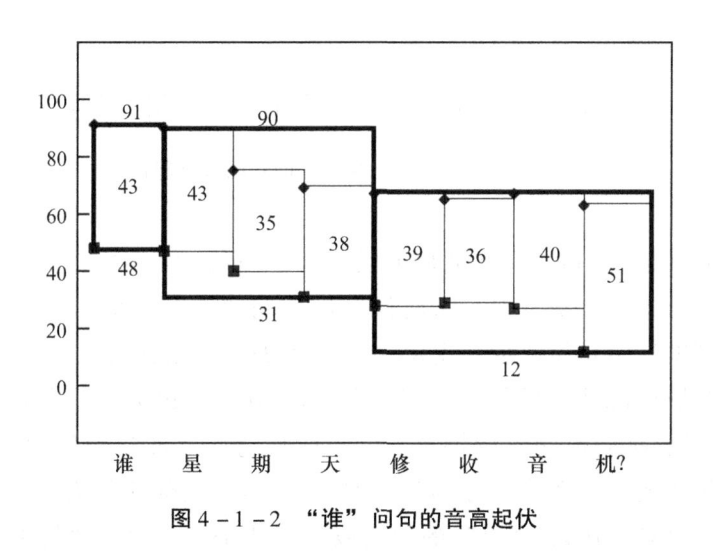

图 4-1-2 "谁"问句的音高起伏

一般特指问句疑问代词除外的音节与陈述句完全相同，可以直接作比

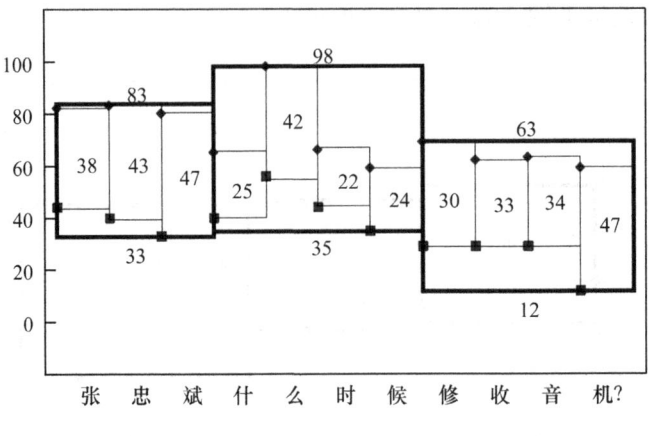

图 4-1-3 "什么时候"问句的音高起伏

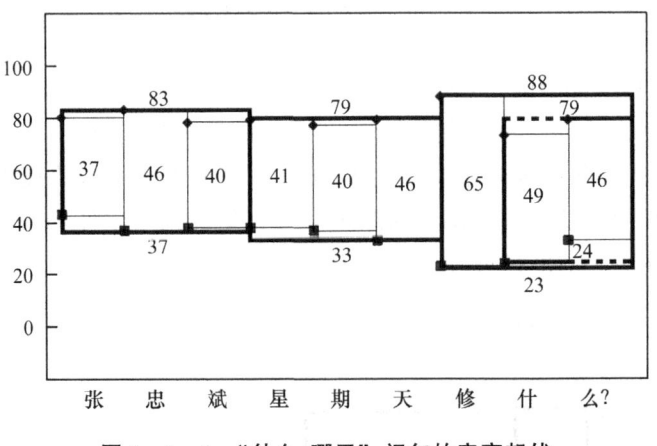

图 4-1-4 "什么/哪里"问句的音高起伏

较。句调域方面,陈述句句调域上线78%、下线4%,"谁"问句句调域上线91%、下线12%,"什么时候"问句句调域上线98%、下线12%,"什么/哪里"问句句调域上线88%、下线23%,由此可见,一般特指问句的句调域比陈述句整体提高(上线提高10%—20%,下线提高8%—19%),符合疑问语句语调特点。疑问词是句首"谁"和句中"什么时候"的句调域的音高跨度分别是79%和86%,比陈述句大5%和12%;疑问词是句末"什么/哪里"的句调域跨度是65%,比陈述句小9%。可见,疑问词在动词后的句末位置时,一般特指问句的句调域音高跨度缩小,由大于陈述句转为小于陈述句。

词调域方面，一般特指问句中疑问词所在的词调域都比陈述句相应位置的词调域上线大幅提高。图4-1-2"谁"所在的句首词调域上线是91%，高出陈述句13%；图4-1-3"什么时候"所在的句中词调域上线是98%，高出陈述句25%，也是四组数据的最大值；图4-1-4"什么/哪里"所在的句末词调域上线88%，高出陈述句17%。焦点调的表现之一就是焦点所在的词调域上线提高（石锋、冉启斌，2014）。疑问词"谁"和"什么时候"受到音节固有声调的影响，调域跨度没有较大扩展。

一般特指问句中疑问词是问话人最想知道的部分，也是问话人希望听话人给予回答的部分，因此就成为一般特指问句的焦点。句首焦点"谁"和句中焦点"什么时候"音高升高，句末焦点"什么/哪里"前面的单音动词音高升高、调域扩展，由于动词实质上已经决定了后面选择问句的语义内容，所以动词在句中得到了语音上的凸显，这样也可以提高话语理解的速度。另外，"谁"焦点后音高下降不明显，"什么时候"焦点后音高下降明显，上线从98%骤降至63%。

二 时长实验结果及分析

将10位发音人所说陈述句与一般特指问句的时长比数据分别平均，得到表4-1-2及图4-1-5、图4-1-6、图4-1-7、图4-1-8：

表4-1-2　　　　　　　**陈述句与一般特指问句的时长数据**　　　　　　（时长比）

	陈述句	特指"谁"问句	特指"什么时候"问句	特指"什么/哪里"问句
张	0.83		0.80	0.81
忠	0.94	1.51	1.01	0.98
斌	1.24		1.24	1.12
星	0.83	0.82	0.94	0.81
期	0.88	0.85	0.65 0.92	0.91
天	1.19	1.09	1.14	1.25
修	1.09	0.86	1.02	1.07
收	0.97	0.82	0.87	1.06 0.99
音	0.90	0.82	0.99	
机	1.12	1.31	1.45	

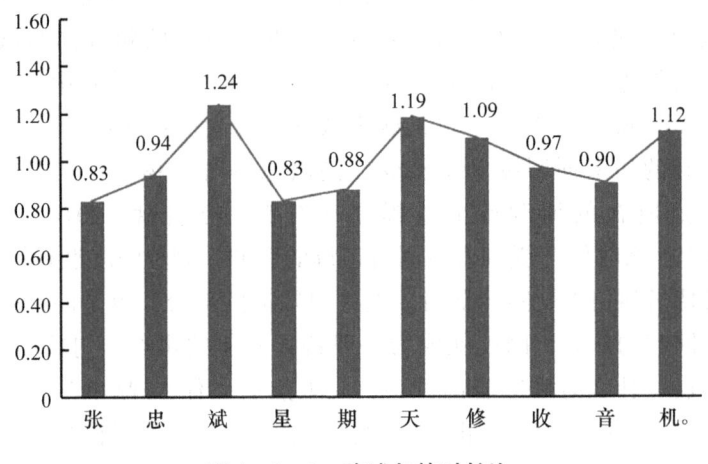

图 4-1-5　陈述句的时长比

说明：引自第三章第一节。

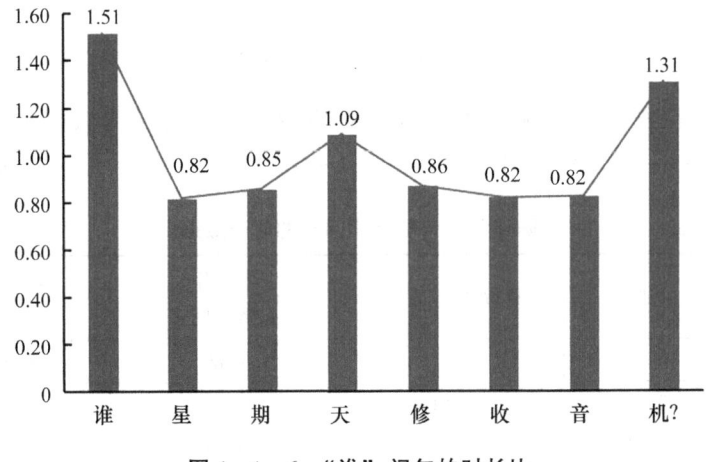

图 4-1-6　"谁"问句的时长比

由表 4-1-2 和图 4-1-5 可知，陈述句在时长方面突出的表现就是边界前的延长。全句最大值在句首词末字，从句首到句末时长比逐级递减（具体分析参考第三章第一节）。

表 4-1-2 和图 4-1-6、图 4-1-7、图 4-1-8 显示，一般特指问句的时长比未表现出逐级递减的趋势。焦点所在的韵律词的时长比大于1（"什么/哪里"中，后字"么""里"本身读音又短又轻，没有发生延长，但前字及单音动词的时长比都大于1），与自然焦点的陈述句相比，只有句

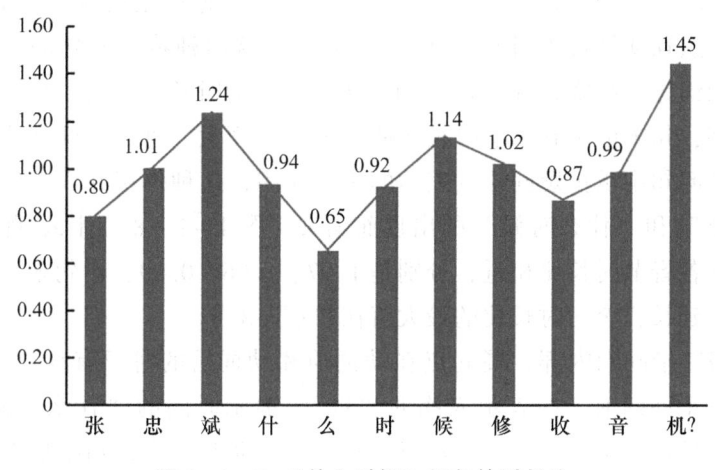

图 4-1-7 "什么时候"问句的时长比

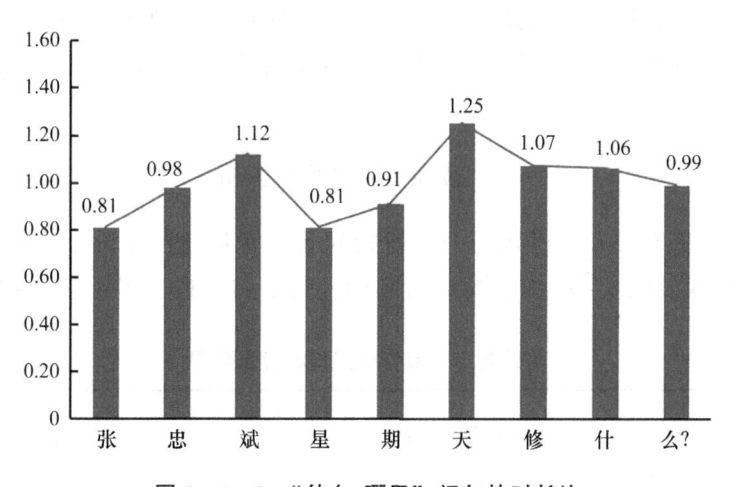

图 4-1-8 "什么/哪里"问句的时长比

首疑问词"谁"的延长明显（时长比 1.51），句中疑问词"什么时候"和句末疑问词"什么/哪里"的时长并没有明显延长。句首疑问词"谁"后面的音节时长缩短，到了句末时长比又升到 1.31，比陈述句高 0.19；句中疑问词"什么时候"后面的音节时长也受疑问语调的影响较大，不仅没有缩短趋势，反而达到四组最大（时长比 1.45）。三组特指问句焦点前音节时长与陈述句接近，统计结果没有显著性差异。

两组语句疑问焦点以外的音节的时长差异最大出现在句末。特指"谁"问句和"什么时候"问句句末词非末字时长比小于 1，末字音节大幅延长，时长比分别是 1.31 和 1.45，成为全句时长比曲线的最高峰值。与陈述句从 0.9 缓慢上升至句末 1.12 相比，这两种特指问句的时长对比明显。阎锦婷、高晓天（2017）研究语调问句的时长比发现，全句最大值在句末字，句末前字到末字时长比曲线上升幅度大。可见，疑问语调在这两种特指问句中承担疑问语气表达的重要作用，这种作用并没有因为疑问代词"谁"和"什么时候"的出现而消失。图 4-1-8"什么/哪里"问句句末词各音节时长比相近，分别是 1.07、1.06、0.99，语句末尾没有发生更大的延长，全句时长比的最大值在句中词末字。

一般特指问句内部，疑问点在动词前和动词后的时长有规律性差异。疑问点位于动词前，如表示人物的"谁"、表示时间的"什么时候"，焦点词的时长延长量不同，句首焦点"谁"问句延长量大，句中焦点"什么时候"问句延长量小，且疑问代词和疑问语调在组合表示特指问时作用都很明显。疑问点位于动词后，如表示事物、地点的"什么/哪里"，位于句末的焦点词的时长延长量最小，疑问代词本身传达疑问信息，疑问语调在重合的条件下时长特征不凸显。

三 音强实验结果及分析

将 10 位发音人陈述句与一般特指问句的音量比数据分别平均，得到表 4-1-3 及图 4-1-9、图 4-1-10、图 4-1-11、图 4-1-12：

表 4-1-3　　　　陈述句与一般特指问句的音强数据　　　　（音量比）

	陈述句	特指"谁"问句	特指"什么时候"问句	特指"什么/哪里"问句
张	1.11		1.06	0.94
忠	1.13	1.80	1.31	1.21
斌	1.45		1.63	1.45
星	0.79	0.93	0.99	0.82
期	0.88	0.96	0.76 / 0.78	0.88
天	1.10	1.12	1.13	1.29
修	1.03	0.78	0.91	0.92
收	0.90	0.78	0.80	0.79
音	0.78	0.75	0.79	0.71
机	0.79	0.96	0.89	

由表 4-1-3 和图 4-1-9 可知，自然焦点的陈述句字音强度在边界前增强，句首词、句中词中各字音量比逐渐增强，末字成为词曲线的峰值。以韵律词为界，音量呈现递减趋势（具体分析参考第三章第一节）。

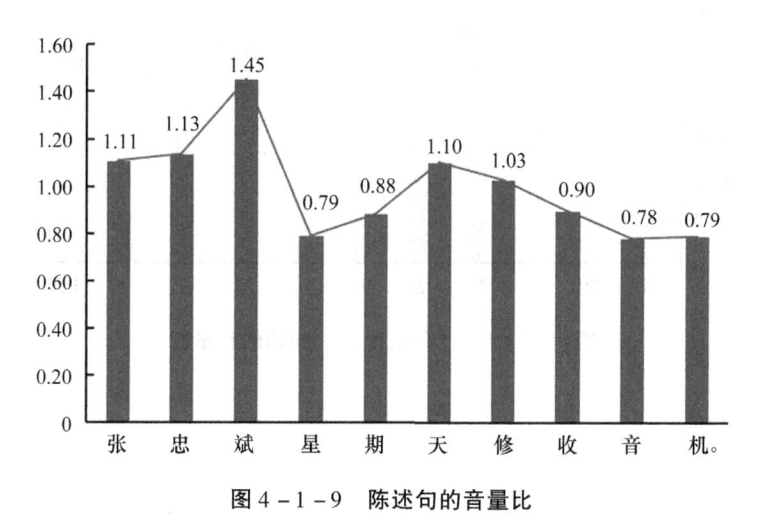

图 4-1-9　陈述句的音量比

注：引自第三章第一节。

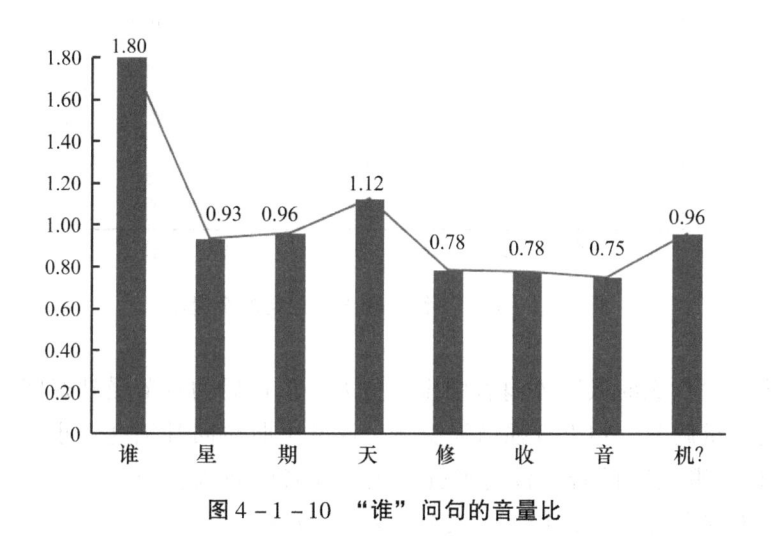

图 4-1-10　"谁"问句的音量比

由表 4-1-3 和图 4-1-10、图 4-1-11、图 4-1-12 可知，一般特指问句的句首词、句中词各字音量比也是逐渐增强，末字是峰值，以韵律词为界音量逐级递减。与陈述句不同的是，特指问句的句首音强增幅较大，句首焦点"谁"与疑问语调重合时，增幅达到最大（音量比 1.8）。

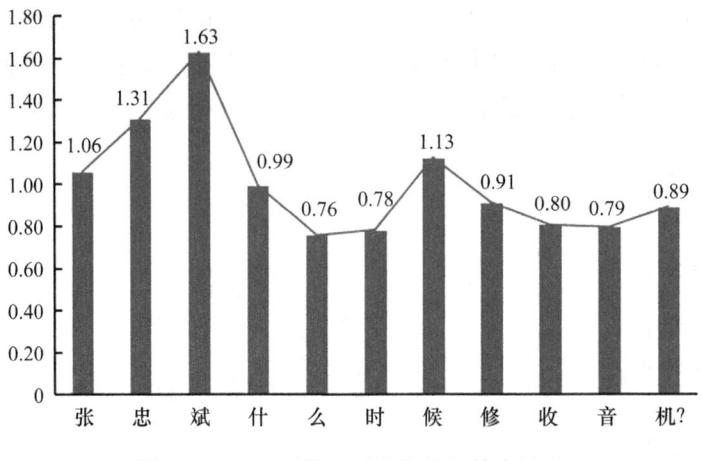

图 4-1-11 "什么时候"问句的音量比

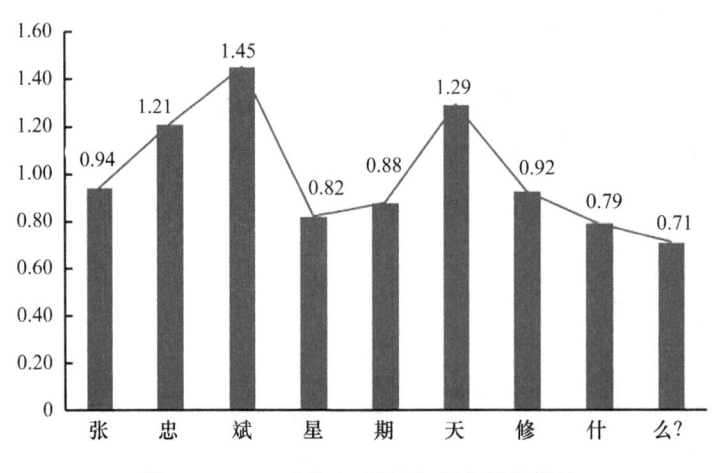

图 4-1-12 "什么/哪里"问句的音量比

句中焦点"什么时候"本身音强没有更大,焦点后的音节受到疑问语调与焦点的双重调节,句末音强增强受限,音量比曲线回升幅度较小。句末焦点"什么/哪里"的音强没有增强,焦点前音强较大,统计结果显示,两组语句有显著性差异 $t(17)=3.258$, $P=0.005$。

图 4-1-10"谁"问句和图 4-1-11"什么时候"问句的句末词非末字音量比相近,与陈述句差值仅为 0.03 和 0.01,但末字音量上升趋势明显,音量比分别上升 0.21 和 0.1,说明句末疑问语调表达疑问信息的作用突出。而图 4-1-12"什么/哪里"问句的句末词各音节的音量比逐渐

减弱，句末达到最小值。与时长比一致，特指问句的音量以动词为界呈现规律性差异。

四 小结

特指问句作为普通话疑问句的四种类型之一，其韵律模式与自然焦点陈述句的韵律模式不同。音高方面，特指问句多处未表现出陈述句"字调域跨度在边界前的扩展和下线的降低"的特征，疑问词所在的词调域都比陈述句相应位置的词调域上线大幅提高，这是焦点信息的音高表现。同时，特指问句的句调域比陈述句整体提高。时长方面，陈述句的时长比以韵律词为单位逐级递减，句首词末字是最大值；特指问句时长比最大值是句末词末字或句中词末字。音强方面，"谁"和"什么时候"问句的句首词末字音强比陈述句高，且句末词末字音强回升；"什么/哪里"句中词末字音强比陈述句高。

特指问句内部，疑问焦点在动词前和动词后的韵律模式有规律性的差异。音高方面，疑问焦点在动词后的句末位置时，特指问句的句调域音高跨度缩小，由大于陈述句转为小于陈述句，疑问焦点所在词调域上线、下线与陈述句的差异随之减小，对比特征随之减弱。时长方面，位于动词前的疑问焦点"谁"延长最大，"谁"和"什么时候"句末时长大幅延长；位于动词后的疑问焦点"什么/哪里"没有明显延长，各音节时长与自然焦点的陈述句相差不大。音强方面，疑问焦点位于动词前，单音动词的音量比数值较小，句末词末字音量有上升的趋势；疑问焦点位于动词后时表现相反。

疑问语调与疑问焦点在特指问句中共现，上升的语调传达"问"的讯息，问的内容由疑问代词形成的焦点确定。研究发现，不同疑问焦点的特指问句中，疑问代词与疑问语调的组合特征是不同的。句首焦点"谁"音高升高、时长延长、音强增强，"谁"后时长缩短。句中焦点"什么时候"音高升高，"什么时候"后音高下降、音强减弱。两组语句句末字音时长和音量都增加较多，疑问代词和疑问语调在组合表示特指问时作用都很明显。句末焦点"什么/哪里"本身读得不高不长不重，与动词结合，所在词调域音高略有提升，前一韵律词的停延和音强比它大，所表现出的疑问和对比信息相对较弱。

由于疑问代词本身传达疑问信息，焦点的透明度高，所以，我们看到，疑问焦点在时长和音强方面未得到完全的凸显。句首疑问焦点"谁"的发音时长更长、强度更高，句末疑问焦点"什么/哪里"表现出边缘效应，但并不影响听话人对各疑问焦点信息的获取。

第二节　包含两个疑问词的特指问句

上文提到，特指问句通过运用"谁""什么""哪里"等疑问代词向对方询问人、物、地点等，以获取相关答案的确指信息。特指问句可以有一个疑问点，也可以有多个疑问点（林裕文，1985；徐杰，2001；尹洪波，2008）。

本节在作为基式的一般特指问句的基础上，设计了包含两个疑问词的特指问实验句。这种特指问句是一般特指问句的复合形式，以一般特指问句的基本形式为基础，并且在满足语义不变的前提下，可以相应转换为两个并存的特指问基本形式。例如：

(1) 谁星期天修什么？

这个问句可以转换为：

谁星期天修并且星期天修什么？

(2) 张忠斌什么时候修什么？

这个问句可以转换为：

张忠斌什么时候修并且张忠斌修什么？

包含两个疑问词的特指问句属于双焦点疑问句，是比较特殊的现象。音高方面，现有的关于双焦点的研究中，大部分认为，双焦点句中第一个焦点后没有音高压缩，两个焦点的基频升高幅度和相应的单焦点没有显著区别（Eady等，1986；Liu，2010；黄贤军等，2016；王蓓等，2019）。也有学者提出了不同意见，如Yuan等（2016）使用更为复杂的双宾语句式研究双焦点，指出"第一个焦点后音高压缩是否出现与第二个焦点的位置有关"。时长方面，研究一致认为两个焦点的时长都有延长，且基本相当于单焦点条件（Liu，2010；Jia 等，2010；Wang，2015、2017；黄贤军等，2016；王蓓等，2019）。

本节关注的是包含两个位置较远的疑问词的特指问句（句首"谁"和句末"什么/哪里"）、包含两个位置相连的疑问词的特指问句（句中"什么时候"和句末"什么/哪里"）与包含一个疑问词的特指问句（句末"什么/哪里"）在语音韵律方面的差异。除了以往研究关注较多的音高和时长特征，我们也分析了音强的表现，以进一步考察音强在疑问双焦点表征中的作用，对前人的研究结论进行验证与补充。

一　音高实验结果及分析

为了在同一水平上进行比较，我们将每位发音人包含两个位置较远的疑问词的特指问句（句首"谁"和句末"什么/哪里"，A 组）、包含两个位置相连的疑问词的特指问句（句中"什么时候"和句末"什么/哪里"，B 组）与包含一个疑问词的特指问句（句末"什么/哪里"，C 组）的所有半音值数据放在一起，计算它们的百分比值。以百分比值为单位，分别计算三组特指问句句调域、词调域的音高跨度和上/下线的分布位置。音高数据及图形如表 4-2-1、图 4-2-1、图 4-2-2 所示：

表 4-2-1　　　　包含不同疑问词的特指问句的音高数据　　　　（%）

包含两个位置较远的疑问词的特指问句（A 组）				包含两个位置相连的疑问词的特指问句（B 组）				包含一个疑问词的特指问句（C 组）			
	上线	下线	跨度		上线	下线	跨度		上线	下线	跨度
谁	88	44	44	张	86	38	48	张	84	37	47
				忠	87	34	53	忠	89	31	58
				斌	84	27	57	斌	83	33	50
星	88	34	54	什么时候	65	32	33	星	80	29	51
期	85	35	50		95	56	39	期	80	32	48
					71	39	32				
天	84	25	59		74	35	39	天	81	24	57
修	92	14	78	修	91	7	84	修	90	14	76
什	77	16	61	什	72	15	57	什	71	11	60
么	77	27	50	么	74	20	54	么	74	20	54

图4-2-1是根据表4-2-1的10位发音人的平均数据做出的包含两个疑问词的特指问句的调域起伏图。由图4-2-1可知，A组语句音高最高点和最低点都在句末焦点"什么/哪里"所在的韵律词，句末调域跨度最大化扩展。句首和句中音高上线齐平，句首焦点"谁"音高没有更高。B组语句音高最高点是句中词"什么时候"，其次是句末焦点"什么/哪里"所在的韵律词，第一个焦点后没有出现音高的下降和跨度的压缩，相连的第二个焦点在音高上是凸显的。图4-2-2中C组语句句末焦点"什么/哪里"所在的韵律词音高最高、跨度最大。句中到句末调域上线抬高了9%，下线降低了13%。

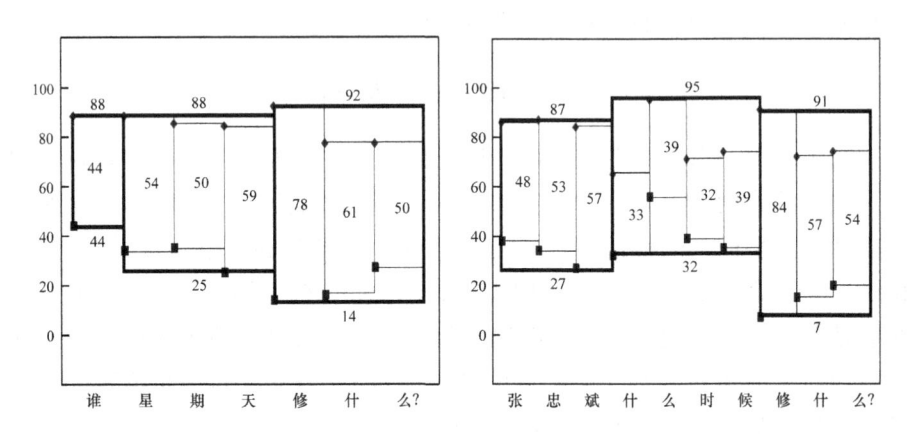

图4-2-1　包含两个疑问词的特指问句（左：A组；右：B组）的音高起伏

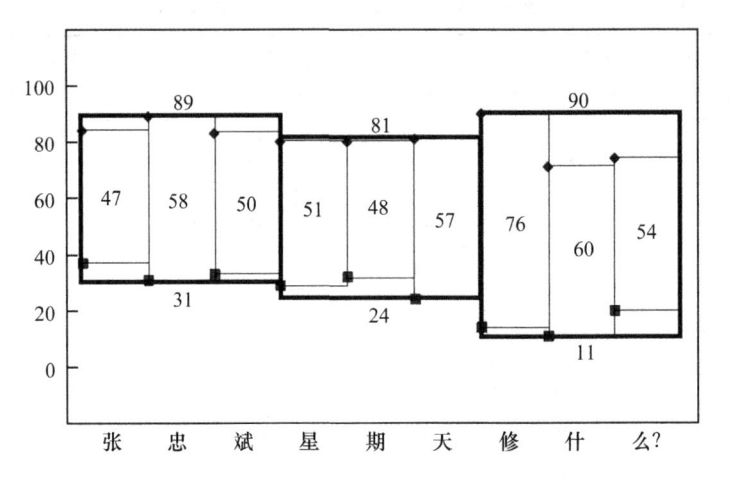

图4-2-2　包含一个疑问词的特指问句（C组）的音高起伏

同是双焦点疑问句，A 组两个疑问焦点之间设有时间词，句首"谁"音高未凸显，因此没有焦点后的压缩；B 组两个焦点之间没设音节，位置相连，句中"什么时候"和句末"什么/哪里"的凸显程度都较高，第一个焦点后也没有音高压缩，它没有抑制第二个焦点的基频升高。

与 C 组相比，A 组和 B 组包含两个疑问词的特指问句的句调域上线升高，但升高范围有限（2%—5%）。三组语句都采用疑问代词和句末上升的疑问语调相结合的疑问表达方式，疑问语调不能决定特指问句的焦点，焦点是由疑问代词决定的。疑问代词引入的疑问点是问话人最想知道的部分，也是问话人希望听话人给予回答的部分。使用 SPSS 统计软件对三组语句的调域上线进行方差分析，结果表明：在 0.05 水平上，它们的差异没有统计学意义 $F(2, 24) = 0.142$，$P = 0.868$。可见，双焦点疑问句的音高没有因为焦点的增加而显著升高，与相应的单焦点的音高表现是一致的。

二 时长实验结果及分析

为了考察单焦点与双焦点疑问句的韵律表达特征，我们将包含两个疑问词的特指问句（A 组和 B 组）与包含一个疑问词的特指问句（C 组）的时长表现进行了对照比较。具体见表 4-2-2、图 4-2-3、图 4-2-4。

表 4-2-2　　　　包含不同疑问词的特指问句的时长数据　　　　（时长比）

包含两个位置较远的疑问词的特指问句（A 组）		包含两个位置相连的疑问词的特指问句（B 组）		包含一个疑问词的特指问句（C 组）	
谁	1.51	张	0.88	张	0.81
		忠	1.00	忠	0.98
		斌	1.24	斌	1.12
星	0.77	什么时候	1.04	星	0.81
期	0.84		0.60	期	0.91
天	1.03		0.92	天	1.25
			1.09		
修	0.99	修	1.18	修	1.07
什	0.99	什	1.12	什	1.06
么	0.84	么	0.92	么	0.99

图 4-2-3 和图 4-2-4 是依据表 4-2-2 的数据做出的时长比图。

由图 4-2-3 可知，A 组时长比最大值是句首焦点"谁"，读得很长，焦点后时长显著缩短，只有句中韵律词末字因边界位置时长比大于 1，其余音节时长比均小于 1，句末焦点"什么/哪里"也未延长，平均时长比是 0.99 和 0.84。B 组时长比最大值是句首词末字，数值是 1.24。句中焦点"什么时候"和句末焦点"什么/哪里"的时长没有更长，句中词的时长比曲线均呈"√"状，中字是谷值，末字是较大的峰值，但比句首词短；句末词时长比曲线呈逐渐下降趋势，动词读得相对较长。

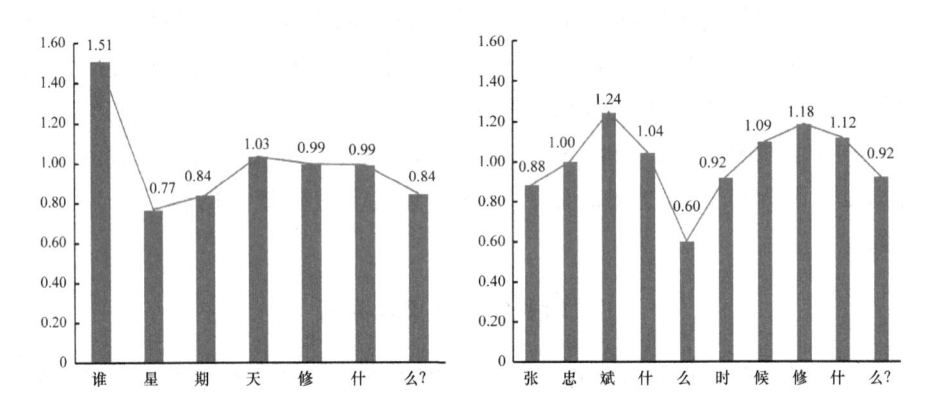

图 4-2-3　包含两个疑问词的特指问句（左：A 组；右：B 组）的时长比

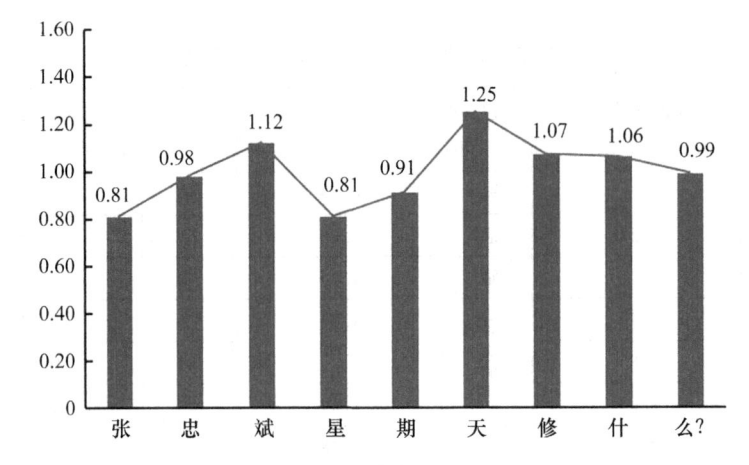

图 4-2-4　包含一个疑问词的特指问句（C 组）的时长比

说明：引自本章第一节。

同是双焦点疑问句中，A 组两个疑问焦点位置较远时，句首"谁"时长延长，焦点后时长显著缩短，句末焦点"什么/哪里"时长也较短；B组两个疑问焦点位置相连时，两个焦点的时长延长都较小，动词延长较大。

图4-2-4，C组单焦点疑问句句首词和句中词时长比曲线呈逐渐上升状，到末字为最大值，句中词末字是全句的最大值。句末受疑问语气和疑问焦点的影响，单音动词的时长比数值为1.07，句末焦点时长比数值为1.06和0.99，读得也相对较长。与C组相比，A组句首焦点"谁"读得很长，句末焦点"什么/哪里"读得偏短；B组与C组音长接近，但动词读得较长。方差分析结果表明，不同焦点条件下，三组语句音节的时长比数值分布呈现出显著的差异性：句首词末字 $F(2, 27) = 13.348$，$P < 0.001$，事后检验发现，A组句首"谁"延长明显，与B组和C组语句差异显著，另外，由于"谁"与后面音节的时长差异大，导致A组在句中词、句末词上与B组和C组差异也显著。

三 音强实验结果及分析

为了进一步考察单焦点与双焦点疑问句的韵律表达特征，我们将包含多个疑问词的特指问句（A组和B组）与包含一个疑问词的特指问句（C组）的音强表现也进行了对照比较。具体见表4-2-3、图4-2-5、图4-2-6。

表4-2-3　　包含不同疑问词的特指问句的音强数据　　（音量比）

包含两个位置较远的疑问词的特指问句（A组）		包含两个位置相连的疑问词的特指问句（B组）		包含一个疑问词的特指问句（C组）	
		张	1.14	张	0.94
谁	1.92	忠	1.28	忠	1.21
		斌	1.52	斌	1.45
星	0.91	什么时候	0.83	星	0.82
期	0.82		0.76	期	0.88
天	1.10		0.75	天	1.29
			1.21		
修	0.87	修	0.97	修	0.92
什	0.67	什	0.77	什	0.79
么	0.70	么	0.74	么	0.71

图4-2-5和图4-2-6是依据表4-2-3的数据做出的音量比图。

由图 4-2-5 可知，A 组"谁"的音量比为 1.92，从发音的生理机制来讲，朗读句首词时，气息最足、能量最强，但这里还有疑问焦点的作用。后面的音强显著降低，音量比曲线骤降 1.01。句末焦点"什么/哪里"的音量比为 0.67 和 0.7，音强较弱。B 组音量比最大值是句首词末字，为 1.52，与后面字音的音强对比减弱，句中词和句末词的音强并没有因为双焦点的作用而更强。与 B 组音强趋势接近，C 组音量比最大值也是句首词末字，为 1.45，句中词音强减弱至 1.29，句末音强最弱，C 组与 B 组各韵律词音量比相差在 0.1 以内。

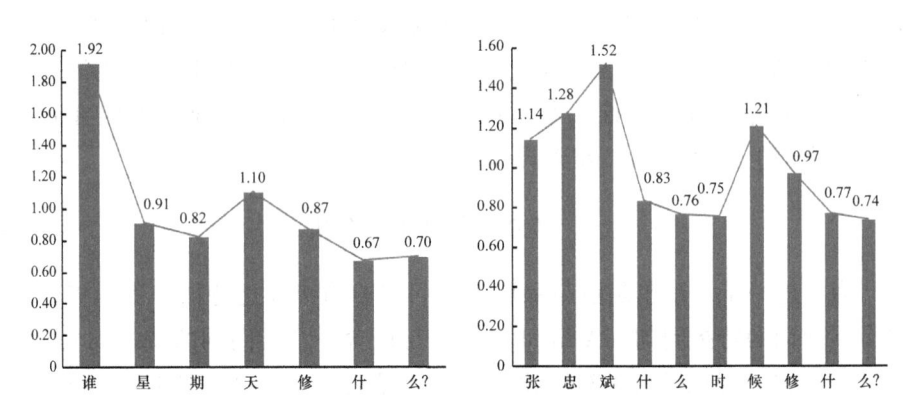

图 4-2-5　包含两个疑问词的特指问句（左：A 组；右：B 组）的音量比

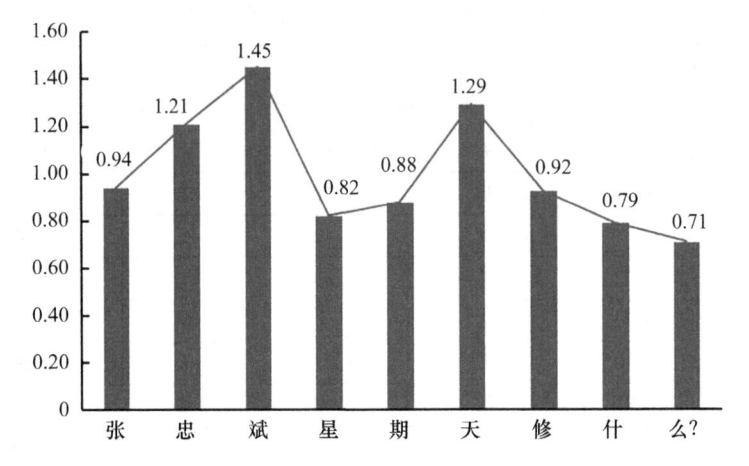

图 4-2-6　包含一个疑问词的特指问句（C 组）的音量比

说明：引自本章第一节。

三组语句之间的音强差异也可以通过统计检验来说明。方差分析结果表明：不同焦点条件下，三组语句句首音节的音量比数值分布呈现出显著的差异性，$F(2, 26) = 6.462$，$P < 0.001$，事后分析表明，差异主要来自 A 组"谁"与 B 组之间，以及 A 组"谁"与 C 组之间。双焦点句中，除"谁"读得很重外，各音节的音强与单焦点基本一致，没有更强。

四 小结

本节我们分析了包含两个疑问词的特指问句和包含一个疑问词的特指问句的韵律模式，前者包括两个疑问焦点位置较远和两个疑问焦点相连两种情况，对双焦点疑问句和单焦点疑问句在音高、时长和音强上的表现做了初步的分析对比。

结果显示，疑问句焦点的韵律表现显然比陈述句复杂。音高方面，包含两个疑问词的双焦点特指问句比包含一个疑问词的单焦点特指问句音高整体略高，但无统计学上的差异。同时，双焦点间的成分没有出现音高下降，也就是说，第一个焦点后没有音高压缩。时长方面，双焦点"谁""什么/哪里"问句中，"谁"的时长延长较大，"什么/哪里"的时长反而缩短；双焦点"什么时候""什么/哪里"问句中，"什么时候"和"什么/哪里"的延长幅度与相应的单焦点接近。音强方面，除"谁"的音强显著增强外，其他音节音强未见明显变化，单焦点与双焦点问句间以及双焦点问句内部没有显著差异。可见，韵律三要素在疑问焦点的表达过程中并不完全统一。

整体来看，特指问句中的双焦点无论位置远近，双焦点的韵律特征都是可以实现的，作为第二个焦点的"什么/哪里"在音高、时长、音强方面的表现与作为单焦点时的表现基本相同。需要提到的是，包含"谁""什么/哪里"双焦点的特指问句是个例外，第一个焦点"谁"时长和音强加大，并对其后音节的声学参数产生较大影响，第二个焦点"什么/哪里"的韵律特征尤其是时长凸显受限。

特指问句采用疑问代词和疑问语调相结合的形式表达疑问信息，疑问代词决定特指问句的焦点，不同疑问代词的韵律凸显程度并不相同。"谁"无论作为单焦点（上节特指"谁"问句）还是作为双焦点之一，发音人都倾向于将其发得又长又重，韵律凸显程度高。

无论是包含两个疑问词的特指问句，还是包含一个疑问词的特指问句，句中疑问焦点的透明度都很高，即使在语音韵律方面没有特别强调，疑问词仍是句子的语义中心，是问话人关注并希望答话人做出针对性回答的焦点，并不影响疑问信息的传递。只是包含两个疑问词的特指问句同时有两个疑问焦点（"谁"和"什么/哪里"、"什么时候"和"什么/哪里"），疑问表达功能与单焦点疑问句略有不同，要求听话人就两个问点做出相应的解答。

第三节 特指问句与选择问句的混合形式

邵敬敏（1996）分别提到了正反问句、选择问句与特指问句的混合形式。其中，特指问句与选择问句的混合形式，可分离出一个特指问分句和一个选择问分句，前者疑问代词就是语句焦点，后者并列的选择项则是疑问焦点。

特指问句与选择问句包含的命题选项数通常都是开放的，但特指问句的所有命题选项都不是显性的，答案无法直接在问域中找到；而选择问句中显现于命题选项中的是显性的，表示其他可能的命题选项则不是显性的。邵敬敏（1996）将所有的疑问句都看成一种选择关系，以"你去还是他去？"（选择问句）和"谁去？"（特指问句）为例，分析了它们同义的三点证明：第一，从回答看，都要求选择一项作针对性回答；第二，两个问句的外延都是开放的；第三，选择问句的范围总是确定的，"特指问句的范围，由于上下文语境的制约，也完全可能是确定的"。

陈立民（2017）列举了很多特指问句与选择问句混合在一起的语言现象，他指出，两个疑问句基本意思相同，因为它们有共同的语义结构形式，不同的只是句法结构形式及语用结构形式。

本节在研究一般特指问句和包含两个疑问词的特指问句的基础上，分析了这种混合疑问句焦点的韵律表现，以"谁"问句为例。

一 音高实验结果及分析

采用声学实验的方法，得到 10 位发音人的特指问句与选择问句混合形式的音高平均结果及分析数据如下：

表4-3-1　　　特指问句与选择问句的混合形式的音高数据　　　　　　（%）

	上线	下线	跨度
谁	90	47	43
星	89	45	44
期	80	41	39
天	76	32	44
修	75	29	46
收	76	26	50
音	81	29	52
机	73	5	68
张	91	44	47
忠	98	30	68
斌	99	18	81
还	66	34	32
是	70	35	35
吴	75	23	52
国	79	19	60
华	73	7	66

表4-3-1和图4-3-1是特指问句与选择问句混合形式的调域起伏数据及图形。前面"谁"特指问中，疑问词"谁"音高上线90%、下线

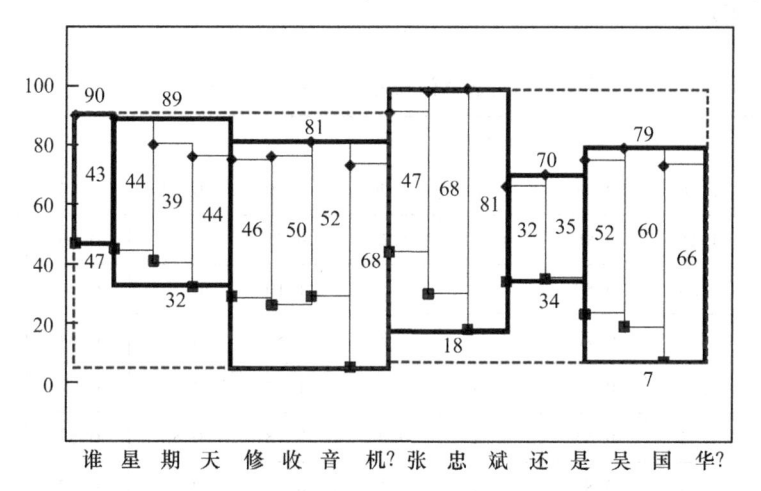

图4-3-1　特指问句与选择问句混合形式的音高起伏

47%，句中词音高上线 89%、下线 32%，两者的音高上线接近。句中词到句末词，音高上线从 89% 降至 81%，下降了 8%，音高下线从 32% 降至 5%，下降了 27%，句末词调域跨度最大。混合形式中的"谁"特指问与独立的"谁"特指问（数据及分析见本章第一节）的音高表现相同，在音高上没有表现出独有的焦点表达特征，即疑问形式对焦点的影响在混合形式中没有改变。

后面的选择问句中，通过连接词"还是"将选择项 A 和 B 连接起来，是说话人进一步划定的范围，要求答话人在范围内进行选择。图 4-3-1 显示，选择问句音高整体要比特指问句高，是说话人表达的进一步的焦点。其中，选择项 A 音高上线 99%，是全句音高的最大值；选择项 B 由于位于句末，音高上线 79%、下线 7%，音高比位于分句句首的选择项 A 低，但仍比"还是"高了 9%。两个选择项在音高上不是并列凸显的关系。但由于连接词"还是"读得较低，调域跨度较窄（32% 和 35%），两个选择项均可以被感知。

总之，混合形式中的特指问句，句首焦点"谁"音高小幅升高，焦点后没有压缩，与一般"谁"特指问的韵律模式相同。选择问句中作为焦点的两个选择项的音高升高，第一个选择项更高。

二 时长实验结果及分析

10 位发音人的特指问句与选择问句混合形式的时长平均结果及分析数据如下所示：

表 4-3-2　　**特指问句与选择问句的混合形式的时长数据**　　（时长比）

	谁	星	期	天	修	收	音	机
句1	1.58	0.98	0.68	1.20	1.09	0.87	0.88	1.24
句2	1.55	0.86	0.94	1.15	0.75	0.93	0.96	1.42
句3	1.53	0.89	0.95	1.12	1.19	0.74	0.96	1.18
句4	1.50	0.72	0.77	1.23	0.87	0.92	0.64	1.14
句5	1.48	0.90	0.98	1.18	1.07	0.89	0.94	1.18
句6	1.41	0.83	0.91	0.97	0.98	0.82	0.87	1.63
平均	1.51	0.86	0.87	1.14	0.99	0.86	0.87	1.30

续表

	张	忠	斌	还	是	吴	国	华
句1	0.91	0.94	1.07	0.86	0.66	0.95	0.67	1.41
句2	0.81	0.80	1.35	0.85	0.85	0.76	0.97	1.06
句3	0.73	1.00	1.14	0.77	0.90	0.79	0.90	1.23
句4	0.89	0.98	1.44	0.85	0.90	0.87	1.14	1.15
句5	0.77	1.13	1.01	0.80	0.83	0.75	0.94	1.17
句6	0.74	1.14	1.07	0.81	0.88	0.86	0.99	1.09
平均	0.81	1.00	1.18	0.82	0.83	0.83	0.94	1.18

由表4-3-2和图4-3-2特指问句与选择问句混合形式的时长比数据及图形可知，前面特指问句中，各韵律词末字都发生了音节的延长，句首"谁"发音最长，时长比为1.51，句中词末字时长比是1.14，比"谁"缩短0.37，句末因疑问语调的作用，时长延长较大，比句中延长0.16。可见，混合形式中的"谁"特指问与一般"谁"特指问（数据及分析见本章第一节）的时长表现也相同。

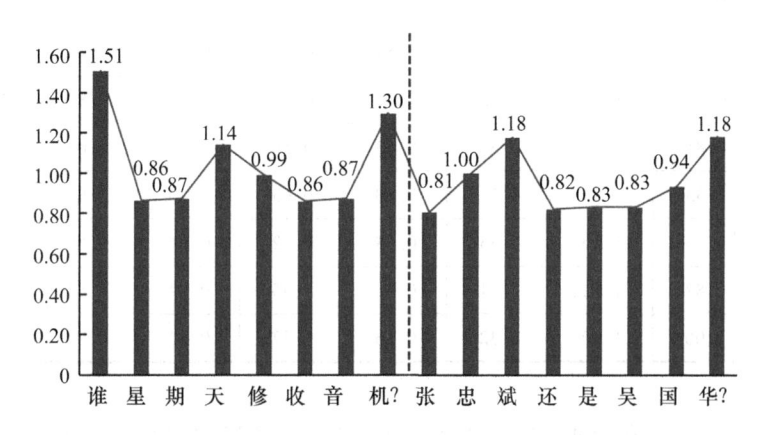

图4-3-2 特指问句与选择问句混合形式的时长比

混合形式的选择问句中，作为焦点的两个选择项时长延长量基本一样，时长比曲线都是逐渐上升，词末是最大值。非词末字的时长也很接近，两个选择项在时长上凸显程度一致。末尾的延长给人以语义上未完成、话轮在转换的印象，需要听话人对问话人的疑问点进行回答，以补充语义、持续话轮。连接词"还是"两个音节的时长比是 0.82 和 0.83，与前后成分的时长对比明显。选择问句的时长整体低于特指问句。

三 音强实验结果及分析

10 位发音人的特指问句与选择问句混合形式的音强平均结果及分析数据如下所示：

表 4-3-3　　特指问句与选择问句的混合形式的音强数据　　（音量比）

	谁	星	期	天	修	收	音	机
句 1	1.88	0.86	0.50	1.36	1.18	0.98	0.75	0.86
句 2	1.75	1.10	1.07	1.19	0.89	0.90	0.83	1.12
句 3	2.00	1.16	1.26	1.04	0.72	0.68	0.85	0.65
句 4	1.57	1.11	1.12	1.25	1.06	1.10	0.71	1.30
句 5	2.06	1.15	0.87	1.02	1.45	0.67	1.02	0.69
句 6	2.15	1.19	1.09	1.38	0.60	1.04	0.64	0.90
平均	1.90	1.10	0.99	1.20	0.98	0.89	0.80	0.92
	张	忠	斌	还	是	吴	国	华
句 1	1.37	1.07	1.44	0.57	0.54	0.81	0.93	0.92
句 2	0.87	1.49	1.45	0.56	0.62	0.47	0.89	0.73
句 3	0.85	1.54	1.39	0.53	0.56	1.19	0.63	0.90
句 4	1.53	0.89	1.11	0.60	0.65	0.40	0.80	0.80
句 5	0.86	1.10	1.33	0.58	0.62	0.61	0.66	1.19
句 6	0.87	1.12	1.21	0.55	0.45	0.82	0.84	1.07
平均	1.06	1.20	1.32	0.56	0.57	0.72	0.79	0.94

表 4-3-3 和图 4-3-3 是特指问句与选择问句混合形式的音量比数据与图形。我们看到，前面特指问句中，句首"谁"的音量比达到了全句的最大值，读得非常重，句中词音量比下降了 0.7，句末降到最低，以韵律词为单位，音强减弱。句末受疑问语气的影响，末尾音量比曲线有一个较小的回升，比前字大 0.12。混合形式中的"谁"特指问与一般"谁"特指问（数据及分析见本章第一节）的音强表现也相同。

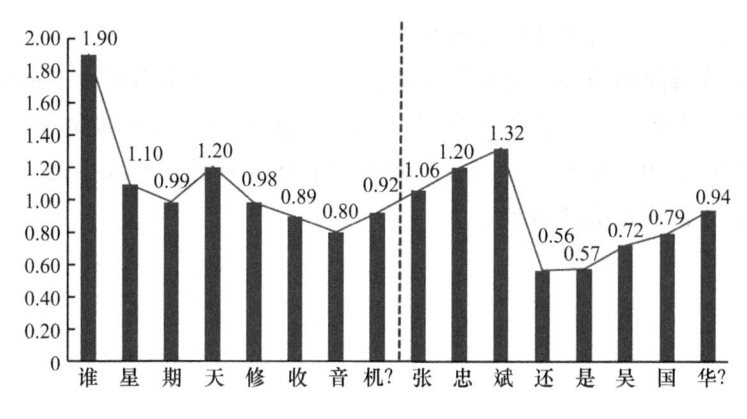

图 4-3-3　特指问句与选择问句混合形式的音量比

音节的音强与音高的突出一样，都是说话人用以凸显焦点、表达语气的语音手段。混合形式中的选择问句，位于分句句首的选择项 A 的音强同样也是最大的，韵律词内部三个音节的音量比分别是 1.06、1.2、1.32，都发生了增强；位于句末的选择项 B 音量比小于 1，但与连接词"还是"（音量比 0.56 和 0.57）相比，音强明显更强。句末受疑问语气的影响，音量比曲线也出现了回升趋势。

四　小结

以上我们分析了特指问句与选择问句混合形式的焦点表现，主要就是特指和选择两种问句焦点表现的混合，特指问句和选择问句疑问功能的混合，以及它们的相互影响。

声学实验结果表明，混合形式中的特指问句采用疑问代词和疑问语调相结合的方式传达疑问信息，二者在句中都发挥着重要作用。句首疑问词"谁"音高增幅较小，但时长和音强增幅很大，与后面音节的时长和音强相比，韵律凸显度高。句末时长和音强回升，表达疑问语气。整体来看，混合形式中的特指问句与一般特指问句的韵律模式相同。

混合形式中选择问句的疑问焦点采用句法性的疑问表达手段和疑问语调结合的方式，整体音高更高，时长和音强则小于前面的特指问句。两个选择项是焦点，时长延长量一致，选择项 A 音高较高、音强较大，读得相对更高更重，选择项 B 音高较低，这也是话轮转换的一种手段。我们看到，这种句子中，第二个焦点虽然跨过了从句边界，但仍然实现了韵律特征，并没有焦点后音高压缩等现象。

　　一般特指问句的预设是开放性的，答话人可以从很多角度对问题作出回答、解释和说明，混合形式的特指问句衔接了封闭性预设的选择问句，说话人划定了相应的范围。二者语用功能不同。但混合形式中两个句子独立性强，各自实现韵律特征。

第五章　正反问句焦点的韵律表现

正反问句采用"X不X"的正反并列形式进行询问，这种结构难以传达一种已定信息，只能传达一种未定信息，往往强调语义的选择性，要求答话人在语义上做出二选一的取舍。"X不X"是句子的焦点部分，答语总要针对"X不X"（刘顺，2003；尹洪波，2008）。其中的X是个变量，可以代替若干种成分，既可以是词（单个的动词、形容词、少数介词等），也可以是短语（动宾短语、介词短语等）。如果代替的是单音动词，则构成"V不V"的形式。而由"V不V"演化而出的"V不VO"则是在"V不V"后面加上了一个表对象的成分O。

正反问句多以单句形式出现，疑问形式"X不X"和疑问语调两种标记复用，共同传达疑问语气（李宇明，1997）。正反问句的结构形式灵活多变，在汉语四种类型的疑问句中，它的表达形式最为丰富多样。本章我们将重点分析：（1）"V不VO"正反问句的韵律表现，及其与语气词"吗"是非问句的韵律差异；（2）"VO不"和"VO没有"正反问句的韵律表现及对照比较；（3）带"是不是"的正反问句的韵律表现，及其与语调是非问句的韵律差异；（4）作为附加问句的正反问句的韵律表现。想要解决的主要问题是：（1）不同疑问标记复用（疑问形式"V不V"和疑问语调、疑问语气词"吗"和疑问语调）对焦点的韵律表现的影响，以及焦点的韵律表现对两种疑问句疑问功能的影响；（2）"VO不"和"VO没有"正反问句韵律特征的共性与差异，以及反映出的疑问功能的共性与差异；（3）从疑问焦点的韵律表现看带"是不是"的正反问句与语调是非问句的语法意义关系的远近；（4）在疑问焦点表达过程中，作为附加问句的正反问句起什么作用？它前面的句子是陈述句，还是疑问句？

第一节 "V不VO"正反问句[①]

阎锦婷等（2014）通过考察"V不VO"正反疑问句句调域、词调域的音高位置、跨度和音高起伏度等方面的规律性表现，并和相应的语调是非问句对比，分析了汉语普通话疑问标记复用的声学现象，见表5-1-1。

表5-1-1　"V不VO"正反问和语调问词调域的平均音高跨度[②]　　（%）

		句首词	句中词	"V不V"/V	句末词
男	正反问句	49 (28-77)	47 (29-76)	72 (28-100)	50 (0-50)
	语调问句	57 (24-81)	48 (25-73)	52 (21-73)	81 (5-86)
女	正反问句	47 (31-78)	45 (32-77)	72 (28-100)	53 (0-53)
	语调问句	49 (31-80)	42 (34-76)	42 (36-78)	68 (21-89)
总体	正反问句	48 (30-78)	46 (31-77)	72 (28-100)	52 (0-52)
	语调问句	53 (28-81)	45 (30-75)	47 (29-76)	75 (13-88)

表5-1-1以百分比值为基础，分别计算了两组疑问句男性发音人（3位）、女性发音人（3位）和全体发音人（6位）的句调域、词调域上下线以及音高跨度的平均值。数据显示，正反问句句调域的音高跨度是

[①] 原文发表在《南开语言学刊》2020年第1期。原文有6位发音人，本次实验将发音人数量增加到10人，全文稍作修改。
[②] 数据引自阎锦婷、王萍、石锋，普通话疑问标记复用的声学实验，《语言教学与研究》2014年第5期。

100%，上线最大值100%出现在疑问形式"V不V"中，此处是话语的焦点，是由于表达的需要而着重说明的部分；下线最小值0出现在句末词调域中，男性和女性发音人的音高表现一致。语调问句句末词调域的上线86%（男）、89%（女）、88%（总）即为全句调域的上线，下线5%（男）、21%（女）、13%（总）即为全句调域的下线，句调域跨度比正反问句压缩了19%（男）、32%（女）、25%（总）。

王萍、石锋（2010）考察了普通话语调问句的起伏度，研究表明：句末词调域覆盖全部语句调域是语调问句音高表现的重要特征。表5-1-1的实验数据显示，普通话正反问句中，疑问焦点"V不V"形式的音高跨度最大，但没有覆盖全句调域，焦点后的音高上下线骤然下降，均达到全部词调域音高的最小值，分别是男性：50%、0，女性：53%、0，总体：52%、0，调域跨度显著收敛。

总体数据显示，普通话正反问句中，句首词和句中词调域的跨度接近，分别是48%和46%，和句末词调域相差4%—6%。疑问形式"V不V"的调域跨度最大，上线达到音高最大值100%，下线28%，与非焦点词的音高差异明显。疑问焦点后的词调域跨度大幅压缩，上线骤降48%，下线骤降28%，降到全句音高的最小值0。这表明正反问句中由于焦点"V不V"形式的使用，句子末一节奏单位没有呈现高语调。

语调问句句首词和句中词的音高跨度分别是53%和45%，与相应的正反问句词调域接近，差值约为3%。单音动词"V"的音高跨度只有47%，相对较小，为句末词调域的最大化扩展做准备，句末词调域上线88%即是全句调域的上线，下线13%即是全句调域的下线。语调问句句末呈现出高语调形式，疑问语调负载了全部疑问信息。

在现代汉语疑问句系统中，正反问句和语气词"吗"是非问句也存在较多的联系。黄国营（1986）、吴福祥（1997）分别从地域分布和历时角度指出二者同源。邵敬敏（1996）从"选择"的角度提出，是非问句（包括语调问句和"吗"字问句）与正反问句都属于"是非选择问句"，前者是单项选择问，后者是双项选择问。王娟（2011）按照疑问范畴标识的手段来进行疑问句的分类研究，将汉语疑问句分为语调问、词汇问和句法问三类，正反问句和"吗"问句同属"句法问"类。

关于正反问句和语气词"吗"问句的研究多是独立研究。正反问句的研究集中在其变式的分布和选择上，如有"VO不VO"与"VO不V"或

"V 不 VO"等几种格式并存。其中,"VO 不 VO"可以看作一种完整常式,由于语言交际的经济原则,在不至于引起误解的前提下,会出现一些删略多少不等的变式,如"VO 不 V"和"V 不 VO"(邵敬敏,1996);"VO 不 V"和"V 不 VO"两种句型在方言里的分布不同:前者主要见于北方方言,后者主要见于南方方言(朱德熙,1991)等。语气词"吗"问句句法形式的描写比较少,主要集中在影响疑问程度的构成要素和疑问语气词的功能上。例如,"吗"问句的询问意义有三种情况:预先有倾向性的答案以求答案、预先没有倾向性的答案以求答案、另有目的而不为求答案(刘月华,1988)。按照"吗"问句的功能类型和疑问程度可将其分为询问求知句、测度求证句和反诘质疑句三类(郭婷婷,2005)等。

关于正反问句和语气词"吗"问句的对比分析研究较少。王力(1981)曾探讨过这两种句式,"昨天他来了吗?"心里假定大概是来了;"昨天他来了没有?"纯粹是疑问。刘月华(1988)从句意倾向角度分析了两种问句用法的异同。丁雪欢(2008)从对外汉语中偏误分析的角度对正反问句和"吗"问句做了简要的对比。龙娟(2011)进行了两种句法形式和语用功能的对比分析。

学界对疑问句的实验性研究为我们提供了一个新的研究视角。本节以"V 不 VO"正反问和语气词"吗"问为例,对两种问句的韵律表现进行横向比较,重点考察"V 不 VO"正反问句焦点在音高、时长和音强上的表达特征,疑问与焦点的互动关系等。关于"V 不 V"疑问结构,据朱德熙先生1991年的研究,"VO 不 V"主要见于北方方言,"V 不 VO"主要见于南方方言;邵敬敏(1996)指出"目前,在普通话里,这两种格式尽管并存,但实际上已经出现了后一格式压过前一格式的趋势",并分析了原因:"V 不 VO"中疑问结构结合更紧密,从而更能显示疑问焦点,在语义理解上,V 与不 V 语义同时顺向联系 O,这符合人们的思维走势。所以,这里我们选用的是"V 不 VO"格式。

一 音高实验结果及分析

按照前面介绍的实验方法,得到10位发音人两组语句句调域和词调域的上下线及音高跨度的平均数据,并画出调域起伏图,如表5-1-2、图5-1-1、图5-1-2所示:

表 5-1-2　　　　　正反问句与"吗"问句的音高数据　　　　　(%)

	正反问句			"吗"问句			
	上线	下线	跨度	上线	下线	跨度	
张	81	41	40	82	43	39	张
忠	81	36	45	84	37	47	忠
斌	79	36	43	81	35	46	斌
星	79	38	41	81	37	44	星
期	77	31	46	79	34	45	期
天	78	32	46	78	30	48	天
修	100	24	76				
不	91	49	42	82	28	54	修
修	70	27	43				
收	57	27	30	82	30	52	收
音	54	21	33	89	28	61	音
机	53	0	53	90	10	80	机
				74	30	44	吗

由表 5-1-2 和图 5-1-1、图 5-1-2 可知，正反问句和"吗"字问句的句首和句中词调域跨度接近，上下线仅相差 1%—3%，二者在句中词以后表现出音高上的差异。正反问句疑问点"V 不 V"是说话人强调的焦点，调域跨度增加至全句最大值，上线达到 100%，下线 24%，跨度 76%。而"吗"问句对应的光杆动词调域则无此变化，所以二者相比，上线相差 18%，下线相差 4%。正反问句句末宾语的调域上线从"V 不 V"的 100% 骤降至 57%，下线骤降至 0，而"吗"问句上线达到全句最大值 90%，下线为全句最小值 10%，跨度为 80%，与正反问句相差较大。语气词"吗"的调域跨度为 44%。

图 5-1-1 和图 5-1-2 清晰直观地显示了两种疑问句的音高起伏情况。正反问句从句首词到句中词，音高上下线分别下降 2% 和 5%；句中词到"V 不 V"，音高上线上升幅度很大，数值为 21%，下线下降 7%；"V 不 V"到句末宾语，音高上线骤降 43%，下线下降幅度也较大，为 24%。音高最大值 100% 和最小值 0 均分布在正反问句中。"吗"问句从句首词到句中词，音高上下线分别下降 3% 和 5%，音高起伏也不明显；句中词到单音动词，音高上线上升 1%，下线下降 2%，这样，调域跨度加

图 5-1-1 正反问句的音高起伏

图 5-1-2 "吗"问句的音高起伏

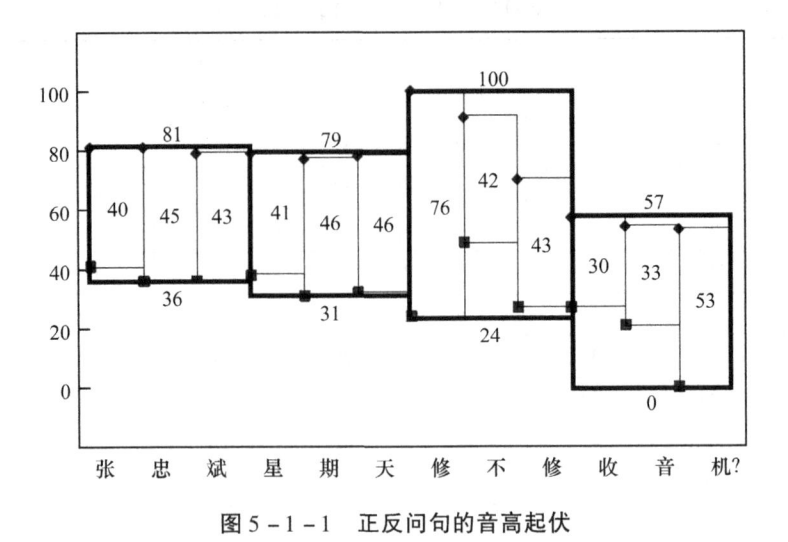

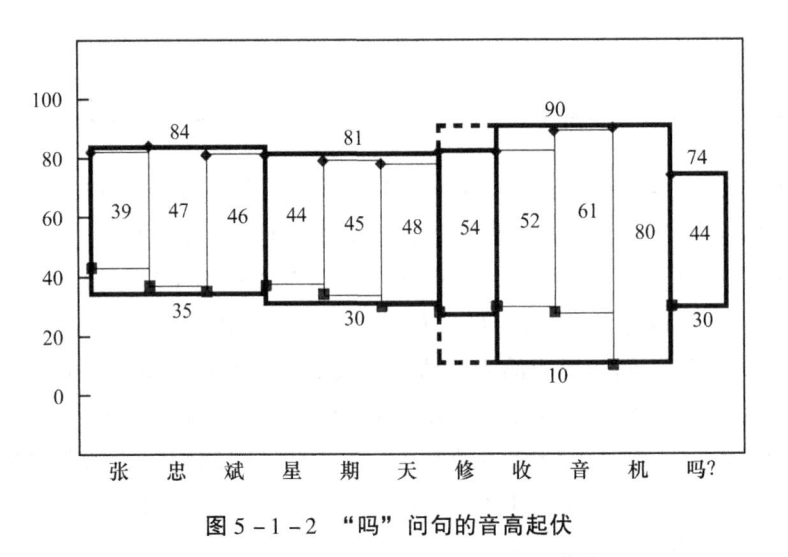

宽3%,为句末宾语的最大化扩展做准备;单音动词到句末宾语,上线继续升高8%,下线继续下降18%,跨度达到全句最大值。

疑问点即疑问句的信息焦点,是语义的中心。正反问句中,疑问点"V不V"是说话人的疑问所在,负载疑问信息,是需要听话人着重回答的内容,所以其前后的音高起伏非常明显,句中词到"V不V"音高上线的大幅上升和"V不V"到句末宾语音高的骤然下降就是焦点在语音韵律特征方面的表现。

正反问句采用"X 不 X"的语法手段表达疑问语气,"X 不 X"的形式对正反问句来说是强制性的(祁峰,2017),它充当正反问句的焦点;是非问句中,语气词"吗"对是非问句来说不是强制性的,是比较自由的,它不决定是非问句的焦点。这是疑问表达手段对焦点的影响。

如前所述,焦点有宽窄之分。其中,窄域焦点由一个句法成分来充当,本次实验中,正反问句的"V 不 V"并列格式就是窄域焦点,而是非问句为宽域焦点句,二者在音高层面有不同的反映。有窄焦点的疑问句中,焦点后成分的音高受两种相互冲突的机制调节:(1)为凸显窄焦点,焦点后音高下降;(2)相对于陈述语气,疑问语气要求语调升高。显然,正反问句"V 不 V"焦点后音高下降的作用很强。

二 时长实验结果及分析

韵律特征在时长方面是语句中各字音的相对时长及其动态变化构成的分布模式。现代汉语"V 不 VO"正反问句和语气词"吗"问句的时长比数据见表 5-1-3,时长比图分别见图 5-1-3 和图 5-1-4。

表 5-1-3　　　　正反问句与"吗"问句的时长数据　　　　(时长比)

	正反问句	"吗"问句	
张	0.87	0.79	张
忠	0.97	0.98	忠
斌	1.17	1.19	斌
星	0.84	0.79	星
期	0.92	0.91	期
天	1.34	1.28	天
修	1.12	1.01	修
不	0.54		
修	0.92		
收	0.92	0.88	收
音	0.93	0.90	音
机	1.45	1.04	机
		1.22	吗

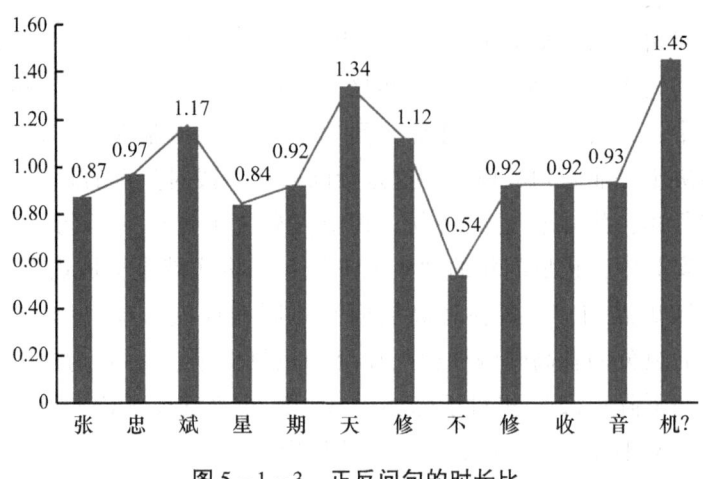

图 5-1-3 正反问句的时长比

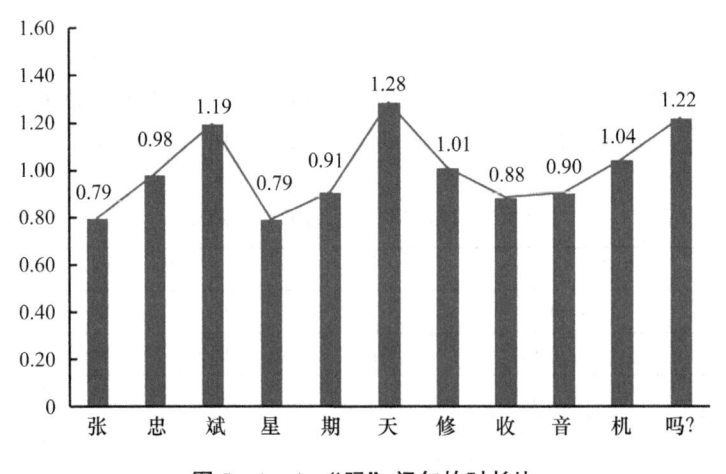

图 5-1-4 "吗"问句的时长比

说明：引自第三章第一节。

根据表 5-1-3 的数据，对比观察图 5-1-3 和图 5-1-4 可以发现，正反问句和"吗"问句句首词和句中词词末字时长比均大于 1，发生了边界前的延长，非词末字的时长比均小于 1，未发生延长。两种问句句首词末字的时长比相差 0.02，句中词末字的时长比相差 0.06，总体来看，差异较小。

与音高分布模式相同，二者在句中词之后表现出时长上的差异。焦点成分"V 不 V"的前一个动词时长比为 1.12，后一个动词与句末宾语联系紧密，未发生延长，时长比数据为0.92，"不"的时长比为全句最小值0.54，音长较短。句末词末字的时长比为全句最大值，从前字的0.93 骤然上升至峰顶1.45，受句末疑问语气的较大影响，焦点后时长没有缩短。"吗"问句单音动词的时长比为1.01，句末词末字和语气词"吗"也发生了音节的延长，延长幅度不及正反问句大。

从上面两种问句的音长模式分析来看，边界前都有出现音节时长的延长。受到韵律结构和位置的影响，疑问焦点"V 不 V"的后一个V 和"吗"问句中的单音动词延长受限，疑问焦点"V 不 V"的前一个V 的时长延长较大。以词为界，正反问句边界前音节时长的时长比分别增长了0.17 和 0.11，"吗"问句边界前音节时长的时长比分别增长了0.09 和缩短了0.06，时长比变化幅度不及正反问句大。

"语调是非问的怀疑，是倾向于不可思议、不可理解、不以为然，具有明显的否定性倾向，但是并没达到反问句的完全否定；'吗'字是非问的怀疑，是真的不知道、不明白，属于求知性的"（邵敬敏，2012）。所以"吗"字是非问的语气较为平缓，时长比曲线图的时长对比不及正反问句鲜明。

三 音强实验结果及分析

"V 不 VO"正反问句和语气词"吗"问句的音量比数据见表5-1-4，音量比图分别见图5-1-5 和图5-1-6。

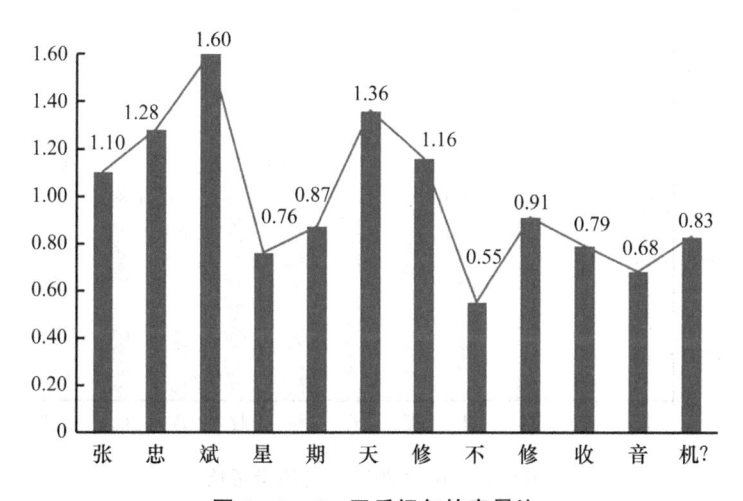

图5-1-5　正反问句的音量比

表 5-1-4　　　　正反问句与"吗"问句的音强数据　　　　（音量比）

	正反问句	"吗"问句	
张	1.10	1.03	张
忠	1.28	1.23	忠
斌	1.60	1.59	斌
星	0.76	0.70	星
期	0.87	0.87	期
天	1.36	1.28	天
修	1.16		
不	0.55	0.93	修
修	0.91		
收	0.79	0.87	收
音	0.68	0.75	音
机	0.83	0.80	机
		0.94	吗

从表 5-1-4 和图 5-1-5、图 5-1-6 可以看到，正反问句和"吗"问句的字音强度，均出现以词为界的音量递减的特征，且基本都表现出边界前增强的特征。所以，两种疑问句音量比的最大值在句首词末字，最小值在谓语部分。

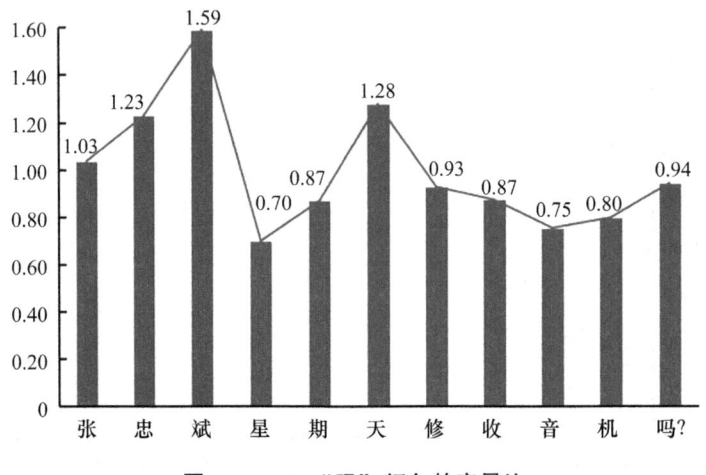

图 5-1-6　"吗"问句的音量比

说明：引自第三章第一节。

正反问句句首词和句中词字音的音强呈阶梯式上升状，句首词从1.1上升至峰顶1.6，句中词从0.76上升至小峰顶1.36。疑问焦点"V不V"的前一个V也发生了音强的增强，后一个V接近1，句末宾语音量比小于1，未增强，但受到疑问语气的影响，末尾音强有回升趋势，音量比数值从0.68增大至0.83。"吗"问句句首词和句中词字音的音强也呈阶梯式上升状，与正反问句模式相同，句首词从1.03上升至峰顶1.59，句中词从0.7上升至小峰顶1.28。单音动词的音量比为0.93，未增强，句末宾语音量比为0.8，也未增强。句末字的音量较前字也有回升趋势，音量比数值从0.75增大至0.8，回升幅度比正反问句小。后面语气词"吗"的音量比数值为0.94。

"V不VO"正反问句句首词、句中词、句末词（"V不V"结构除外）音量比分别为1.6、1.36和0.83，句末词音量降低明显。语气词"吗"问句句首词、句中词、句末词（"吗"字除外）音量比分别为1.59、1.28和0.8，以词为界逐渐降低。"吗"问句的音量比模式更接近无语义强调和情感色彩的陈述句。

正反问句疑问焦点"V不V"的前一个V读长音、重音，是非问句语气词"吗"读得也较长、较重。

焦点的表现形式是不同的。语音性的焦点表现形式主要是指重音，具体分为一般重音和特别重音（徐世荣，1961、1999；祁峰，2017）。一般情况下，正反问句提出肯定、否定两项，可能与不可能各占一半，说话人对事情的情况无任何猜测，对确信度的预设无从谈起，是纯粹的询问。这时，一般重音落在"V不V"上，没有特别突出的韵律表现。但是，在一定的预设下，特别重音也可能落到疑问句谓语的核心"V不V"上，更准确地讲，是落在前一个V上，语气较为强烈。

四 小结

本节以汉语"V不VO"正反问句为主要研究对象，在考察了正反问句与语调是非问句的音高表现后，又进一步细致地考察了其与语气词"吗"是非问句的韵律分布模式及疑问和焦点的关系。研究可得到如下主要结论：

从疑问表达手段对焦点的影响来看，正反问句采用"V不V"的形式表达疑问语气，"V不V"的语法手段对正反问句来说是强制性的，它决定了正反问句的焦点。充当焦点的"V不V"所在的词调域整体抬高，上线成为全句调域的上线，音节时长延长和能量增强，焦点后的音高显著降低，调域跨度压缩，音强减弱。是非问句中，语气词"吗"对是非问句来说是比较自由的，它不决定是非问句的焦点。"吗"字前的句末词调域上线提高，调域跨度显著扩展，音节时长延长，能量较强，疑问语调作用明显。

从焦点的表现形式对疑问功能的影响来看，正反问句中，一般句重音落在疑问手段"V不V"上，特别句重音可能与其重合落在"V不V"上，尤其是前一个"V"上，音高大幅上升，时长和音强加大。这时，正反问句从纯粹的询问变为有针对性的、语气较为强烈的询问，要求对方就问话人所关注的重点作出回答。是非问句只包含一般重音，没有特指、对比等语气，语气较为平缓，句末词调域跨度扩展，句末词末字和语气词"吗"发生了音节的延长，句末字的音量较前字均有回升趋势，"吗"音量增强。

正反问句中，疑问形式"V不V"和疑问语调两种标记复用，共同传达疑问信息。句中词到"V不V"音高上线大幅上升，"V不V"到句末词音高上下线骤然下降，焦点后调域跨度压缩，焦点词与非焦点词的韵律凸显在音高上非常明显。"V不V"的时长延长、音强增强，但不是全句最长、最重的，焦点后时长不仅没有缩短，而且达到了全句最大值，加上句末音强回升的特征等，说明疑问语调在句中的作用仍然存在。"吗"问句中，疑问语气词"吗"和疑问语调两种标记复用，共同传达疑问信息。"吗"在时长和音强方面凸显，同时跟句末词末字在音高方面的凸显相结合，共同表达说话人对一件事情不清楚、不理解。

第二节 "VO不"和"VO没有"正反问句

"VO不"和"VO没有"都属于正反问句。"VO不"问的是主观态度，是一种未然体，时间可指现在或将来；"VO没有"问的是客观情况，是一种已然体，表示过去或现在已经发生了的动作行为（邵敬敏，1996）。目前，尚未见两组问句语音韵律方面的探讨，本节我们做了初步的实验分析。发音人共10位，采用直接朗读语句的方式获取语料。

一 音高实验结果及分析

首先来看两组问句的音高结果，实验结果取平均值，如表5-2-1、图5-2-1、图5-2-2所示。

表5-2-1　　　　　　　两组正反问句的音高数据　　　　　　　(%)

	VO 不			VO 没有			
	上线	下线	跨度	上线	下线	跨度	
张	89	42	47	88	42	46	张
忠	90	38	52	90	35	55	忠
斌	88	38	50	84	38	46	斌
星	84	34	50	82	34	48	星
期	82	29	53	84	31	53	期
天	80	25	55	77	26	51	天
修	90	23	67	91	16	75	修
收	87	24	63	87	27	60	收
音	86	21	65	86	27	59	音
机	83	7	76	73	13	60	机
不	68	13	55	55	20	35	没
				42	9	33	有

由表5-2-1的数据和图5-2-1可知，"VO 不"正反问句句首词音高上线90%，下线38%，句首词到句中词音高下降，其中上线下降6%，下线下降13%。句末受到疑问焦点和疑问语气的影响，音高上线上升6%，幅度较小，下线下降18%，调域跨度扩展至全部语句调域。"不"的音高上线68%、下线13%，跨度为55%。

由表5-2-1的数据和图5-2-2可知，"VO 没有"正反问句句首词、句中词、句末词的音高上线分别是90%、84%、91%，音高下线分别是35%、26%、13%，上线高低起伏和下线降低的幅度均较小。句末疑问焦点音高升高、调域扩展。"没有"的音高上线55%、下线9%，与前面音节音高落差大。

可见，"VO 不"和"VO 没有"正反问句作为疑问句的一种，拥有疑

图 5-2-1 "VO 不"问句的音高起伏

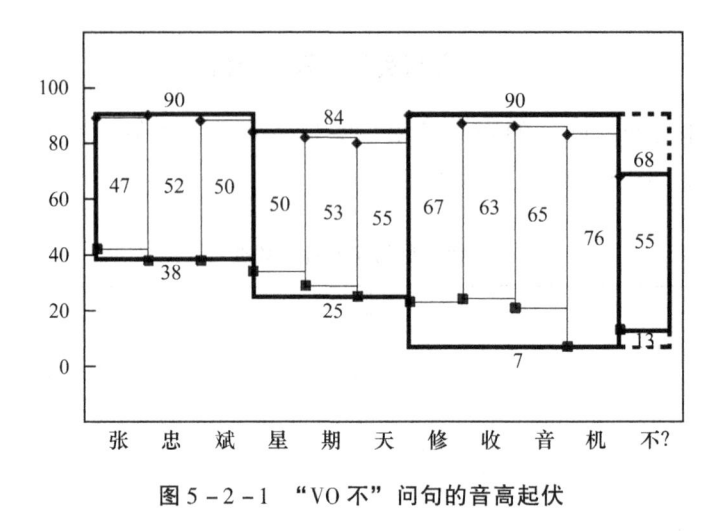

图 5-2-2 "VO 没有"问句的音高起伏

问句的韵律特征，疑问语调都在句中起作用，句末是疑问焦点和疑问语调的重合。两组语句句调域上下线接近，统计结果也没有显著性差异。各词调域音高上线最多相差1%，下线相差6%。二者最大的差异在句末"不"和"没有"中，"没有"的音高更低，调域跨度更小。另外，"VO 没有"问句中的动词音高跨度大。

二 时长实验结果及分析

其次来看两组语句的时长结果，实验结果取平均值，如表 5-2-2、图 5-2-3、图 5-2-4 所示。

表 5-2-2　　　　　　　两组正反问句的时长数据　　　　　　　（时长比）

	VO 不		VO 没有
张	0.89	张	0.91
忠	1.02	忠	1.03
斌	1.13	斌	1.14
星	0.81	星	0.82
期	0.93	期	0.89
天	1.28	天	1.39
修	1.16	修	1.37
收	0.93	收	0.98
音	0.90	音	0.86
机	1.07	机	0.81
不	0.89	没	0.78
		有	1.02

由表 5-2-2 和图 5-2-3 可知,"VO 不"正反问句各音节时长表现出边界前的延长特征。句首词末字时长比 1.13,是一个小停延;句中词末字时长比 1.28,是一个大停延;后面是疑问焦点,动词和"不"的前字延长。句末仍可见时长的回升特征,疑问语调的作用明显。最后的"不"字时长比 0.89。

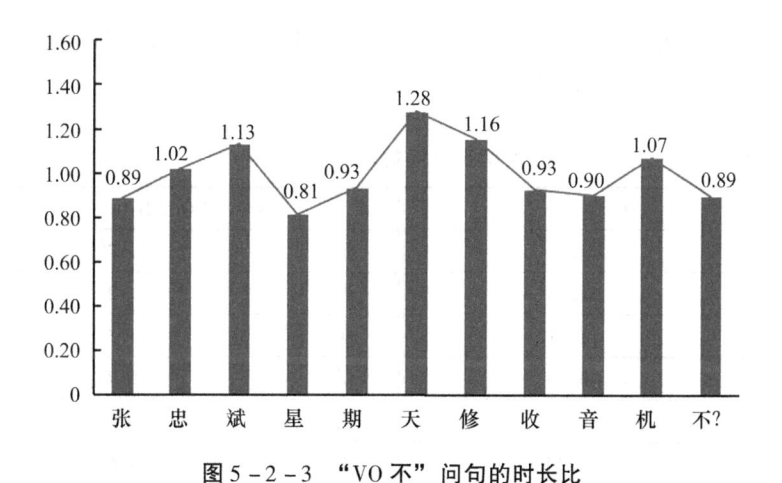

图 5-2-3　"VO 不"问句的时长比

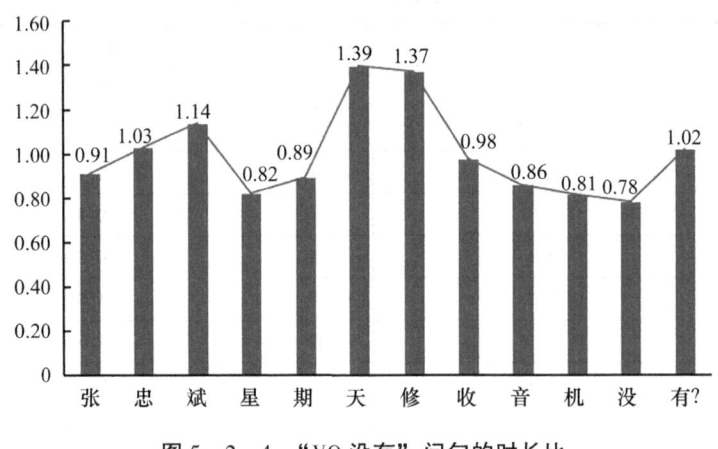

图5-2-4 "VO没有"问句的时长比

观察表5-2-2和图5-2-4,"VO没有"正反问句句首词中字和末字也发生了延长,时长比最大值也出现在句中词末字。与"VO不"正反问句的差异主要是:(1)"VO没有"问句的音节时长更长,疑问焦点前设置了1.39的更大停延;(2)"VO没有"问句中动词的延长幅度更大,读得很长;(3)"VO没有"问句句末时长逐渐缩短,曲线的回升出现在"没有"处。

三 音强实验结果及分析

最后来看两组语句的音强结果,实验结果同样取平均值,如表5-2-3、图5-2-5、图5-2-6所示。

表5-2-3　　两组正反问句的音强数据　　（音量比）

	VO 不		VO 没有
张	1.11	张	1.28
忠	1.26	忠	1.23
斌	1.41	斌	1.37
星	0.85	星	0.71
期	0.84	期	0.69
天	1.30	天	1.60
修	1.07	修	1.45
收	0.83	收	1.07

续表

VO 不		VO 没有	
音	0.74	音	0.58
机	0.67	机	0.57
不	0.89	没	0.63
		有	0.63

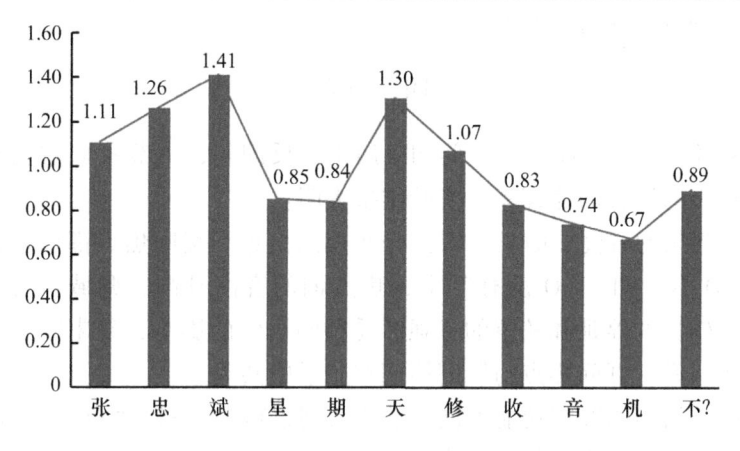

图 5-2-5 "VO 不"问句的音量比

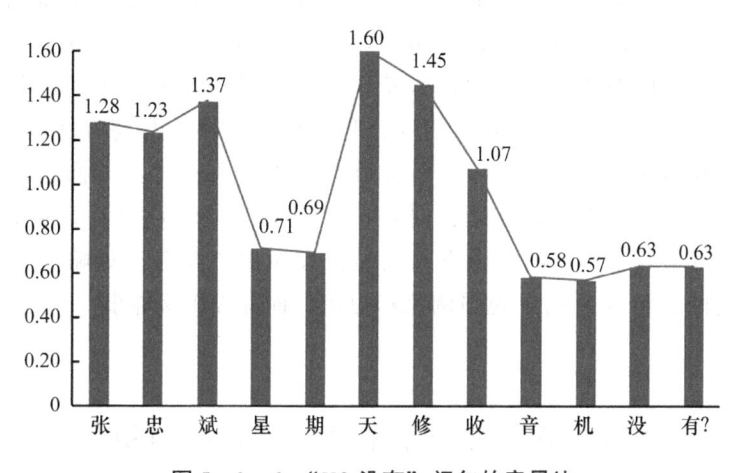

图 5-2-6 "VO 没有"问句的音量比

表 5-2-3 和图 5-2-5 表明,"VO 不"问句音量比的最大值是句首词末字,为 1.41;最小值出现在句末。以韵律词为单位,句首词、句中词、句末词的音量比分别是 1.41、1.3、0.67 ("不"字前),呈递减的趋

势。句末词到"不"音量比曲线回升0.22，这是疑问语调在音强上的表征。"不"的音量比为0.89。

表5-2-3和图5-2-6表明，"VO没有"问句句首词的音强也发生了增强，但语句音量比的最大值出现在句中词末字，在这里设置了较重的音强，句中词中字到末字的斜率较大。紧挨着的动词的音量比为1.45，音强增强幅度大。句末词到"没有"音量比曲线也有一个小小的回升，"没有"二字的音量比皆为0.63。

四 小结

"VO不"和"VO没有"问句隶属于正反问句，本节我们对这两组问句做了初步的语音韵律探索。实验结果表明：

两组问句的音高、时长、音强分布模式接近。疑问焦点都出现在正反结构"VO不"和"VO没有"上，焦点词的音高升高、调域扩展，焦点前设置了较长的停延和较重的音强。受疑问语气的影响，句末时长和音强都有小幅回升。疑问焦点与疑问语调在句子中共现。

因两组问句的疑问功能不同，韵律表现也略有不同。"VO不"问的是主观态度，是一种未然体。音高方面，VO整体较高，"不"与前面音节音高落差小，读得也较高，疑问语气一以贯之；时长方面，VO整体较长，末尾有一个时长的回升；音强方面，VO整体较重，"不"处有一个音强的回升。这种韵律模式体现出问话人希望答话人针对VO这件事给出答案的语气。"VO没有"问的是客观情况，是一种已然体。音高方面，VO读得较高，尤其是V，"没有"与前面音节音高落差大；时长方面，V的延长幅度较大，O的时长逐渐变短，时长在"没有"处略回升；音强方面，V的增强幅度也较大，O的音强下降明显，音强在"没有"处略回升。整体来看，这种语句对V的主观强调色彩更浓，而非VO这件事。

第三节 带"是不是"的正反问句

现代汉语疑问句中，还有一种带"是不是"的正反疑问句，"是不是"在句法结构中的位置比较自由。吕叔湘（1985）指出，"是不是"可以放在句首，对全句提出疑问；也可以放在句中，这样，疑问焦点就在"是不是"以后的部分。邵敬敏（1996）在《现代汉语疑问句研究》一书中列

了七种主要类型。本次实验中,"是不是"位于句中,具体地,位于句首主语和谓语部分的时间副词之间,例如:

张忠斌是不是星期天修收音机?
吴国华是不是重阳节回阳澄湖?

在汉语中,"是"除了可以用来标记判断范畴,还可以用来标记焦点、强调和对比这三种语法范畴(石毓智,2005)。以上例句中"是不是"是由"是"构成的正反并列形式。本节我们来分析这种带"是不是"的正反问句焦点的韵律表现。因这种问句所表示的语法意义跟是非问句最为接近(邵敬敏,1996),"是不是"以外的音节都相同,我们将这两组语句放在一起做对比分析。采用发音人直接朗读语句的方式获取语料,无特别语义强调和感情色彩,共10位发音人,实验结果取平均值。

一 音高实验结果及分析

采用声学实验的方法得到的带"是不是"的正反问句的音高数据,及其与语调是非问句的对照比较如表5-3-1、图5-3-1、图5-3-2所示:

表5-3-1　　　　　　　　两组语句的音高数据　　　　　　　　(%)

	带"是不是"的正反问句			语调是非问句			
	上线	下线	跨度	上线	下线	跨度	
张	81	38	43	80	35	45	张
忠	87	33	54	83	29	54	忠
斌	78	28	50	79	27	52	斌
是	95	47	48				
不	74	40	34				
是	69	30	39				
星	73	27	46	75	29	46	星
期	83	28	55	73	26	47	期
天	76	18	58	70	19	51	天
修	67	19	48	73	19	54	修
收	66	17	49	75	22	53	收
音	71	16	55	85	20	65	音
机	60	1	59	81	7	74	机

表5-3-1和图5-3-1表明，带"是不是"的正反问句中，各韵律词的调域跨度相差不大，但音高起伏明显。句首词音高较高，调域上线87%、下线28%；"是不是"音高上升，上线升高8%，下线升高2%；时间词调域上线83%、下线18%，音高下降；句末韵律词上线71%，比前词音高降低了12%，调域下线1%，下降的幅度最大。因语句音高上线的调节和语义加强相关，而下线的调节和节奏变化相关（沈炯，1985），我们对音高上线的变化给予了更多关注。

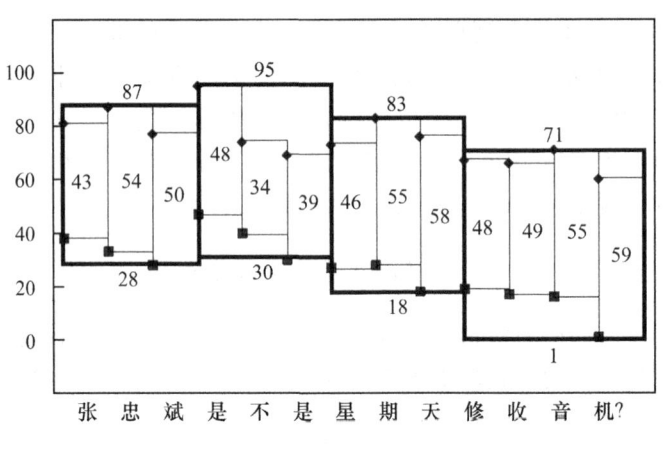

图5-3-1 带"是不是"的正反问句的音高起伏

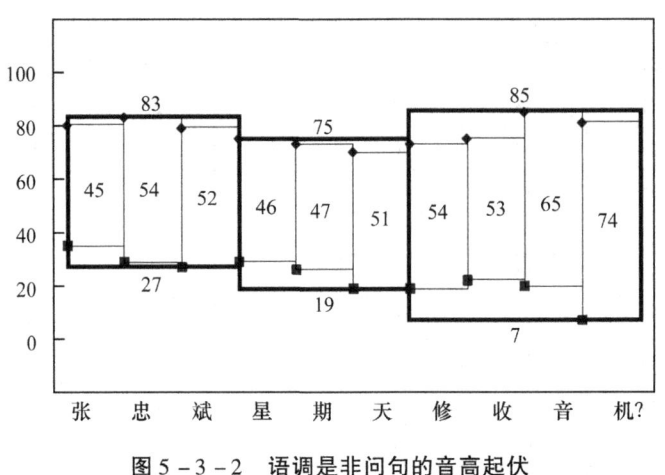

图5-3-2 语调是非问句的音高起伏

形式上，除了"是不是"的正反问结构，句中其他音节与图5-3-2

语调是非问句相同。量化的音高数据显示，这两种疑问句的音高起伏模式不同：在是非问句中，句首到句中音高下降，句末词调域最大化扩展，覆盖了全部语句调域，疑问语调在疑问语气的表达中起绝对作用。在带"是不是"的正反问句中，句首词音高上线、下线及音高范围与语调问接近，相差小于5%；"是不是"分担了疑问语调表达疑问信息的作用，音高上被强调，第一个"是"读得更高（语句音高最大值95%）；同时，"是不是"约束其后面的句法成分，时间词的音高上线比相应的语调是非问句抬高了8%，音高跨度比相应的语调是非问句扩展了9%；焦点后的句末词音高下降，调域跨度比语调问句减小了7%。

二 时长实验结果及分析

带"是不是"的正反问句的时长实验结果及分析如表5-3-2、图5-3-3、图5-3-4所示：

表5-3-2　　　　带"是不是"的正反问句的时长数据　　　　（时长比）

	张	忠	斌	是	不	是	星	期	天	修	收	音	机
句1	0.98	0.99	1.13	1.06	0.64	1.01	1.05	0.71	1.17	1.06	0.88	0.98	1.36
句2	0.81	0.85	1.36	0.95	0.62	1.08	0.88	1.02	1.18	0.94	0.93	1.02	1.39
句3	0.75	0.97	1.36	0.92	0.64	1.11	0.77	1.09	1.21	1.16	0.90	0.97	1.16
句4	1.02	0.98	1.53	1.03	0.65	1.08	0.83	0.85	1.22	0.98	0.96	0.67	1.21
句5	0.79	1.08	1.16	0.78	0.57	0.99	0.85	0.95	1.30	1.12	0.96	0.98	1.17
句6	0.80	0.98	1.29	0.96	0.58	1.14	0.73	1.04	1.15	0.91	0.90	0.93	1.59
平均	0.86	0.97	1.30	0.95	0.62	1.07	0.85	0.94	1.21	1.03	0.92	0.92	1.31

由表5-3-2和图5-3-3可知，带"是不是"的正反问句中，句首词末字时长比1.3，发生了较大的停延；"是不是"三个音节的时长比分别是0.95、0.62和1.07，中间的"不"字读得很短，第二个"是"字发生了音节的延长，用来提示后面的信息；时间词末字时长比1.21，虽然在语法上表时间的状语与后面的动宾短语关系较近，但由于"是不是"结构的存在，时间词在语义上得到了强化，音节延长；句末词的时长比分布范围是0.92—1.31，句末停延最大，这符合疑问语调在疑问语气表达过程中的时长特征。

可见，句首词、"是不是"、时间词、句末词位置的边界字音均发生了

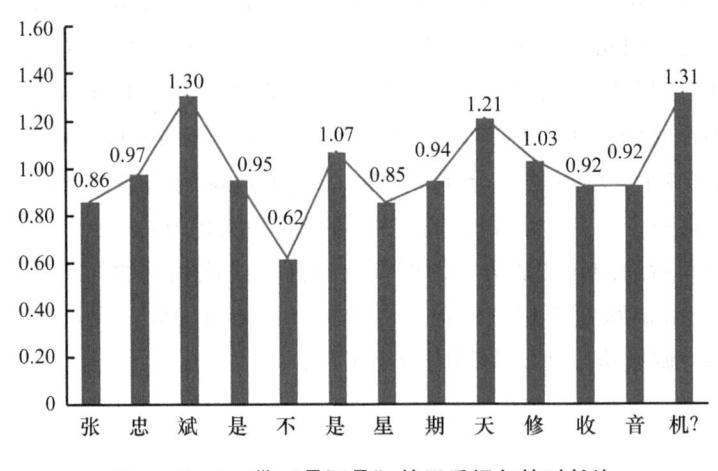

图 5-3-3 带"是不是"的正反问句的时长比

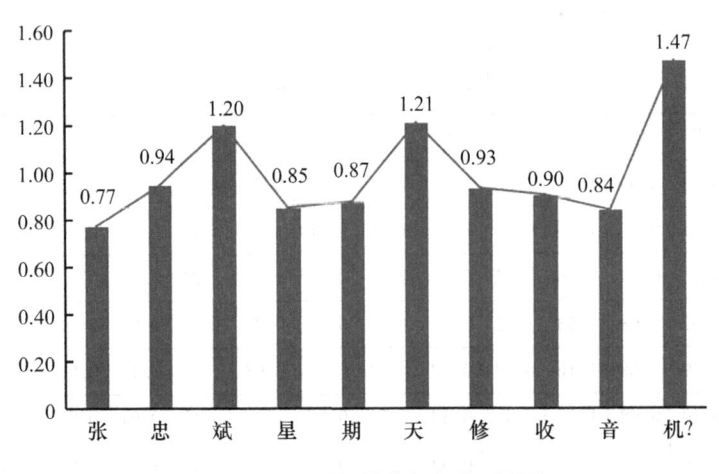

图 5-3-4 语调是非问句的时长比

说明：引自第三章第一节。

一定程度的延长。与图 5-3-4 语调是非问句相比，带"是不是"正反问句句首词末字时长比增加了 0.1，句末词末字时长比缩短了 0.16，疑问语调的作用减弱。时间词末字时长比基本未变，时长上没有被突出强调。

三 音强实验结果及分析

下面是带"是不是"正反问句的音量比结果及分析如表 5-3-3、图 5-3-5、图 5-3-6 所示：

表 5-3-3　　带"是不是"的正反问句的音强数据　　（音量比）

	张	忠	斌	是	不	是	星	期	天	修	收	音	机
句1	1.61	1.35	1.58	0.98	0.68	0.90	0.79	0.50	1.29	0.98	0.90	0.66	0.71
句2	1.16	1.45	1.57	0.86	0.50	0.94	1.19	0.93	1.15	1.00	0.83	0.66	0.77
句3	1.17	1.65	1.81	0.92	0.53	1.34	0.68	1.08	0.96	0.76	0.76	0.79	0.69
句4	2.09	0.97	1.27	0.81	0.48	0.82	0.81	1.00	1.30	0.97	0.88	0.55	0.88
句5	1.05	1.31	1.83	0.76	0.55	1.49	0.57	0.86	1.03	1.45	0.64	0.97	0.71
句6	1.34	1.46	1.74	0.92	0.48	1.11	0.70	0.83	1.45	0.64	0.91	0.62	0.70
平均	1.40	1.37	1.63	0.87	0.54	1.10	0.79	0.87	1.20	0.97	0.82	0.71	0.74

由表 5-3-3 和图 5-3-5 可知，带"是不是"的正反问句中，句首词各音节音量比均大于 1，能量很强，这是发音的自然规律；"是不是"的音量比分别是 0.87、0.54 和 1.1，相对来说，第一个"是"字读得较轻，中间的"不"字读得最轻，第二个"是"字读得较重，发生了能量的增强（音量比大于 1）；时间词前两个音节的音量比小于 1，边界前末字音量比为 1.2，除句首词外能量最强；句末词音强降低，动词音量比 0.97，后面宾语的音量比分别是 0.82、0.71、0.74，没有发生能量的增强，但句末有一个小小的回升。

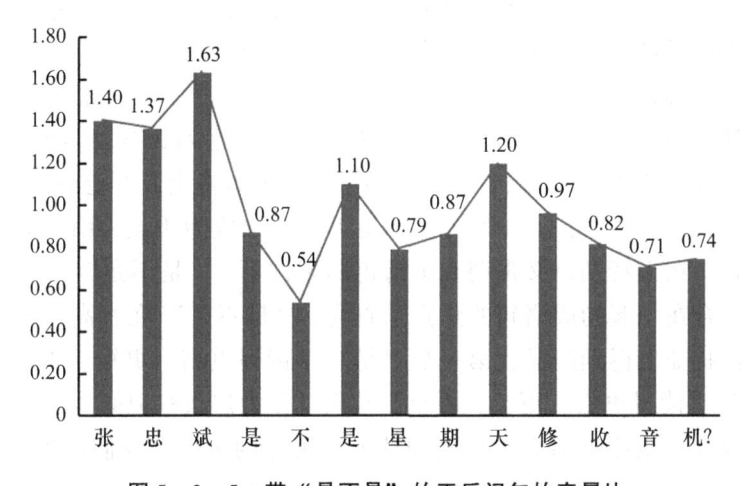

图 5-3-5　带"是不是"的正反问句的音量比

与图 5-3-6 语调是非问句相比，带"是不是"正反问句的句首词和时间词的音强基本未变，音量比数值相差小于 0.05。并列结构"是不是"

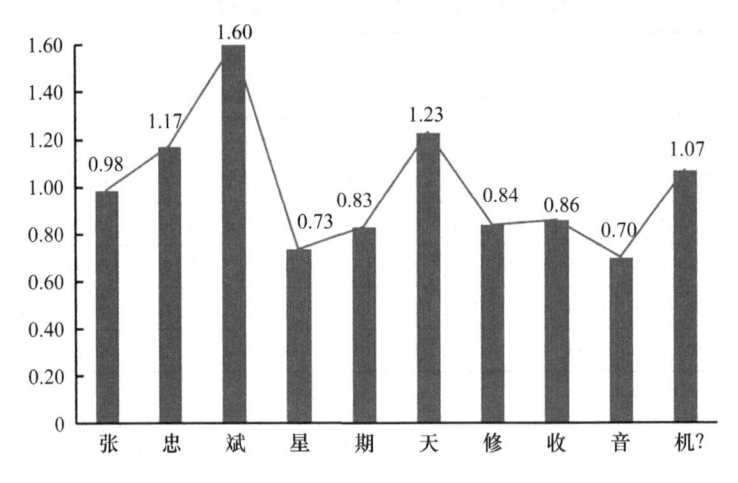

```
   1.60                1.60
   1.40         1.17
   1.20                            1.23
   1.00  0.98                                              1.07
   0.80            0.73  0.83         0.84  0.86
   0.60                                         0.70
   0.40
   0.20
      0
         张   忠   斌   星   期   天   修   收   音   机?
```

图 5-3-6 语调是非问句的音量比

说明：引自第三章第一节。

被重音强调。句末音强减弱了 0.33，与句末音高降低、时长缩短的表现一致。

四 小结

本节对带"是不是"正反问句的音高、时长和音强进行了系统的量化分析，得到了带"是不是"正反问句焦点的韵律表现。

整体来看，带"是不是"正反问句所表示的语法意义跟是非问句接近，并列结构"是不是"在韵律上被强调，音高达到95%，为全句最高，时长比和音量比也都大于1，要求听话人首先做出肯定或否定的回答。

研究认为，"是不是"因语义不足无法单独成为焦点，由于它所处的特殊位置，在无特别语义强调和感情色彩条件下，"是不是"与其后的句法成分联合在一起构成语句的焦点。首先，"是不是"在音高、时长和音强的韵律特征上得到凸显，第一个"是"字读得更高、更短、更轻，第二个"是"字读得更低、更长、更重。其次，作为焦点标记的"是"总是靠近焦点成分，能让听话人注意到问话人所关注的重点，我们看到，"是不是"后的句法成分音高较高，比相应的语调是非问句高出8%。

与独立焦点相比，这种并列短语组成的联合焦点的韵律凸显程度较低。"是不是"后的句法成分音高小幅升高，时长和音强基本未变，对比特征减弱。焦点后音高降低、时长缩短、音强减弱，也是焦点凸显的一种手段，降低、缩短、减弱的幅度较小。

　　焦点的表现形式对疑问功能的影响不同。语调是非问句中，疑问语调单独表达疑问语气，句末音高升高、调域扩展，时长和音强回升明显，疑问功能是表示怀疑、惊讶等。带"是不是"的正反问句中，针对"是不是"与其后的句法成分进行提问，"是不是"与疑问语调复用，共同表达疑问语气，句末音高在焦点后降低，时长在焦点后缩短，音强在焦点后减弱。时长比和音量比曲线在句末有一个小小的回升，仍可看到疑问语调的作用。事实上，在之前的许多研究中，只看音高，会以为疑问语调在是非问以外的疑问句中作用甚微，属于可有可无，但结合时长和音强的表现，我们看到，疑问语调在所有疑问句中都起着表达疑问语气的作用，只是在语调是非问句中这种作用最为突出。

第四节　作为附加问句的正反问句

　　吕叔湘（1985）指出，正反疑问句可以先来一个陈述句，再加一个"是不是、对不对"之类的问话。徐杰、张林林（1985）也提到，问话人对疑问对象的了解反映在陈述句中，但又不能肯定，所以用"是不是、对不对"等来问，语用功能的发挥由前后两部分共同承担。这样的句子称为附加问句，在语义上依赖于它前面的陈述句（邵敬敏，1996；刘钦荣，2002；陈立民，2017）。

　　邵敬敏（1996）进一步指出，这种附加问句有三个特点：一是不独立使用，必须附加在某个非疑问句的后面；二是由疑问格式单独构成疑问句；三是回答必定是简单的肯定或否定。作为附加问句的正反问句是一种带有主观倾向性、疑问程度较弱的疑问句，这一点已被多位学者的定性分析证实（张伯江，1997；徐盛桓，1999；闫亚平，2017），客观的量化研究还未开展。

　　因附加问句不能独立存在，无论是从形式、语义、语气，还是从整个语句语用功能的发挥是由前后两个部分共同承担等方面考察，都不能仅仅只关注后面的附加问句。所以，我们将它与附加问句前面的语句的实验数据放在一起进行分析。

一 音高实验结果及分析

将每位发音人的语句,包括作为附加问句的正反问句及前面的语句和同型陈述句,放在一起进行对比分析,计算得到各自的调域。然后,将20位发音人的数值平均,得到作为附加问句的正反问句及其前面的语句和同型陈述句的总体平均值。最后,画出实验结果图如表5-4-1、图5-4-1、图5-4-2所示:

表5-4-1　　　　作为附加问句的正反问句与陈述句的音高数据　　　　　　(%)

	作为附加问句的正反问句			陈述句			
	上线	下线	跨度	上线	下线	跨度	
张	92	46	46	88	45	43	张
忠	97	32	65	90	34	56	忠
斌	88	26	62	83	25	58	斌
星	90	36	54	82	33	49	星
期	89	30	59	82	29	53	期
天	88	27	61	82	23	59	天
修	85	23	62	77	22	55	修
收	90	25	65	78	23	55	收
音	89	22	67	79	23	56	音
机	94	11	83	78	9	69	机
对	80	36	44				
不	55	23	32				
对	48	9	39				

和图5-4-2同型陈述句相比,图5-4-1作为附加问句的正反问句前面的语句音高呈现以下主要特点:(1)音高整体抬高,句调域上线抬高7%(正反97%,陈述90%),句调域下线抬高2%(正反11%,陈述9%),句子音高在起始处就与同型陈述句区别开来,到句末区别最大。使用SPSS统计软件对两组语句的各韵律词音高上线差异进行显著性检验,独立样本t检验的结果显示,两组语句各韵律词音高上线均有显著性差异,其中,句首词音高上线$t(29)=3.506$,$P=0.001$;句中词音高上线$t(38)=2.884$,$P=0.006$;句末词音高上线$t(29)=5.254$,$P<0.001$。

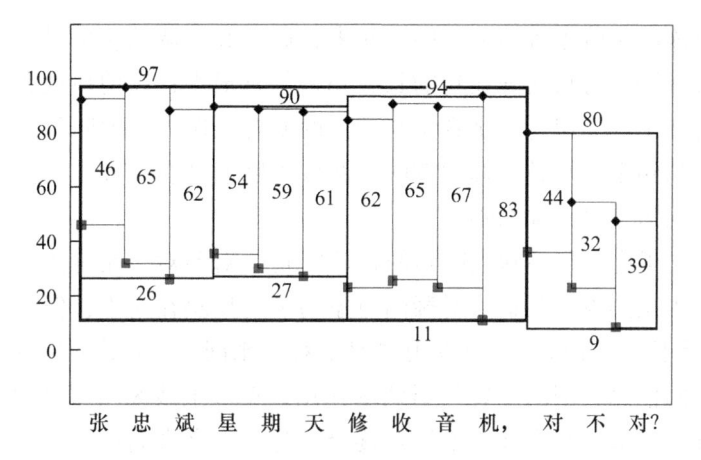

图 5-4-1 作为附加问句的正反问句的音高起伏

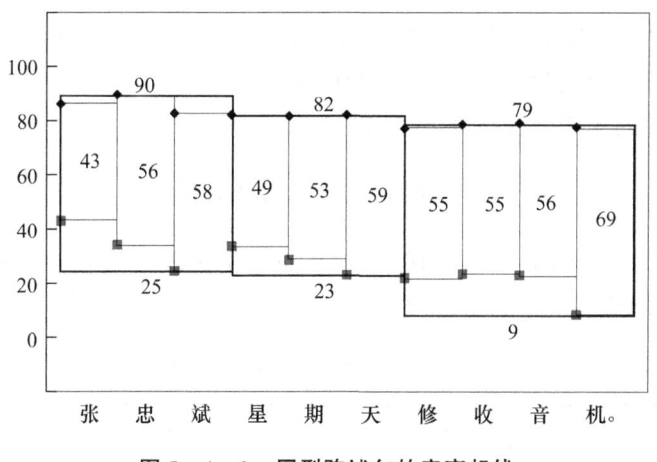

图 5-4-2 同型陈述句的音高起伏

（2）三个韵律词的调域跨度得到了不同程度的扩展，句首词调域扩展了6%（正反71%，陈述65%），句中词调域扩展了4%（正反63%，陈述59%），句末词调域扩展了13%（正反83%，陈述70%），句末扩展最大。使用 SPSS 统计软件对两组语句的各韵律词调域跨度差异进行显著性检验，独立样本 t 检验的结果显示，两组语句句首词和句中词调域跨度无显著性差异［句首 $t(38)=1.889$，$P=0.066$，句中 $t(38)=0.906$，$P=0.371$］；句末词调域跨度有显著性差异，$t(38)=3.530$，$P=0.001$。（3）疑问语调贯穿整个句子，音高起伏模式与语调是非问句有相似之处，但不完全一样。如前所述，语调是非问句的音高高于陈述句，全句调域跨度比陈述句大，且总体的调阶走势是上升的，句末音高最高、调域跨度最大；语调是非问句边界调的时长比陈述句的长，句末停延最大；以韵律词为界，音量递减的特征不变，但句末字音量有较大的回升。作为附加问句的正反问句前面的语句句末音高升高幅度有限，调域跨度也没有扩大至覆盖全部语句调域，疑问语气没有那么强烈。

整个句子中，作为附加问句的正反问句"对不对"是焦点标记，前面的语句是语义焦点。问话人对疑问对象的了解反映在句中，但又不能肯定（徐杰、张林林，1985），所以用"对不对"来问。"对不对"本身就传达很强的疑问信息，削弱了疑问语调的作用。调域上线80%、下线9%，韵律词内部各音节音高上线和下线均逐级下降，末字音高最低，调域跨度分别是44%、32%和39%。使用SPSS统计软件对正反问句的第一个音节与前面语句的最后一个音节的音高上线和跨度差异进行显著性检验，独立样本t检验的结果显示，它们之间有显著性差异，音高上线$t(30)=4.071$，$P<0.001$，音高跨度$t(38)=10.150$，$P<0.001$。"对不对"在句子中充当焦点标记的作用，音高降低，音域压缩。

二 时长实验结果及分析

作为附加问句的正反问句的时长实验结果图及分析如表5-4-2、图5-4-3、图5-4-4所示：

表5-4-2　　　作为附加问句的正反问句的时长数据　　　（时长比）

	张	忠	斌	星	期	天	修	收	音	机	对	不	对
句1	1.05	1.01	1.23	1.10	0.77	1.27	1.22	1.04	0.97	1.29	0.72	0.45	0.91
句2	0.79	0.84	1.37	1.07	0.99	1.28	1.06	1.08	1.07	1.39	0.71	0.41	0.86
句3	0.85	1.02	1.35	0.90	1.03	1.23	1.38	1.06	1.01	1.24	0.68	0.42	0.91
句4	1.08	1.06	1.62	0.80	0.92	1.30	1.11	1.12	0.72	1.13	0.80	0.48	0.98
句5	0.91	1.05	1.42	0.86	1.04	1.26	1.28	1.09	1.03	1.22	0.65	0.41	0.90
句6	0.84	1.08	1.38	0.81	1.03	1.12	1.18	0.95	1.01	1.58	0.73	0.40	0.92
平均	0.92	1.01	1.39	0.92	0.96	1.25	1.21	1.06	0.97	1.31	0.72	0.43	0.91

表5-4-2和图5-4-3是20位发音人的平均数据，我们看到，作为附加问句的正反问句前面的语句时长比最大出现在句首词末字，句末词的延长幅度与之接近。与图5-4-4同型陈述句相比，作为附加问句的正反

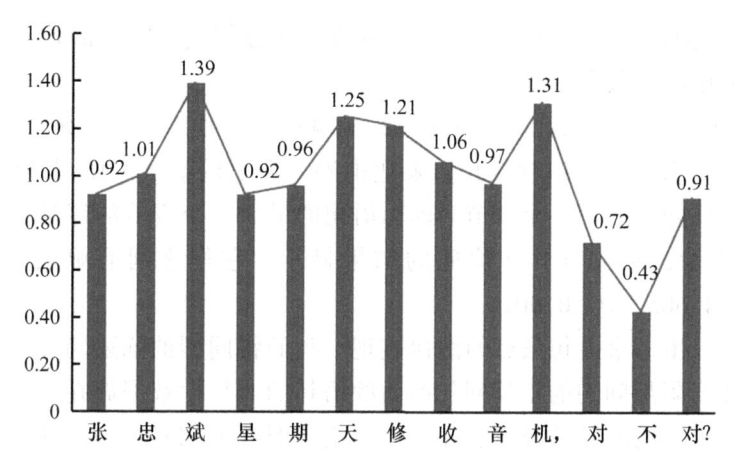

图 5-4-3 作为附加问句的正反问句的时长比

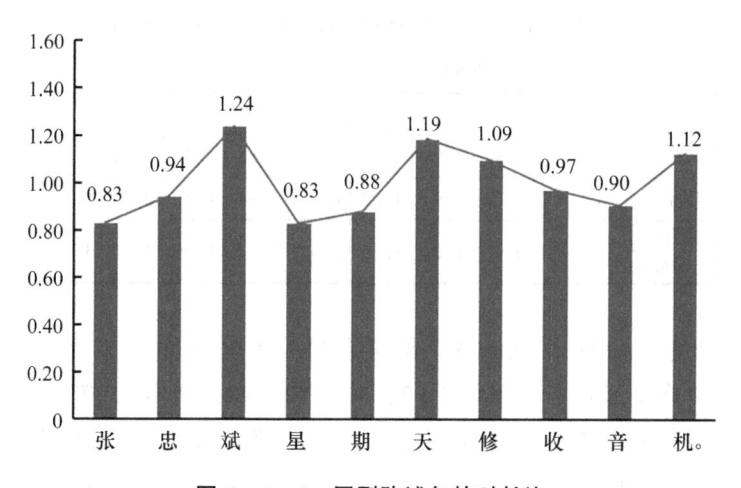

图 5-4-4 同型陈述句的时长比

说明：引自第三章第一节。

问句前面的语句时长呈现以下主要特点：(1) 语句中时长被拉长的音节数量较多，句首词中字（1.01）和末字（1.39）、句中词末字（1.25）、单音动词（1.21）及其后面的字音（1.06）、句末词末字（1.31）时长比均大于1。(2) 各音节时长均长于陈述句中对应的音节，从句首到句末，分别是 0.92＞0.83，1.01＞0.94，1.39＞1.24，0.92＞0.83，0.96＞0.88，1.25＞1.19，1.21＞1.09，1.06＞0.97，0.97＞0.90，1.31＞1.12。(3) 句末字时长比为 1.31，比句中词末字时长延长了 0.06，比前字时长延长了 0.34（1.31—0.97），时长比曲线的上升幅度大于陈述句（0.34＞

0.22)。疑问语调在疑问语气的表达中承担部分作用,明显的特点之一就是句子末尾时长较大幅度的延长。

"对不对"的时长比分别是 0.72、0.43 和 0.91,未发生延长。"不"读得很短,末尾读得相对较长,表达推测、求解的语气。使用 SPSS 统计软件对正反问句的第一个音节与前面语句的最后一个音节的停延差异进行显著性检验,独立样本 t 检验的结果显示,它们之间有显著性差异,$t(27) = 14.605$,$P < 0.001$。

为进一步考察语句焦点的韵律表现,我们将同型的陈述句、语调是非问句和作为附加问句的正反问句前面的语句的时长比数据放在一起,并对各韵律词末字的时长差异进行了是否具有统计学意义的检验。表 5-4-3 是平均值:

表 5-4-3　　陈述句、语调是非问句和作为附加问句的正反问句
前面的语句时长对比①　　　　　　　　　　（时长比）

	张	忠	斌	星	期	天	修	收	音	机
同型陈述句	0.83	0.94	1.24	0.83	0.88	1.19	1.09	0.97	0.90	1.12
同型语调是非问句	0.77	0.94	1.20	0.85	0.87	1.21	0.93	0.90	0.84	1.47
作为附加问句的 正反问句前面的语句	0.92	1.01	1.39	0.92	0.96	1.25	1.21	1.06	0.97	1.31

单因素方差分析(ANOVA)结果表明,在 0.05 的水平上,三组句子句中词末字总体差异不显著 [$F(2, 37) = 2.098$,$P = 0.137$],句首词末字和句末词末字总体差异显著 [句首 $F(2, 37) = 16.118$,$P < 0.001$;句末 $F(2, 37) = 12.207$,$P < 0.001$]。事后检验表明,句首的差异主要来自作为附加问句的正反问句前面的语句与陈述句($P < 0.001$)、语调问句($P < 0.001$),句末的差异来自三组语句之间(陈述句与语调问句 $P < 0.001$,陈述句与作为附加问句的正反问句前面的语句 $P = 0.001$,语调问句与作为附加问句的正反问句前面的语句 $P = 0.045$)。

三　音强实验结果及分析

作为附加问句的正反问句的音强实验结果如表 5-4-4、图 5-4-5、图 5-4-6 所示:

---

① 陈述句和语调问句的数据引自第三章第一节。

表 5-4-4　　　作为附加问句的正反问句的音强数据　　　（音量比）

	张	忠	斌	星	期	天	修	收	音	机	对	不	对
句1	1.32	1.11	1.50	0.86	0.50	1.30	1.10	1.07	1.09	1.16	0.81	0.26	0.81
句2	1.06	1.23	1.58	0.91	1.11	1.20	1.13	1.08	0.83	0.97	0.78	0.24	0.71
句3	1.23	1.33	1.62	0.91	1.25	1.07	0.97	0.92	0.99	0.83	0.78	0.26	0.79
句4	1.69	0.87	1.25	0.92	1.16	1.18	1.21	1.16	0.56	1.05	0.87	0.29	0.79
句5	1.18	1.19	1.79	0.89	0.97	1.02	1.62	0.74	0.96	0.83	0.78	0.23	0.84
句6	1.36	1.16	1.84	0.87	1.05	1.33	0.80	1.12	0.63	0.86	0.87	0.25	0.82
平均	1.31	1.15	1.59	0.89	1.01	1.18	1.14	1.01	0.84	0.95	0.82	0.26	0.79

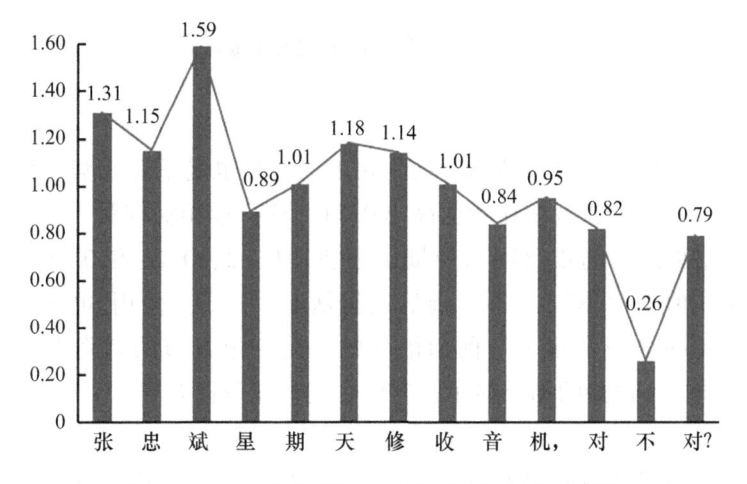

图 5-4-5　作为附加问句的正反问句的音量比

表 5-4-4 和图 5-4-5 显示，语句整体的音量比最大值是作为附加问句的正反问句前面的语句句首词末字，最小值是附加问句中的"不"，读得很短很轻。与图 5-4-6 同型陈述句相比，图 5-4-5 作为附加问句的正反问句前面的语句音强呈现以下主要特点：（1）语句中，音强增大的音节数量较多。句首词首字（1.31）、中字（1.15）和末字（1.59），句中词中字（1.01）和末字（1.18），单音动词（1.14）及其后面的字音（1.01），这些音节的音量比数值均大于1。（2）各音节音强均大于陈述句中的音节，与音高、时长上的差异相对应。从句首到句末，分别是 1.31＞1.11，1.15＞1.13，1.59＞1.45，0.89＞0.79，1.01＞0.88，1.18＞1.10，1.14＞1.03，1.01＞0.90，0.84＞0.78，0.95＞0.79。（3）句末字

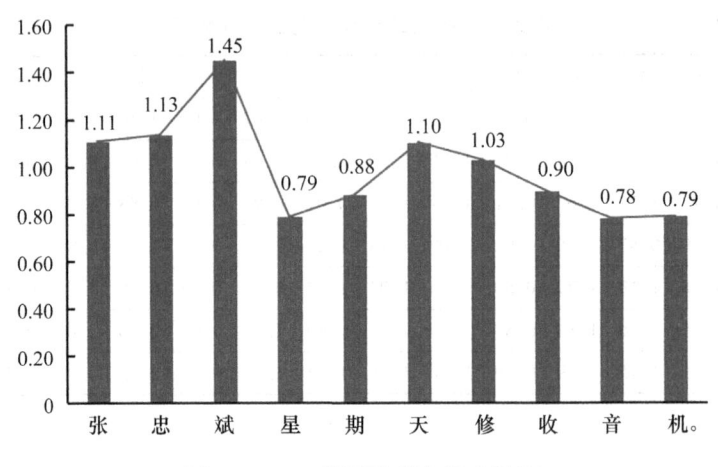

图 5-4-6　同型陈述句的音量比

说明：引自第三章第一节。

音强回升特征明显。虽然从句首词到句末词音强也是下降趋势，但末字音强比前字音强增大，音量比数值高出 0.11，读得也相对较重。

作为附加问句的正反问句音量比分别是 0.82、0.26 和 0.79，全句的音量比最小值是"不"，"不"前后读得基本一样重。使用 SPSS 统计软件对正反问句的第一个音节与前面语句的最后一个音节的音强差异进行检验，独立样本 t 检验的结果显示，它们之间有显著性差异，$t(38)=2.758$，$P=0.009$。

同样，我们将同型的陈述句、语调是非问句和作为附加问句的正反问句前面的语句的音量比数据放在一起，并对各韵律词末字的音强差异进行了是否具有统计学意义的检验。表 5-4-5 是平均值：

表 5-4-5　　陈述句、语调是非问句和作为附加问句的正反问句前面的语句音量对比[①]　　（音量比）

	张	忠	斌	星	期	天	修	收	音	机
同型陈述句	1.11	1.13	1.45	0.79	0.88	1.10	1.03	0.90	0.78	0.79
同型语调是非问句	0.98	1.17	1.60	0.73	0.83	1.23	0.84	0.86	0.70	1.07
作为附加问句的正反问句前面的语句	1.31	1.15	1.59	0.89	1.01	1.18	1.14	1.01	0.84	0.95

① 陈述句和语调问句的数据引自第三章第一节。

单因素方差分析（ANOVA）结果表明，在 0.05 的水平上，三组句子句中词末字总体差异不显著 [$F(2, 37) = 3.095$, $P = 0.057$]，句首词末字和句末词末字总体差异显著 [句首 $F(2, 37) = 3.969$, $P = 0.027$；句末 $F(2, 37) = 9.538$, $P < 0.001$]。事后检验表明，句首的差异主要来自陈述句与语调问句（$P = 0.040$）、作为附加问句的正反问句前面的语句（$P = 0.014$），句末的差异也来自陈述句与语调问句（$P = 0.001$）、作为附加问句的正反问句前面的语句（$P < 0.001$），语调问句与作为附加问句的正反问句前面的语句的音强差异没有统计学意义。

四 小结

本节研究了汉语中作为附加问句的正反问句焦点及其韵律表现，与自然焦点的陈述句做了对比分析。作为附加问句的正反问句，结构形式上只有谓语部分，主语部分不出现。由于这种正反问句依赖于前面的语句，语用功能的发挥是由前后两部分共同承担而无法单从附加问句推导，所以我们放在一起研究，无法将它们割裂开来。

研究发现，陈述句音高下倾，字调域跨度在边界前扩展，字调域下线在边界前降低；韵律边界前时长延长，句末未发生更大的延长；字音强度在边界前增强，以韵律词为界音量递减。作为附加问句的正反问句前面的语句受焦点调和疑问语调的影响，其音高、时长和音强数据均大于相应的陈述句，句尾音高、时长和音强较前字都有较大的回升，与陈述句的差异达到最大。

一般认为，作为附加问句的正反问句前面是陈述句，但声学实验结果表明，其韵律表现已不符合陈述句的特征，而更符合疑问句的特征。但是，句尾音高升高幅度较小，调域跨度没有加宽至覆盖全部语句调域，句末词在时长上的延长量和音强上的增大量均小于相应的语调是非问句。统计结果也显示，作为附加问句的正反问句前面的语句既不是陈述句，也不等同于语调问句，与它们的差异均显著。这可能是由于句中"对不对"这一语法标记与疑问语调共现，与完全通过疑问语调表达疑问目的的语调问句不同。另一种解释是，这种问句询问的程度相对于语调问句要温和一些，提问中带有主观倾向性。闫亚平（2019）探讨了附加问句句法形式的浮现与发展，指出这种问句随着［+信息差］［+求解欲望］［+正面语义］［+需要回答］四个基本要素的弱化、丧失乃至走向反面，从初步主观化走向深度主观化。

作为附加问句的正反问句,不再充当谓语中心,与我们前面了解的正反并列形式作焦点的韵律特征有很大区别。"对不对"第一个音节在所有三个声学参数上都显著低于前面语句的最后一个音节,构成了焦点后压缩。前面的语句是说话人希望听话人关注的焦点。"对不对"中间的"不"字读得又短又轻,末字读得略长一些,这也是持续话轮的一种方式,要求答话人解答问题、补充语义。

因此,本研究发现了一个有趣的现象,即作为附加问句的正反问句前面的语句与陈述句的功能相似,却在一定程度上表现出疑问句的韵律特征;另一方面,疑问标记"对不对"在音高、时长和音强上都被压缩了。这些现象可能与语音韵律和句法语义的相互作用有关。以往研究揭示的疑问焦点的突出韵律特征主要与特指疑问代词、"V 不 V"正反并列结构等有关,其中特指疑问代词不仅是疑问标记,还包含大量的语义信息,"V 不 V"在语义上也很丰富,因为动词通常被认为在整个话语中具有很高的信息量。但是,"对不对"在句子中语义贫乏,它只起到传递疑问语气的句法功能,不应作焦点,而应作为一个焦点标记,突出前面的语句,实现话语意义的完整传递。这也可能是"对不对"音高、时长、音强数据都较小的原因,因为单纯的句法功能可能不需要三个高、长、重的音节。因此,只有当一个疑问标记同时具有句法和语义功能时,它才能成为句子的焦点,从而在相关声学特性方面变得韵律突出。

第六章 选择问句焦点的韵律表现

选择问句，指问话人提出并列的两项及以上内容，让答话人进行选择，也是汉语中比较常见的疑问句。它提出若干个选择项作为询问的范围，这些选择项实质上也提供了回答的范围。所以，选择问句的焦点总是落在并列的选择项上。

以往研究关注较多的是选择问句的形式特点以及前后选择项的语义关系（邵敬敏，1996；邢福义，2001；周有斌，2004；丁力，2012）。从形式上讲，选择问句又可以分为前后选择项之间有关联词语相联系的选择问句、前后选择项之间有问号或停顿的选择问句、紧缩的选择问句等。从语义关系上讲，选择项之间可以是对立关系，可以是差异关系，也可以是相容关系（邵敬敏，1996）。本章设计的选择问句包含 A 和 B 两个选择项，前后选择项之间的语义关系为差异关系，例如：

    问：张忠斌星期天修收音机还是修电视机？
          张忠斌星期天修收音机呢？修电视机呢？
          张忠斌星期天修收音机修电视机？

以上句子中的"修收音机"和"修电视机"两个选择项，它们属于同一类，它们之间并不形成截然相反的对立，只是表现出一定的差异。

在汉语疑问句系统中，选择问句是一种比较有特色的问句。与完全不知情的特指问相比，体现出一定的范围性；与以整个句子作为疑问域的是非问句相比，又具有选择性。本章我们来分析选择问句焦点的韵律表现。重点分析：（1）前后选择项之间有关联词语相联系的选择问句的韵律特征；（2）前后选择项之间有问号或停顿的选择问句的韵律特征，及其与语气词"吗"是非问句在韵律特征和疑问功能上的共性与差异；（3）紧缩的选择问句的韵律特征。想要解决的主要问题是：（1）不同焦点位置条件下，选择问句的韵律表现及其表达的疑问功能；（2）焦点位置固定条件下，不同形式选择问句的韵律表现的共性与差异，及其表达的选择疑问功能；（3）具有选择性的选择问句与以整个句子作为疑问域的是非问句焦点的韵律表现有何不同？（4）选择问句中，作为焦点的句法结构与疑问语调标记之间的相互作用。

第一节　前后选择项之间有关联词语相联系

汉语普通话选择问句中，关联词"还是"成为识别选择问的一项重要的外部形式标志（邵敬敏，1996）。"A 还是 B"可以看作选择问句的基式，选择项 A 和 B 负载了问话人特别关注和强调的语义信息，要求听话人针对 A 和 B 给予回答，焦点自然就落在"A 还是 B"上。

一　音高实验结果及分析

阎锦婷等（2014）通过对比分析选择项在不同句法位置的四组选择问句和相应的陈述句在句调域、词调域的音高跨度、上线和下线的分布位置以及语调起伏度方面的表现，考察了前后选择项之间有关联词语"还是"相联系的选择问句及其焦点的音高特征，数据见表6-1-1。

表6-1-1　　　　　选择问句与陈述句的音高对比　　　　　（％）

	句首词			句中词			动词			句末词	
Ⅰ组选择问句（句首选择）	72 26-98	32 46-78	54 28-82	29 32-61	49 7-56						
Ⅱ组选择问句（句中选择）	39 40-79			73 23-96	38 44-82	63 32-95	63 8-71				
Ⅲ组选择问句（动词选择）	38 38-76			36 39-75			69 26-95	57 29-86	33 45-78	67 23-90	56 15-71

续表

	句首词	句中词	动词			句末词	
Ⅳ组选择问句（宾语选择）	44 34–78	42 34–76	49 34–83	70 21–91	19 46–65	36 31–67	69 15–84
陈述句	44 32–76	44 28–72	54 17–71				

表6-1-1中，普通话选择疑问句中，"A还是B"的疑问形式作为一个整体，是话语的强调焦点，起传达疑问信息的主要作用，调域跨度最大。具体地，Ⅰ组选择问的对象是句首主语时，句首词A域宽72%，连接词"还是"域宽32%，B域宽54%；句中词域宽29%，焦点后调域跨度压缩明显，单音动词和句末宾语所在的词调域跨度为49%，跨度也较窄。Ⅱ组选择问的对象是句中时间词时，句首词域宽是39%；句中词A、连接词"还是"和B的域宽分别是73%、38%和63%；句末词的域宽也是63%，焦点后跨度压缩不明显，句末受到疑问语调的影响。Ⅲ组选择问的对象是单音动词，句首词的调域跨度为38%，句中词的跨度为36%，动词A的跨度69%；其后的宾语跨度是57%，连接词"还是"的跨度最小，为33%，动词B的跨度是67%，受其影响，句末宾语的调域跨度为56%。Ⅳ组选择问的对象是句末宾语，句首词域宽44%；句中词域宽42%；单音动词的调域是49%，句末宾语A的调域是70%，连接词"还是"的调域也是全句最小的，只有19%，句末宾语B的调域是69%，前面的单音动词调域跨度为36%，句末焦点在音高范围上也加宽了。而相应的陈述句中，句首和句中词调域跨度比较接近，句末词跨度最大，为54%。

在"A还是B"的疑问形式内部，A和B的调域跨度、音高上线和下线的分布位置是不同的。焦点成分A的调域要大于焦点成分B，差值分别是：Ⅰ组语句18%、Ⅱ组语句10%、Ⅲ组语句2%、Ⅳ组语句1%。可见，选择焦点在句首和句中时，焦点成分A和B的音高差值较大，随着焦点位置的后移，焦点成分A和B的音高差值变小。

调域跨度的对比分析表明，选择焦点所在词调域的跨度比陈述句宽，非焦点所在的词调域跨度比陈述句窄，焦点词与非焦点词的音高对比明显。具体地，Ⅰ组"A 还是 B"的选择形式在句首时，句首词调域跨度比陈述句大 28%，句中和句末词调域跨度分别比陈述句小 15% 和 5%；Ⅱ组"A 还是 B"的选择形式在句中时，句中词调域跨度比陈述句大 29%，句首词调域小于相应的陈述句；Ⅲ组和Ⅳ组"A 还是 B"的选择形式在句末时，句末词调域的音高跨度分别是 80% 和 76%，比陈述句大 22%—26%，句首和句中词调域跨度均小于或等于陈述句。

Ⅰ组语句的疑问焦点是句首主语，句首词调域的上线分布位置较高，达到 98%，句首词到句中词的下降幅度是 21%，句中词到句末词的下降幅度是 5%。焦点在句中的影响较大。Ⅱ组语句的疑问焦点是句中词，所以句首词到句中词的上线是上升的，上升幅度是 17%，句中词到句末词的上线下降，下降幅度是 24%。Ⅲ组和Ⅳ组实验句的疑问形式都在句末，前者的语义中心是单音动词，后者的语义中心是句末宾语。两组语句的句首词调域上线集中分布在 77% 左右，句首到句中词调域上线的下降幅度是 1%—2%，句中词到句末词调域上线的上升幅度为 15%—20%。"A 还是 B"的疑问形式是此类问句的焦点，因此调域上线均显著抬高。陈述句的音高上线则表现为阶梯式下降，下降幅度为 1%—4%。

四组选择问句中，连接词"还是"的下线均提高，数值分别是 20%、21%、16%、25%，下线的提高和上线的下降使其调域跨度压缩。焦点成分 A 和 B 的调域下线均是下降的，下线的下降和上线的抬高使其调域跨度拉大。具体地，Ⅰ组句首词中焦点成分 A 的下线分布在 26% 的位置，焦点成分 B 在连接词"还是"后下降了 18%，焦点后的词调域下线继续下降；Ⅱ组句首词的调域下线是 40%，其后句中词的焦点成分 A 下线下降 17%，焦点成分 B 在连接词"还是"后下降了 12%，焦点后的词调域下线仍继续下降；Ⅲ组句首词的调域下线是 38%，从句首词到句中词，调域下线上升了 1%，句末词中焦点成分 A 和 B 的下线分别下降了 13%、22%；Ⅳ组句首词的调域下线是 34%，句中词和句末词的下线分布位置相同，句末词中焦点成分 A 和 B 的下线分别下降了 13% 和 16%。前两组语句中，焦点成分 A 下线的下降幅度略大于焦点成分 B。陈述句的音高下线仍表现为阶梯式下降，且下降的幅度更大，为 4%—11%。

音高上下线的对比分析表明，作为焦点的选择形式无论处在句首、句中还是句末，其所在词调域的上线均高于自然焦点的陈述句，下线均低于陈述句。如Ⅰ组，选择问句句首词调域的上线是 98%，下线是 26%，陈述句句首词调域的上线是 76%，下线是 32%；Ⅳ 组，选择问句句末词调域的上线是 91%，下线是 15%，陈述句句末词调域的上线是 71%，下线是 17%。

综上所述，与陈述句相比，选择问句的句调域整体扩展。焦点词音高升高、跨度加宽，焦点前音高成分基本不变，焦点后音高下降、调域跨度压缩。句首位置的焦点对全句音高表现影响最大，可以跨过句中词影响句末词，焦点的位置越靠后，受疑问语调的影响越大，焦点凸显程度降低。

不同焦点条件下，"A 还是 B"本身的音高上下线相差不大，上线相差 7%，下线相差 11%，焦点位于句末时下线更低。这一疑问形式作为一个整体，起着传达疑问信息的主要作用，是话语的强调焦点，无论处在句首、句中还是句末的位置，上线的提升和下线的下降均加大了其调域宽度，是全部词调域中域宽最大的，显著大于自然焦点的陈述句。焦点成分 A 的音高跨度和上线的分布值都大于焦点成分 B。位于两个焦点成分之间的连接词"还是"，调域上线下降、下线上升，分布区间是 19%—38%，调域跨度明显收敛，凸显了前后的焦点成分。

二 时长实验结果及分析

10 位发音人所发的前后之间有关联的选择问句，其时长平均值数据见表 6-1-2、表 6-1-3 及图 6-1-1、图 6-1-2、图 6-1-3、图 6-1-4。

表 6-1-2　前后之间有关联词语相联系的选择问句的时长数据　　（时长比）

张	忠	斌	还	是	吴	国	华	星	期	天	修	收	音	机
0.82	1.02	1.22	0.91	0.72	0.84	1.03	1.40	0.87	0.93	1.19	0.81	0.92	0.93	1.39
张	忠	斌	星	期	天	还	是	星	期	一	修	收	音	机
0.79	1.00	1.27	0.85	0.99	1.28	0.81	0.74	0.81	0.99	1.27	0.88	0.94	0.95	1.43

表 6-1-3　前后之间有关联词语相联系的选择问句的时长数据　　（时长比）

张	忠	斌	星	期	天	修	收	音	机	还	是	买	收	音	机
0.80	0.96	1.19	0.76	0.93	1.29	1.22	0.96	0.86	1.16	0.79	0.64	1.24	0.96	0.89	1.35
张	忠	斌	星	期	天	修	收	音	机	还	是	修	电	视	机
0.79	0.96	1.17	0.78	0.90	1.29	0.93	1.01	0.94	1.25	0.88	0.61	0.93	1.02	1.08	1.44

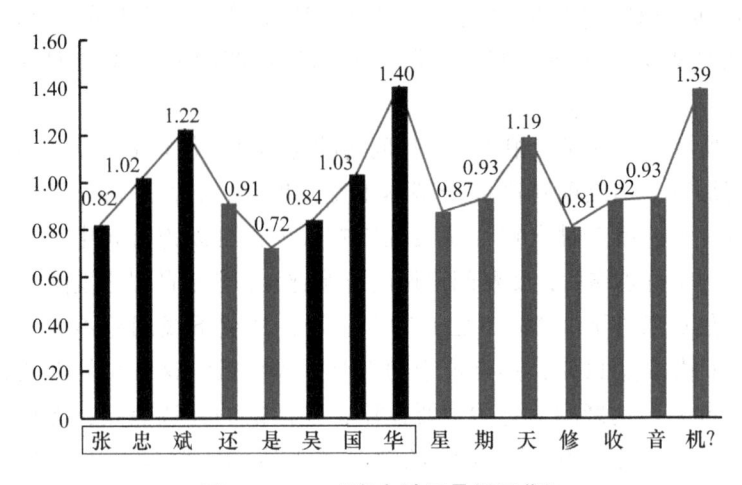

图 6-1-1 "张忠斌还是吴国华"

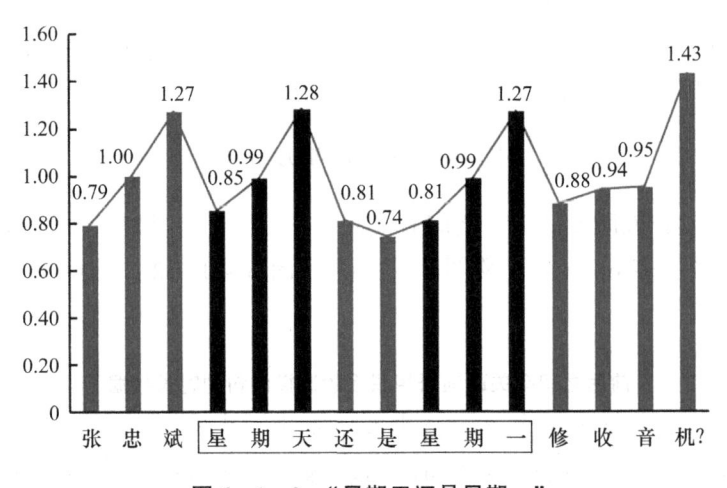

图 6-1-2 "星期天还是星期一"

表 6-1-2 和图 6-1-1 中，当"A 还是 B"位于句首，选择项是主语时，选择项 A 末字的时长比是 1.22，发生了延长；选择项 B 末字的时长比是 1.4，发生了更大的延长；连接词"还是"的时长比分别是 0.91 和 0.72，均未延长，相对来说，"还"读得长一点。两个选择项内部各音节的时长比逐渐变大，曲线的走向是阶梯式上升，选择项 B 的时长变化斜率更大。焦点后面，句中时间词末字时长比为 1.19，比焦点词的时长要短。句末韵律词末字时长比为 1.39，出现了较大的回升，接近焦点成分 B 的停

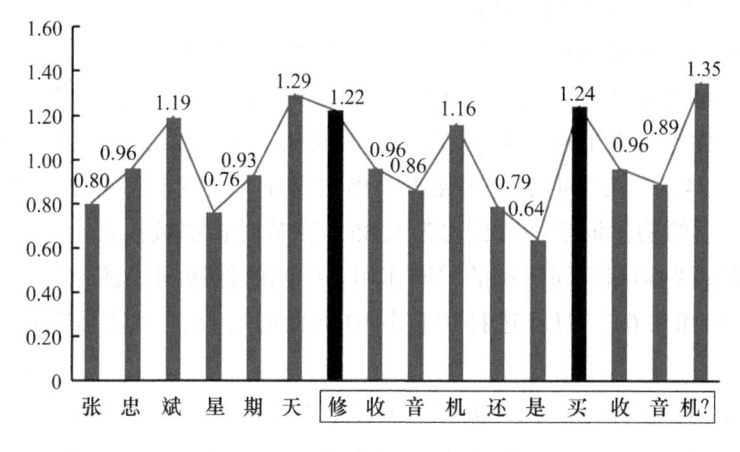

图 6-1-3 "修收音机还是买收音机"

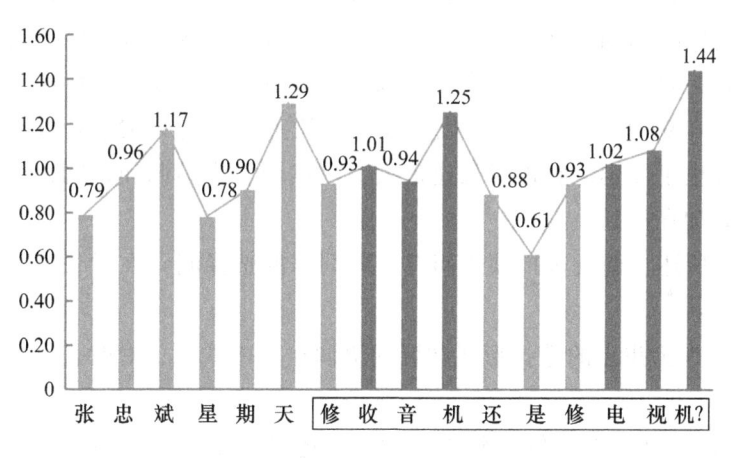

图 6-1-4 "修收音机还是修电视机"

延,说明疑问语调在句中的作用明显。

表 6-1-2 和图 6-1-2 当"A 还是 B"位于句中,选择项是时间状语时,句首词末字时长比为 1.27,与焦点之间设置了一定的停延。焦点成分 A 末字的时长比为 1.28,焦点成分 B 末字的时长比为 1.27,两个焦点词末字时长比非常接近;焦点词内部,选择项 A 的时长比分别是 0.85、0.99、1.28,选择项 B 的时长比分别是 0.81、0.99、1.27,各音节的时长接近或相同,这和选择项位于句首的停延表现不同。连接词"还是"的时长比分别是 0.81 和 0.74,同样是"还"读得相对长一点。句末词末字时

长比为1.43，是全句时长比的最大值。

表6-1-3和图6-1-3当"A还是B"位于句末，选择项是单音动词时，句首词末字时长比为1.19，句中时间词末字时长比为1.29，焦点前的停延比句首大10%。焦点成分A的时长比为1.22，焦点成分B的时长比为1.24，二者在时长上很接近。焦点成分A后的韵律词末字时长比为1.16，B后的韵律词末字时长比为1.35，音节时长都被拉长，句末停延最大，这是边界调和疑问语调的共同作用。中间的连接词"还是"时长比分别是0.79和0.64，随着选择项在句中位置的后移，"还是"读得越来越短。

表6-1-3和图6-1-4当"A还是B"位于句末，选择项是名词性宾语时，句首词末字时长比为1.17，也发生了延长，说明不论选择项位于句中何处位置，句首词末字时长均较长，发音人习惯在主语和谓语间设置停延。句中时间词末字时长比为1.29，也发生了较大的停延，因为后面是强调焦点，要求听话人就给出的范围进行选择。焦点成分A的时长比分别是1.01、0.94和1.25，焦点成分B的时长比分别是1.02、1.08和1.44，基本都发生了停延。句末时长比最大，焦点调、边界调和疑问语调的功能在此处叠加在一起。

综上所述，前后选择项之间有关联词语的选择问句在时长方面有以下几个特点：

（1）作为焦点的选择形式和疑问语调在句中共现，对时长的影响并不削减。

"A还是B"无论位于句首、句中，还是句末，都是问话人特别关注和强调的语义信息，是句子的语义焦点，焦点成分A和B的时长都被大幅拉长。也无论"A还是B"位于句首、句中，还是句末，句末的时长都很长，前字到句末字的时长比斜率大，疑问语调的特征明显。

（2）当选择项位于句首主语时，焦点成分B的停延相对更大，句子主语与后面的成分之间设置了较大的停延；当选择项位于句中时间词和句末单音动词时，焦点成分A和B的延长幅度接近；当选择项位于句末名词性宾语时，焦点成分B的停延相对更大，句末疑问语调表达疑问信息的功能与焦点、边界调的功能叠加在一起，时长比达到了最大峰值。

（3）"A还是B"的疑问形式是位于句末的动词和宾语时，两组语句句首词和句中词的时长表现接近，韵律词末字时长比相差0—2%，差别只体现在句末词上,语义中心的韵律突出。

(4) 连接词"还是"中,"还"读得始终相对长一点,"是"读得始终短一点。

三 音强实验结果及分析

选择项在不同句法位置的前后之间有关联词语相联系的选择问句的音强呈现见表6-1-4、表6-1-5和图6-1-6、图6-1-7、图6-1-8,实验结果取10位发音人的平均值。

表6-1-4　前后之间有关联词语相联系的选择问句的音强数据　　(音量比)

张	忠	斌	还	是	吴	国	华	星	期	天	修	收	音	机
1.14	1.46	1.50	0.72	0.59	0.83	1.12	1.33	0.78	0.96	1.21	0.74	0.87	0.79	0.94
张	忠	斌	星	期	天	还	是	星	期	一	修	收	音	机
1.02	1.37	1.60	0.88	1.14	1.46	0.57	0.56	0.97	0.93	1.17	0.77	0.82	0.73	0.91

表6-1-5　前后之间有关联词语相联系的选择问句的音强数据　　(音量比)

张	忠	斌	星	期	天	修	收	音	机	还	是	买	收	音	机
1.03	1.41	1.60	0.77	1.00	1.46	1.27	1.12	0.83	1.00	0.51	0.50	1.19	0.86	0.67	0.78
张	忠	斌	星	期	天	修	收	音	机	还	是	修	电	视	机
1.00	1.39	1.56	0.74	0.95	1.44	1.01	1.15	0.90	1.09	0.56	0.46	0.95	0.87	0.90	1.00

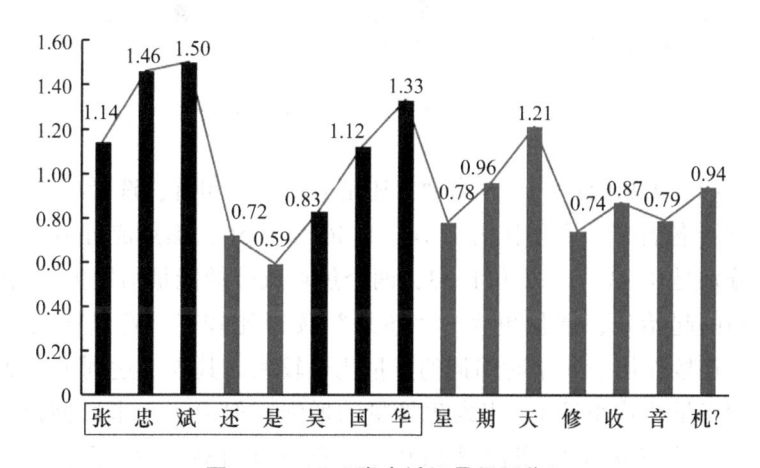

图6-1-5　"张忠斌还是吴国华"

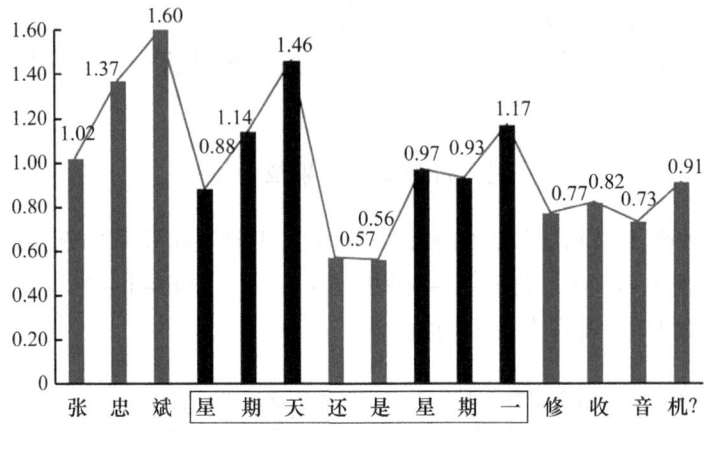

图 6-1-6 "星期天还是星期一"

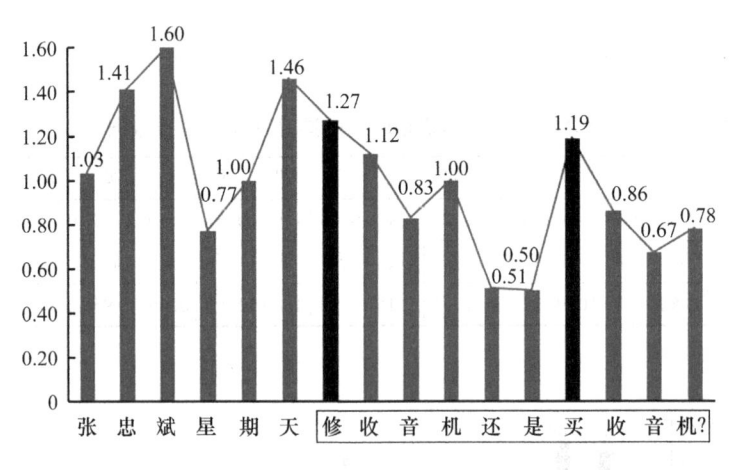

图 6-1-7 "修收音机还是买收音机"

表 6-1-4 和图 6-1-5 当"A 还是 B"位于句首,选择项是主语时,焦点成分 A 各音节的音量比为 1.14、1.46 和 1.50,焦点成分 B 各音节的音量比分别是 0.83、1.12 和 1.33,两个焦点成分的能量均发生了增强,A 位于语句的起始处,能量更大。"还是"读得比较轻,音量比均小于 1,起过渡、连接作用。句中时间词的音量比也较大,其末字达到了 1.21。句末韵律词音量比均小于 1,未发生能量的增强,但由于句末疑问语调的作用,其末字的音量比出现回升趋势,比前字大 15%,接近平均值 1 的水平。

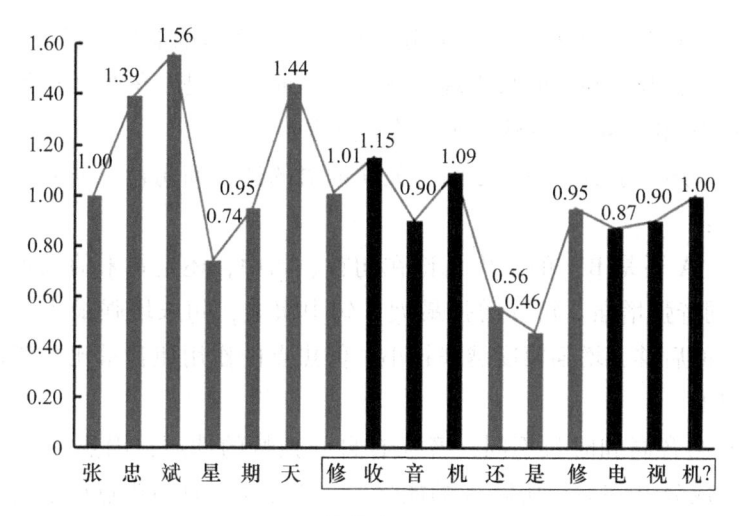

图 6-1-8 "修收音机还是修电视机"

表 6-1-4 和图 6-1-6 当 "A 还是 B" 位于句中，选择项是时间词时，句首韵律词各音节能量同样很强，符合发音的生理特征。焦点成分 A 各音节的音量比分别是 0.88、1.14 和 1.46，焦点成分 B 各音节的音量比分别是 0.97、0.93 和 1.17，能量也发生了增强，A 的音强更大。连接词"还是"的音量比分别是 0.57 和 0.56，读得很轻。句末韵律词各字音位置的音量比均小于 1，其末字能量回升，是疑问语气表达的音强特征。

表 6-1-4 和图 6-1-7 当 "A 还是 B" 位于句末，选择项是单音动词时，句首韵律词各音节音量比均大于 1，句中时间词中字和末字音量比大于等于 1，发生了能量的增强。语义焦点的作用使得焦点成分 A 的音量比达到 1.27，焦点成分 B 的音量比达到 1.19，虽然在句子中间靠后的位置，但音强还是变大了。句末名词性宾语也包含在 "A 还是 B" 的结构里，前面选择项多个音节能量增强（音量比数值为 1.12、0.83、1），后面选择项末尾音节能量回升，从 0.67 升至 0.78。连接词"还是"的音量比分别是 0.51 和 0.5。

表 6-1-4 和图 6-1-8 当 "A 还是 B" 位于句末，选择项是名词性宾语时，句首韵律词各音节音量比均大于 1，末字接近 1.6 的顶峰值。句中时间词末字的音强也较大，音量比数值是 1.44。单音动词不再是强调的重点信息，但仍然包含在 "A 还是 B" 的结构里，前后音量比分别是 1.01 和 0.95，音强也较强。焦点成分 A 内部多个音节的能量增强（音量比数

值是 1.15、0.9、1.09），焦点成分 B 内部多个音节的能量接近 1，末尾音强相对较大，与音高、时长表现一致。连接词"还是"依然读得很轻，音量比是 0.56 和 0.46，凸显了前后的焦点重音。

综上所述，前后选择项之间有关联词语的选择问句在音强方面有以下几个特点：

（1）"A 还是 B"的结构无论在句首、句中，还是句末的位置，焦点所在字/词音强增强。句首增强最大，句中次之，句末增强最小。即随着焦点位置的后移，增强幅度越来越小，但焦点的作用使音量比数值依然保持在 1 以上。

（2）与音高和时长不同，音强有自己独特的性质，因焦点成分 A 在前、焦点成分 B 在后，所以 A 的能量始终大于 B，且当焦点位于句中时间词时，两个焦点词末字的音量比差值最大。当焦点位于句末动词或宾语时，两个焦点音量比差值相对较小。

（3）无论焦点在句中什么位置，以韵律词为单位，音强逐渐减弱的趋势不变，但句末受到疑问语调的影响，末字能量均有回升趋势，当疑问语调与焦点重合时，字音能量回升最大（图 6-1-8 末字音量比为 1）。

（4）"A 还是 B"位于动词和句末宾语时，句首词和句中词的音强表现接近，差别只体现在句末，与时长表现一致。

（5）连词"还是"与其他音节相比，音量比数值很小，相对来说，"还"读得重一点，"是"读得轻一点。

四 小结

前后选择项之间有关联词语相联系的选择问句，它的焦点由 A 和 B 的句法成分充当，因选择的语境不同而有不同的句法位置及重读情况。

首先，无论句法位置如何变换，选择项 A 和 B 始终负载问话人关注和强调的信息，需要答话人从已知范围中进行选择，是语句的焦点。所以，选择项音高上线抬高、调域跨度扩展，音长拉长，音强增大。连接词"还是"起连接的过渡作用，并凸显前后的焦点成分，其整体读得又短又轻，相对来说，"还"读得长一点、重一点，"是"读得短一点、轻一点。

然后，位于不同句法位置的焦点，在音高、时长和音强上有不同的表现。音高上，当"A 还是 B"的选择结构位于句首，即选择对象是句首主语时，句首音高接近最大值 100%，焦点后音高骤然下降 37%，调域跨度压缩明显，句末音高继续下降，调域跨度也在压缩。句首焦点跨过韵律词，影响到了句末。时长上，句首停延最大，句末停延与句首停延接近，焦点后的句中词停延最小。音强方面，则以韵律词为单位逐渐减弱，句末音节能量未发生增强。

"A 还是 B"的选择结构位于句中，即选择对象是作为状语的时间副词时，句首音高接近最大值 100%，焦点后音高骤然下降 25%，焦点后的调域跨度未见明显压缩，焦点前音高基本保持不变。时长上，焦点所在位置的停延与焦点前句首词的停延基本相同，句末停延最大，焦点的表现形式没有抑制句末疑问语调的功能。音强上的表现与句首焦点一致，音量比以韵律词为单位逐渐降低，句末音节能量未发生增强，焦点能量尤其是选择项 A 的音强增大明显。

当"A 还是 B"的选择结构位于句末，即选择对象是单音动词和句末宾语时，焦点的调域跨度比句首和句中窄。时长上，当选择项位于句末时，焦点成分 A 和 B 的时长延长幅度更大，尤其是选择项位于句末是名词性宾语时，焦点成分 B 的停延达到全句最大值，这是叠加在疑问语调、边界调之上的焦点调的表现。音强上，焦点成分 A 的能量始终大于 B，随着焦点位置的后移，焦点词的音强增强幅度减小，但焦点的音强凸显仍然存在。与音高和时长的表现一致，句末焦点受疑问语调和焦点调的相互影响，字音能量有明显回升的趋势。

选择问句中，疑问语调与句法性的焦点表现形式"A 还是 B"相结合，二者共同作用对语句整体的疑问功能产生影响。

本节考察了前后选择项之间有关联词语相联系的选择问句的韵律表现，接下来考察前后选择项之间有问号的选择问句和紧缩的选择问句，以便我们更深入地探究汉语选择问句中焦点的韵律表现，疑问标记和焦点重音的协同作用和量化关系等。

第二节 前后选择项之间有问号

邵敬敏（1996）归纳了五种基本类型的选择问句，其中有四种类型都涉及关联词"是/还是"，有一种类型没用关联词语，就是本节和下节要考察的前后选择项之间有问号的选择问句和紧缩的选择问句。这种类型的问句"往往采用一些并行格式,前后项中用相同项与相异项对应,从而形成供选择的条件,或者辅以语气词'呢'"。

与以整个句子作为疑问域的自然焦点是非问句相比,具有选择性是选择问句的一大特色。本节我们将前后选择项之间有问号的选择问句与语气词"吗"是非问句放在一起做对比分析,考察两种疑问功能不同的疑问句焦点的韵律表现,以及语音韵律与句法语义之间的相互作用。

一 音高实验结果及分析

将每位发音人前后选择项之间有问号的选择问句和自然焦点的语气词"吗"是非问句作为一组,计算得到各自调域的百分比。实验结果取 10 位发音人的平均值。数据及图形如表 6-2-1、图 6-2-1、图 6-2-2 所示:

表 6-2-1　　　　　选择问句与"吗"问句的音高数据　　　　　(%)

	张	忠	斌	星	期	天	修	收	音	机	呢	修	电	视	机	呢
上线	83	86	80	78	75	74	82	90	92	93	76	80	97	74	83	70
下线	41	36	34	31	32	23	29	22	28	10	26	26	24	14	18	20
跨度	42	50	46	47	43	51	53	68	64	83	50	54	73	60	65	50
	张	忠	斌	星	期	天	修	收	音	机	吗					
上线	81	84	82	78	77	73	75	78	82	88	76					
下线	35	29	25	28	25	19	18	17	15	2	25					
跨度	46	55	57	50	52	54	57	61	67	86	51					

从表 6-2-1 和图 6-2-1 可知,前后选择项之间有问号的选择问句,句首词和句中词调域跨度接近,相差 1%,句中词音高略有下降。句末音高上线上抬、下线降低,调域最大化扩展。整体的音高起伏模式与图 6-2-2 语气词"吗"是非问句一致。问号前的句末韵律词即选择项 A 音高上线抬高(从 78% 升到 93%),音高下线降低(从 23% 降到 10%),调域跨度大幅扩展。后面紧跟着的选择项 B 的音高更高一些,但差异比较细微,音高上线、下线和跨度相差 5% 以内。选择形式内部,焦点成分 A 和 B 的音高高于单音动词和语气词"呢",语义信息鲜明。

形式上,这种选择问句前后选择项之间有问号隔开,并辅以语气词"呢",但二者的关系并不割裂,而是作为一个整体,构成了句子的疑问

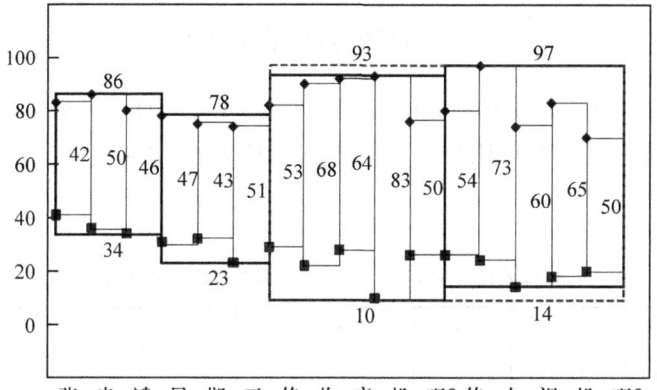

图 6-2-1 选择问句的音高起伏

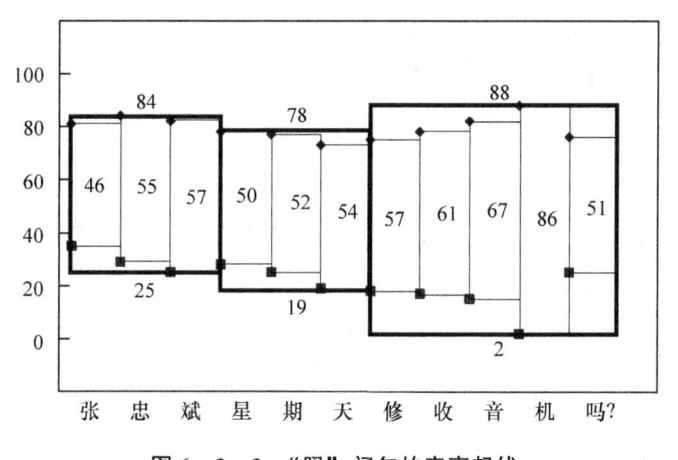

图 6-2-2 "吗"问句的音高起伏

点,要求听话人就此回答。声学上,焦点所在的前后选择项受到焦点调、疑问语调和语气词"呢"的共同影响,音高凸显,焦点成分 A 和焦点成分 B 在音高上都得到了实现,疑问语气连贯到底;听感上,二者也可以被明显感知到。

选择问句与自然焦点的"吗"问句句首词和句中词的音高接近(选择问句的音高下线略高一些),句末差异较大。两种语句句末都有疑问语调的影响,语气词"呢"和"吗"的音高上下线和跨度接近,也就是说,它们对疑问语调的分担作用基本相同,据此我们推断,音高的差异主要来自焦点。两种问句的句调域跨度接近,选择问句句末焦点处的音高范围没有更大。

二 时长实验结果及分析

下面来分析前后选择项之间有问号的选择问句的时长数据,并和自然焦点的"吗"问句做对比分析。具体结果见表6-2-2、图6-2-3、图6-2-4。

表6-2-2　　前后选择项之间有问号的选择问句的时长数据　　（时长比）

	张	忠	斌	星	期	天	修	收	音	机	呢
句1	0.92	0.95	1.08	0.94	0.72	1.28	1.22	0.95	0.96	0.98	1.17
句2	0.78	0.81	1.09	0.86	0.97	1.30	1.14	1.01	0.97	1.11	1.13
句3	0.76	1.00	1.05	0.71	0.93	1.32	1.18	0.88	0.96	1.05	1.13
句4	1.02	0.95	1.34	0.78	0.72	1.24	0.82	0.96	0.75	1.04	1.23
句5	0.83	1.04	1.05	0.84	0.95	1.31	1.13	1.01	0.98	0.99	1.18
句6	0.77	1.04	0.98	0.82	0.86	1.20	1.08	0.90	0.95	1.25	1.19
平均	0.85	0.96	1.10	0.82	0.86	1.28	1.10	0.95	0.93	1.07	1.17
	修	电	视	机	呢						
句1	1.17	0.86	0.91	0.85	0.92						
句2	1.04	0.88	1.05	0.94	0.94						
句3	1.31	0.89	0.80	1.23	0.87						
句4	0.99	1.31	1.10	0.89	0.91						
句5	1.11	0.85	0.77	1.17	0.85						
句6	1.23	0.79	0.79	1.19	0.96						
平均	1.14	0.93	0.90	1.05	0.91						

表6-2-2和图6-2-3显示,前后选择项之间有问号的选择问句中,多个音节的时长比大于1,根据时长比的计算公式,这些音节的时长发生了延长。具体地,句首词三个音节的停延曲线逐渐升高,词尾升高至1.1,音节延长。句中词前两个音节的停延情况相近,词尾陡升至1.28,与后面的选择项之间设置了较大的停延,为后面焦点的引出做了过渡准备。句末作为焦点的选择形式的音长被拉长。

前后两个选择项的停延情况类似,较大的不同在语气词"呢"上。焦点成分A所在的选择项中,单音动词、疑问语气词"呢"及前字时长比分别为1.1、1.17和1.07,第一个问号前的分句句末即两个选择项之间未设

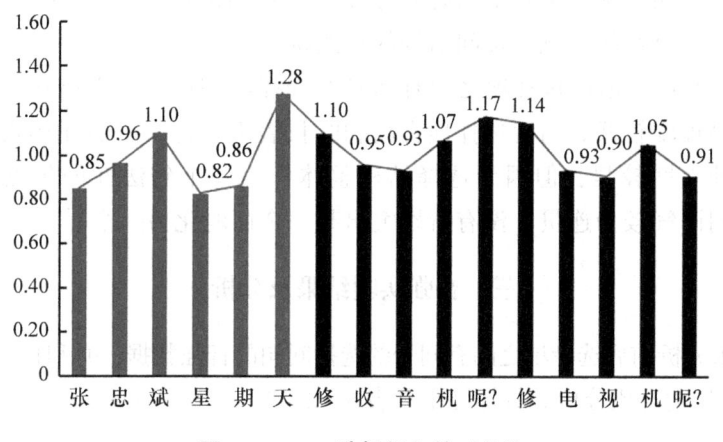

图 6-2-3 选择问句的时长比

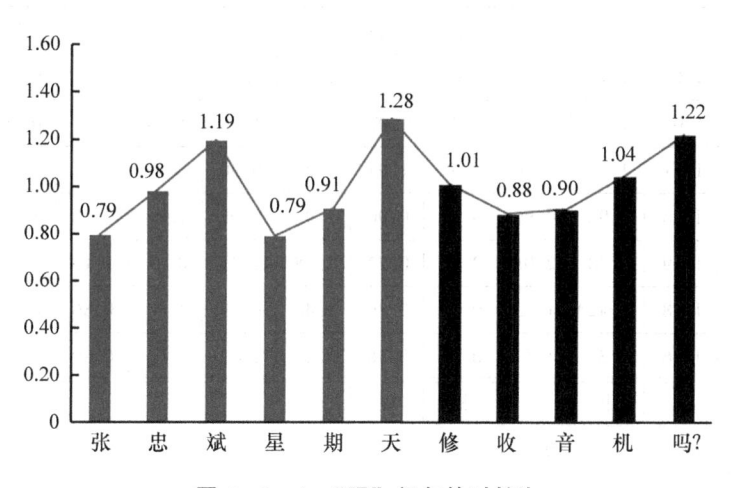

图 6-2-4 "吗"问句的时长比

说明：引自第三章第一节。

置更大的停延，时长比小于句中韵律词末字，说明疑问语气在这里是比较连贯的，句法性的焦点表现形式——选择结构是作为一个整体出现的。焦点 B 所在的选择项中，单音动词的时长比最大（时长比 1.14），"呢"前字时长也发生了延长，且此处的时长曲线回升，表明疑问语调在语句中的重要作用。"呢"的时长比是 0.91，句末时长没有更长。

选择问句整体的停延模式与图 6-2-4 语气词"吗"是非问句一致。两组语句句中词末字的停延都最大，这也反映出选择项 A 与选择项 B 在语义上关系更加紧密,尽管中间有问号隔开。且句末语气词"吗"和"呢"都分担了部分疑问信息,疑问语调的功能减弱。

综上所述,前后选择项之间有问号的选择问句中,焦点所在选择项的时长凸显程度较低。前后选择项音高和时长表现接近,虽然在形式上两个分句的独立性较强,但因为选择结构整体作为一个句法性的焦点表现形式,疑问语气较为连贯,没有特别突出某一个而弱化另一个。

三 音强实验结果及分析

再来分析前后选择项之间有问号的选择问句的音强数据,并和自然焦点的"吗"问句做对比分析。具体结果见表6-2-3、图6-2-5、图6-2-6。

表6-2-3　前后选择项之间有问号的选择问句的音强数据　　　（音量比）

	张	忠	斌	星	期	天	修	收	音	机	呢
句1	1.60	1.10	1.33	0.67	0.51	1.20	1.24	1.23	0.82	0.87	1.15
句2	1.03	1.56	1.48	1.09	1.07	1.25	1.23	1.04	0.88	0.60	0.91
句3	1.11	1.55	1.76	0.68	1.04	1.25	0.90	0.99	0.91	0.94	1.06
句4	1.96	0.92	0.96	0.81	0.96	1.26	1.07	1.16	0.75	1.12	0.95
句5	1.19	1.38	2.08	0.70	0.72	1.18	1.41	0.81	1.12	0.72	0.84
句6	1.28	1.42	1.53	0.79	0.86	1.46	0.89	1.14	0.86	0.53	1.20
平均	1.36	1.32	1.52	0.79	0.86	1.27	1.12	1.06	0.89	0.80	1.02

	修	电	视	机	呢
句1	1.24	1.20	0.62	0.52	0.68
句2	1.04	1.11	0.67	0.48	0.55
句3	1.09	0.69	0.55	0.93	0.55
句4	1.23	1.00	0.80	0.68	0.36
句5	1.43	1.06	0.49	0.29	0.50
句6	1.38	0.40	0.92	0.87	0.52
平均	1.24	0.91	0.68	0.63	0.53

表6-2-3和图6-2-5表明,以韵律词为单位,从句首到句中再到句末,前后选择项之间有问号的选择问句的音强逐渐减弱,句末受焦点、疑问语调、边界调的叠加影响,音量比大于1,发生了音节能量的增强。

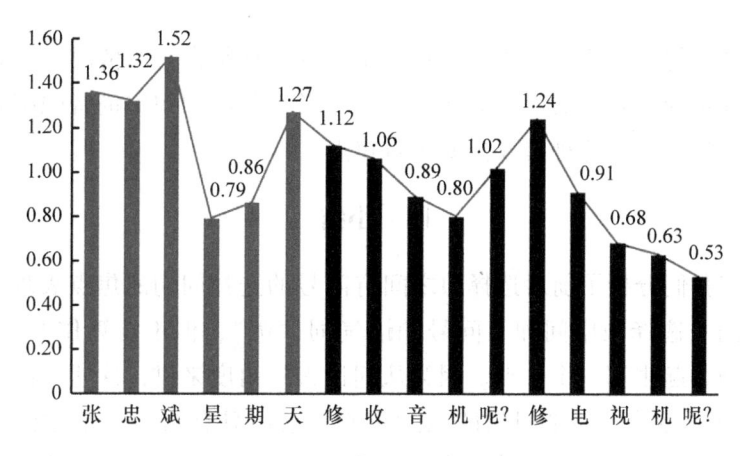

图 6-2-5 选择问句的音量比

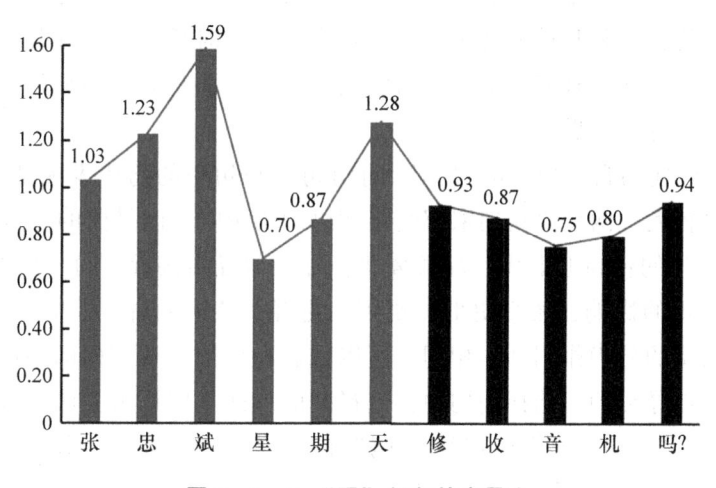

图 6-2-6 "吗"问句的音量比

具体地,句首词三个音节的音量比均在 1.3 以上,末字达到了音量比曲线的峰值,能量最强。句中词能量下降,到词尾处回升至 1.27。前文已经交代,音量比的计算采用了"幅度积"的概念,综合了幅度和音长两个语音参数,句中词末字停延最大,音量比数值也随之较大。焦点成分 A 所在的选择项 A 中多处音量比大于 1,音强增强,疑问语调、疑问语气词"呢"都负载疑问信息,问号前音量比回升。焦点成分 B 所在的选择项中,开头的单音动词音量比数值达到 1.24,后面数值越来越小,到整个句子末尾能量降到最低,它的结束意味着整个句子的结束,"呢 2"比"呢 1"更短更轻。

选择问句与自然焦点"吗"问句的音强表现符合一般情况下发音的生理机制和疑问句独有的语音韵律特点。二者句首词和句中词音强接近，句末音强差异较大，这种差异主要来自焦点。

四 小结

本节我们分析了前后选择项之间有问号的选择问句的焦点表现。这种问句在两个选择项中间加了问号和语气词"呢"，但不能算作两个焦点，而是两项合起来算一个焦点。因为从问话人的角度来讲，这些不同的成分都是他所关心的，都是问句的表达重心，它们只有结合起来才能表示疑问，所以回答时只能选择其中之一作为焦点（刘顺，2003）。从实验结果来看，前后选择项之间的语义关系和韵律关系也确实没有因为问号而被隔开。它们的音高和时长表现接近，即音高升高、时长拉长，且升高和拉长的幅度接近，并没有突出某一个而弱化另一个，而是并列凸显的关系，疑问语气较为舒缓连贯。

选择问句与自然焦点的"吗"问句句首和句中的韵律表现基本相同，句末差异较大。两种语句句末都受疑问语调的影响，问号前的"呢"和语气词"吗"的音高上下线、音高跨度、时长和音强接近，问号后的"呢"受句法位置的影响，读得更低、更短、更轻，整体来讲，"呢"和"吗"对疑问语调的分担作用基本相同，所以二者在韵律表现方面的不同是不同的疑问焦点导致的。选择问句中，选择问的形式是问话人关注和强调的语义信息，所以窄焦点落在这里。"吗"问句是对疑问标记（疑问语调和疑问语气词"吗"）以外整句命题的整体发问，以整个语句作为宽焦点。

不同的焦点表现对疑问功能也产生了影响。选择问句提出若干选择项进行询问，明确地提出了询问的主观范围。"吗"问句则没有明确主观范围，而是对整件事情不清楚、不理解所提出的疑问。

第三节 紧缩的选择问句

上文我们分别分析了前后选择项之间有关联词语和有问号的选择问句焦点的韵律表现，还有一种选择问句，有学者称为"紧缩的选择问句"

（陈立民，2017）。例如：

怎么样啊？输了赢了？
你们打羽毛球打网球？

这种问句采用最直接的并行格式形成供选择的条件，中间没有关联词语，也没有问号和语气词"呢"，于是就得到了一个紧缩的选择问句，看起来像一个句子。本节来分析这种紧缩的选择问句的韵律表现。采用直接朗读语句的方式获取语料，实验结果取 10 位发音人的平均值。

一 音高实验结果及分析

为更清楚地反映紧缩的选择问句的韵律特征，我们将其和前后选择项之间有关联词语"还是"的选择问句放在一起做对比分析。除"还是"外，二者的音节相同，可以直接比较。声学实验得到的音高数据如表 6-3-1、图 6-3-1、图 6-3-2 所示：

表 6-3-1　　　　　　　两组选择问句的音高数据　　　　　　（%）

	张	忠	斌	星	期	天	修	收	音	机	修	电	视	机	
上线	86	86	86	85	79	79	86	93	95	91	67	85	67	67	
下线	49	49	48	38	40	33	33	28	29	21	33	30	14	20	
跨度	37	37	38	47	39	46	53	65	66	70	34	55	53	47	
	张	忠	斌	星	期	天	修	收	音	机	还	是	修	电	视	机
上线	89	87	79	83	79	79	88	93	92	93	60	65	67	92	81	75
下线	43	44	44	37	37	30	31	33	29	16	35	39	28	22	14	21
跨度	46	43	35	46	42	49	57	60	63	77	25	26	39	70	67	54

图 6-3-1 和图 6-3-2 是根据表 6-3-1 做出的图形。紧缩的选择问句取消了两个选择项之间语法上的停顿，形式上减弱了两个选择项的独立性。从图 6-3-1 可知，句首词和句中词音高上线接近，相差 1%。从句首词到句中词，音高下线降低 15%。句中词到作为焦点的选择形式，音高上线抬高了 10%，下线下降了 19%，焦点所在的词调域音高升高。其中，焦点成分 A 所在的位置音高升到最高，调域跨度拉大。从焦点成分 A

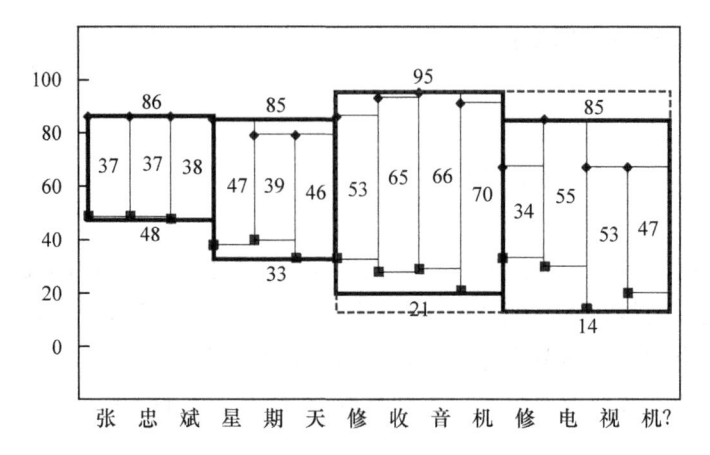

图 6-3-1 紧缩的选择问句的音高起伏

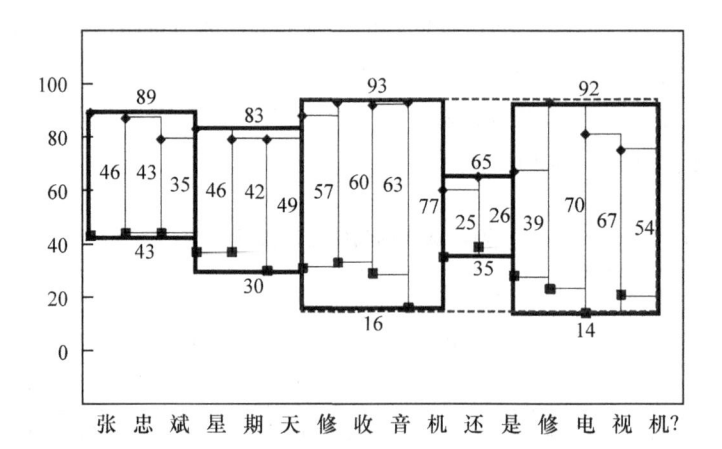

图 6-3-2 有连接词"还是"的选择问句的音高起伏

到焦点成分 B，音高先扬后抑，焦点成分 B 所在词调域的上线 85%，比 A 低 10%，下线 14%，比 A 低 7%，与 A 的调域跨度接近。

整体来看，紧缩的选择问句的音高表现与图 6-3-2 前后选项之间有关联词语相联系的选择问句基本相同，各词调域的音高上线和下线的差值小于 5%。紧缩的选择问句焦点成分 A 所在的选择项音高略高，焦点成分 B 所在的选择项音高则偏低。使用 SPSS 统计软件对两组语句前后选项的调域上线差异分别进行显著性检验，结果显示，两组语句中焦点成分 A 和焦点成分 B 的音高都无显著性差异（$P > 0.05$），也就是说，焦点词的音高升高幅度接近。

紧缩的选择问句与前后选择项之间有关联词语相联系的选择问句都是由选择结构和疑问语调共同传达疑问信息，选择结构中两个选择项共同构成一个焦点，前后两个焦点成分在音高上表现接近。两种语句句首、句中、句末的音高基本相同，细微的差异没有统计学上的意义。

二 时长实验结果及分析

声学实验得到紧缩的选择问句的时长实验结果见表 6-3-2 和图 6-3-3、图 6-3-4：

表 6-3-2　　　　　紧缩的选择问句的时长数据　　　　　（时长比）

	张	忠	斌	星	期	天	修	收	音	机	修	电	视	机
句1	0.87	0.89	0.95	0.94	0.68	1.25	1.19	0.94	0.98	1.27	1.16	0.86	0.83	1.16
句2	0.71	0.84	1.19	0.86	0.92	1.31	1.12	0.96	1.05	1.23	0.87	0.77	0.95	1.16
句3	0.73	0.94	1.14	0.64	0.91	1.30	1.13	0.81	1.01	1.32	1.04	0.80	0.80	1.32
句4	0.92	0.99	1.31	0.72	0.86	1.30	0.86	1.04	0.73	1.23	0.82	1.10	0.98	0.98
句5	0.74	0.98	1.06	0.78	0.89	1.25	1.07	0.97	1.06	1.15	0.99	0.77	0.82	1.44
句6	0.79	1.02	1.09	0.70	0.86	1.19	0.99	0.85	1.01	1.48	1.08	0.76	0.82	1.33
平均	0.80	0.94	1.13	0.77	0.86	1.27	1.06	0.93	0.97	1.28	0.99	0.84	0.87	1.23

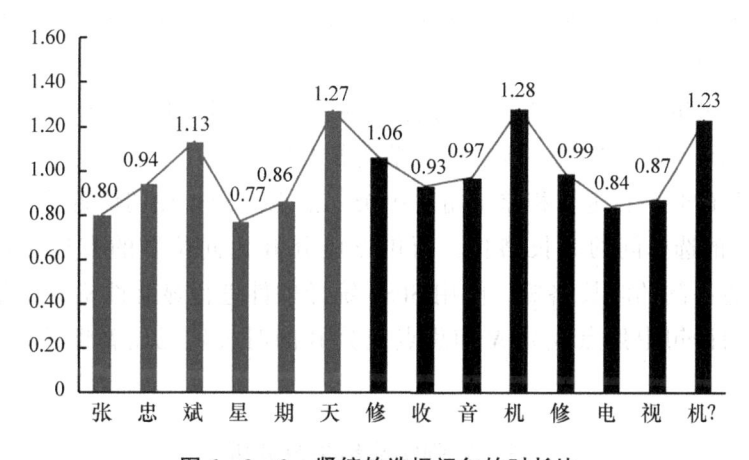

图 6-3-3　紧缩的选择问句的时长比

表 6-3-2 和图 6-3-3 是紧缩的选择问句的时长比数据及据此做出

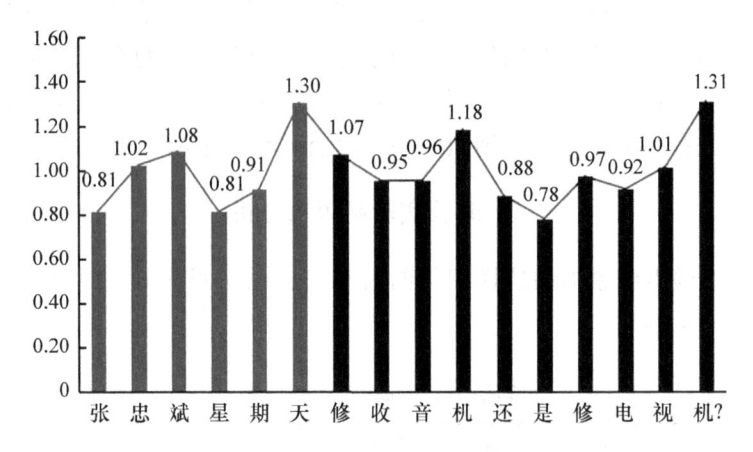

```
  1.60
  1.40                    1.30         1.18              1.31
  1.20      1.02 1.08          1.07
  1.00 0.81      0.81 0.91         0.95 0.96      0.88      0.97 0.92 1.01
  0.80                                       0.78
  0.60
  0.40
  0.20
     0
     张  忠  斌  星  期  天  修  收  音  机  还  是  修  电  视  机?
```

图 6-3-4　有连接词"还是"的选择问句的时长比

说明：引自本章第一节。

的柱状—折线图。句首韵律词和句中韵律词的停延曲线都是逐渐上升的趋势，句首词末字时长比 1.13，句中词末字时长比 1.27，表明句中词与句末词之间停延较大，为后面整个焦点的引出作准备。句末焦点时长拉长，选择项 A 和选择项 B 的停延曲线均是前面略平、末字陡升的趋势。具体地，焦点成分 A 所在的选择项，末字时长比 1.28，前面三个音节的时长范围是 0.93—1.06；焦点成分 B 所在的选择项，末字时长比是 1.23，前面三个音节的时长范围是 0.84—0.99，因处在句末位置的原因，焦点成分 B 的时长比略小。

总体来讲，紧缩的选择问句前后两个焦点成分的时长被同等幅度拉长，疑问语气较为连贯。焦点前音节时长与图 6-3-4 有连接词"还是"的选择问的时长接近，相差不超过 0.05。焦点成分 A 比同位置的有连接词"还是"的选择问的时长略长，而焦点成分 B 比同位置的有连接词"还是"的选择问的时长略短。使用 SPSS 统计软件进行显著性检验的结果显示，两组语句中焦点成分 A 和焦点成分 B 的时长均无显著性差异（$P > 0.05$）。

三　音强实验结果及分析

采用相同的声学实验方法，得到紧缩的选择问句的音强实验结果，见表 6-3-3，根据数据，我们绘制了图 6-3-5、图 6-3-6。

表6-3-3　　　　　　　紧缩的选择问句的音强数据　　　　　　　（音量比）

	张	忠	斌	星	期	天	修	收	音	机	修	电	视	机
句1	1.33	0.97	1.23	0.64	0.47	1.67	1.34	1.13	0.80	1.00	1.19	1.01	0.54	0.68
句2	0.99	1.25	1.47	1.04	0.91	1.15	1.00	0.91	0.81	0.98	0.92	0.73	0.59	0.61
句3	0.97	1.35	1.73	0.66	0.98	1.13	0.79	0.87	0.83	1.18	0.70	0.53	0.49	1.01
句4	1.63	0.96	0.90	0.75	0.97	1.17	1.09	1.15	0.65	1.14	0.75	0.70	0.58	0.60
句5	0.89	1.06	1.91	0.79	0.66	1.11	1.22	0.67	1.04	0.80	1.18	0.83	0.43	0.71
句6	1.21	1.33	1.34	0.72	0.84	1.45	0.83	0.98	0.77	1.07	0.76	0.35	0.83	0.74
平均	1.17	1.15	1.43	0.77	0.80	1.28	1.04	0.95	0.82	1.03	0.92	0.69	0.58	0.72

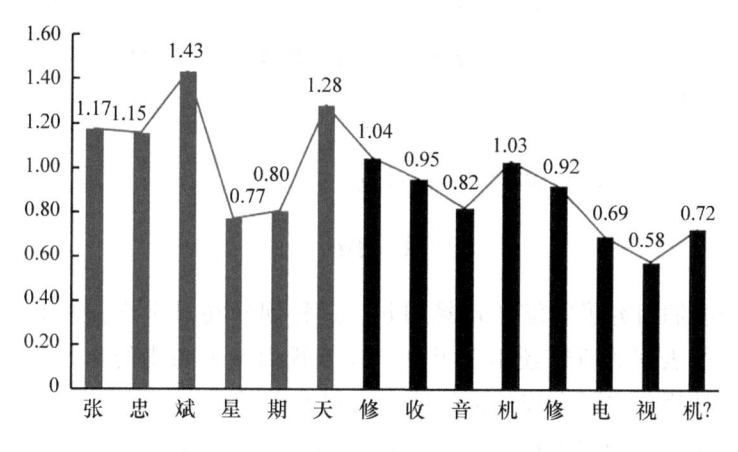

图6-3-5　紧缩的选择问句的音量比

表6-3-3和图6-3-5是紧缩的选择问句的音量比数据及据此做出的柱状—折线图。图中，句首韵律词各音节能量比较大，音量比分别是1.17、1.15和1.43。句中表时间的韵律词能量降低，末字受到韵律边界作用的影响，能量从0.8回升至1.28。焦点成分A所在的选择项能量按照发音的生理条件继续降低，但因是句子的强调焦点，又有疑问语调的作用，末字音节的音量比为1.03，音强增大。后面焦点成分B所在的选择项能量最小，但句末也有回升。

图6-3-5焦点所在的并列选择结构的音量比比图6-3-6同位置的有连接词"还是"的选择问的音量比低一点。同样，我们使用SPSS统计软件，对两组语句焦点所在位置的音强表现进行显著性检验，结果显示，两组语句中焦点成分A和焦点成分B所在的选择项音强均无显著性差异

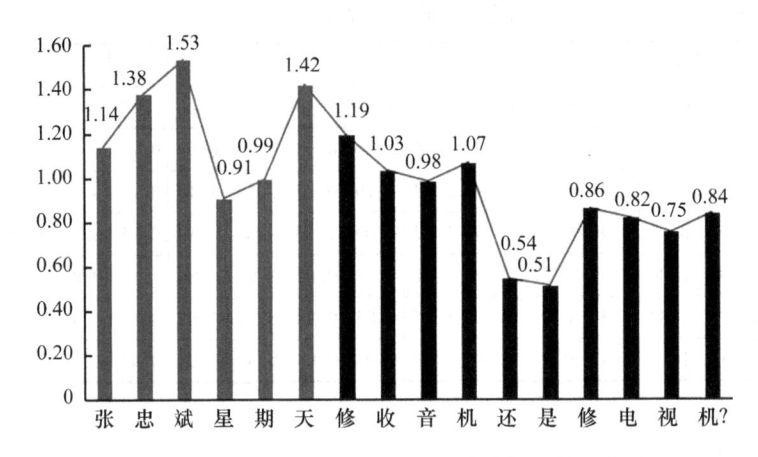

图 6-3-6　有连接词"还是"的选择问的音量比

说明：引自本章第一节。

($P>0.05$)，与时长的检验结果相对应。

四　小结

本节我们研究了紧缩的选择问句，这种问句在日常交流中也很常见，但对其韵律表现的研究还不曾见到。本节我们做了初步的声学实验分析，并和前后选择项之间有连接词的选择问句进行了对比，以便更多地了解选择疑问句焦点的韵律表现。

紧缩的选择问句中，作为焦点的并列选择形式中，焦点成分 A 和 B 的音高和时长接近，位于句子末尾的焦点成分 B 的音强较弱。总之，两个焦点成分并列凸显，与并列的语义关系相对应。

从音高、时长和音强数据及独立样本 t 检验的统计结果来看，紧缩的选择问句和前后选择项之间有连接词的选择问句的韵律模式一致，即焦点的韵律表现一致。尽管前者在形式上取消了连词，焦点成分在句中分布得更紧凑，但因连词"还是"读得又低又短又轻，不是语义表达的中心，不影响两个焦点成分的韵律表现。两种问句疑问功能相同，语音韵律表现相同，有时为了说话的简便，省略连接词等成分。

第七章 余论

本章我们将重点讨论焦点数量、位置和声调对疑问焦点韵律表现的影响，以及疑问句韵律三要素的相关关系，疑问标记在疑问焦点表达中的相互关系这三个问题。

第一节 焦点数量、位置和声调对疑问焦点韵律表现的影响

汉语四种类型的疑问句中，是非问句一般是对整句命题的整体发问，没有其他特殊因素影响的情况下，整个句子是疑问焦点；如果有对比重音或焦点标记，那么是非问句的焦点要落在对比重音或焦点标记所标记的成分上。特指问句的疑问词或含有疑问词的短语是问话人最关注的部分，自然也就成为特指问句的焦点。正反问句通过"X不X"的正反并列格式进行询问，"X不X"是正反问句的焦点或焦点标记。选择问句采用"A还是B"等选择形式进行询问，A、B负载问话人特别强调的语义信息，所以焦点也落在A、B上。

关于不同焦点数量、焦点位置，及声调、音节数目对疑问焦点韵律表现的影响，前文在分析不同类型的疑问句时已经做了初步的探讨，这里，在前文的基础之上进一步深化和拓展，以丰富疑问焦点韵律表现的研究，加深我们的认识。

一 焦点数量的影响

现有研究一致认为，当一句话中同时出现两个焦点时，焦点在韵律上的表现与单焦点条件不同（Jia 等，2010；Wang & Féry，2015；刘璐，

2017；王蓓等，2019）。但已有研究多是针对汉语陈述句，而汉语疑问句有自身结构上特有的标记和语用上特殊的功能等，与陈述句的韵律模式存在较大差别。张夏夏、王蓓（2018）研究指出，疑问句中，窄焦点后成分的音高受两种相互冲突的机制调节：相对于陈述，疑问语气要求语调升高；相对于中性焦点，为凸显窄焦点会使焦点后的音高下降。显然，有窄焦点的疑问句的音高模式要比陈述句复杂得多。

本书第四章特指问句中，包含两个疑问词的特指问句属于双焦点疑问句，我们通过对比两组双焦点特指问（一组包含疑问词"谁"和"什么/哪里"，另一组包含疑问词"什么时候"和"什么/哪里"）和一组单焦点的"什么/哪里"特指问对不同焦点数量的韵律实现做了分析。本节我们补充一个声学实验，通过对比两组单焦点特指问（一组包含疑问词"什么时候"，另一组包含疑问词"什么/哪里"）和一组双焦点特指问（包含疑问词"什么时候""什么/哪里"）对这一问题做进一步探讨。

包含两个疑问词的双焦点特指问句中，两个焦点词距离很近，中间只有一个单音动词。音高上（具体见表7-1-1），两个焦点词的音高上线比非焦点的句首词高6%—11%。第一个焦点后没有显著的音高压缩，相邻的第二个焦点音高升高基本不受影响，且调域跨度扩展，是疑问语调与句末焦点的叠加效应。与单焦点疑问句相比，双焦点句中，两个焦点的音高上线（95%、90%）和对应的单焦点音高（94%、89%）基本相同，调域跨度（62%、79%）和对应的单焦点（65%、73%）基本相同。不同焦点条件下，非焦点的句首词的音高上线和跨度也很接近。显著性检验的结果显示，三组语句音高无显著性差异，即双焦点疑问句的音高并没有因为焦点数量的增加而变得更高。

表7-1-1　　　　单、双焦点条件下的音高上线和调域跨度对比　　　　　　　（%）

	句子上线 调域跨度	句首词上线 调域跨度	句中词上线 调域跨度	句末词上线 调域跨度
单焦点 （"什么时候"）	94 87	85 61	94 65	65 58
单焦点 （"什么"）	89 73	87 54	80 52	89 73
双焦点 （"什么时候""什么"）	95 84	84 55	95 62	90 79

时长上(具体见表7-1-2),双焦点句中,两个焦点在时长延长(1.09、0.92)和对应的单焦点条件(1.14、0.99)上相差不大,对单、双焦点语句的时长比进行显著性检验的结果显示,它们无显著性差异。双焦点句的句首词(非焦点)末字时长比最大,"什么时候"单焦点句句首词末字时长比最大,"什么"单焦点句句中词末字时长比最大,可见,无论是双焦点还是单焦点,特指疑问代词本身时长没有最长,疑问点前都设置了较大的停延。句末焦点的时长延长幅度较小(单焦点0.99,双焦点中第二焦点0.92),与焦点词本身轻声音节有关,也与句法位置有关。

表7-1-2　　　　单、双焦点条件下的时长比对比　　　　　　　(时长比)

	句首词末字	句中词末字	句末词末字
单焦点("什么时候")	1.24	1.14	1.45
单焦点("什么")	1.12	1.25	0.99
双焦点("什么时候""什么")	1.24	1.09	0.92

音强上(具体见表7-1-3),单、双焦点条件下都是句首韵律词音强最大,句中词次之,句末词最小。句子内部焦点成分(句中和句末)的音强没有大于非焦点成分(句首)的音强;与陈述句相比,焦点位置音节的音强也没有变大。一个句子中,位置越靠后的音节通常能量越小,这是主效应;疑问语调、焦点等作用使音节音强变大,这是次效应。

表7-1-3　　　　单、双焦点条件下的音量比对比　　　　　　　(音量比)

	句首词末字	句中词末字	句末词末字
单焦点("什么时候")	1.63	1.13	0.89
单焦点("什么")	1.45	1.29	0.71
双焦点("什么时候""什么")	1.52	1.21	0.74

综上所述,双焦点疑问句中两个焦点的音高、时长和音强与对应的单焦点条件基本相同,焦点数量对疑问焦点的表现没有显著影响,韵律特征并不会因为焦点数量的增加而更加凸显。第一个焦点没有明显的焦点后压缩,相邻的第二个焦点音高凸显略低、时长略短、音强略小,但与同位置的单焦点韵律特征一致。

单、双焦点条件下，焦点及焦点前后成分的音强受主次两种效应调节：第一，句首音强大于句中大于句末的生理机制；第二，疑问调、焦点调促使音强加大。前者是主效应，后者是次效应，两者之间相互影响，但主效应的制约作用明显。

二 焦点位置的影响

单焦点疑问句中，我们在本书第三章分别对比了句首、句中、句末位置是非问句中对比焦点与自然焦点的韵律表现，两两一组做了描述统计。这里，我们将四组声学实验数据全部放在一起分析，以得到不同焦点位置对疑问焦点韵律表现影响的普遍结论。

音高上（具体见表7-1-4），句首、句中、句末的对比焦点所在的词调域音高上线即全句音高上线，调域跨度最大，这是不同句法位置焦点的共同表现。其中，句首和句中焦点音高上线接近（相差3%），与前后非焦点词音高差值大，焦点在音高声学特征上凸显。二者的不同是句首焦点后音高下降、调域跨度显著压缩至全句最小，句中焦点后音高下降，调域跨度没有压缩至全句最小。句末焦点音高上线上升幅度小。全句焦点的是非问句音高上线和调域跨度最大值也在句末，与句末对比焦点数值最接近但更低更窄。

表7-1-4　　不同焦点位置是非问句的音高上线和调域跨度对比　　（%）

	句子上线 调域跨度	句首词上线 调域跨度	句中词上线 调域跨度	句末词上线 调域跨度
句首焦点	96 83	96 69	77 47	78 65
句中焦点	93 80	88 53	93 71	72 59
句末焦点	87 81	84 54	77 53	87 81
全句焦点	81 69	80 50	73 52	81 69

时长上（具体见表7-1-5），句首、句中、句末的对比焦点所在的词

调域末字时长是全句最长的,说明焦点在时长声学特征上凸显。其中,句末焦点时长最长,是焦点和疑问语调叠加的影响。句首和句中焦点后音节时长缩短。全句焦点(即自然焦点)的停延规律与句末对比焦点接近。

表7-1-5　　　　　　不同焦点位置是非问句的时长比对比　　　　　　（时长比）

	句首词末字	句中词末字	句末词末字
句首焦点	1.3	1.11	1.28
句中焦点	1.17	1.28	1.25
句末焦点	1.1	1.2	1.4
全句焦点	1.2	1.21	1.47

音强上(具体见表7-1-6),受生理因素的影响,无论焦点在句中什么位置,句首词末字的音量比都是最大的,然后是句中词末字,句末音强最小,但疑问语气的作用会使句末音强有小幅回升,这是焦点在音强方面的主效应。与全句焦点相比,同位置的对比焦点词音强都没有增强,但非焦点词的音强都减弱,有助于听感上区分重音与非重音。

表7-1-6　　　　　　不同焦点位置是非问句的音量比对比　　　　　　（音量比）

	句首词末字	句中词末字	句末词末字
句首焦点	1.56	1.03	0.87
句中焦点	1.46	1.21	0.8
句末焦点	1.35	1.18	1.07
全句焦点	1.6	1.23	1.07

综上所述,不同位置的疑问焦点的韵律表现有所不同。对比焦点所在的词调域音高最高、调域跨度最大、时长最长、音强最强,与全句焦点(即自然焦点)相比,对比焦点音高升高、调域跨度拉大、时长延长,但音强没有增强,是通过降低非焦点成分的音强而得到重音上的凸显。焦点后音高压缩、时长缩短,但句中焦点后音高压缩不及句首显著,句末受到焦点后和疑问语调双重作用的调节。整体来看,不同位置的疑问焦点的韵律凸显由大到小依次是句首、句中、句末。全句焦点的韵律表现与句末焦点最接近,二者在音高和音强上的差异大于时长上的差异。

三 声调的影响

如前所述,受焦点的影响,普通话四声有不同的音高表现。一般认为,高调(如阴平)被抬高,低调(如上声)被降低(Xu,1999),也有研究指出,焦点对低调作用不显著(贾媛等,2006)。根据我们前文的初步分析,随着焦点位置的不同,音高变化程度可能并不一致。焦点在句首和句中时,音高上线即高调上抬明显;焦点在句末时,音高下线即低调下降明显。疑问句中,疑问语调、字调和疑问焦点纠缠在一起,为详细考察它们之间的相互关系,本节整理分析了两组实验数据:(1)以特指问句"什么时候"为例,在焦点词声调固定条件下,研究前后声调和疑问语调对焦点韵律凸显的影响;(2)以句中焦点是非问句为例,在焦点前后声调一致条件下,研究疑问焦点和语调对焦点词本身声调的影响。

图7-1-1是特指问句"什么时候"的音高图,实验数据取自第8组实验句的第1—4句话。焦点词"什么时候"的音高在阴平句最高(阴平句94%,阳平句86%,上声句和去声句80%),在去声句最低(阴平句、阳平句和上声句都是33%,去声句32%),高音的差异大于低音。方差分析表明,在0.05水平上,焦点词声调固定条件下,在四组语句中的音高上线、下线之间的差异没有统计学意义。也就是说,前后不同声调和疑问语调对疑问代词的韵律凸显没有显著影响。

图7-1-1 特指问句"什么时候"音高

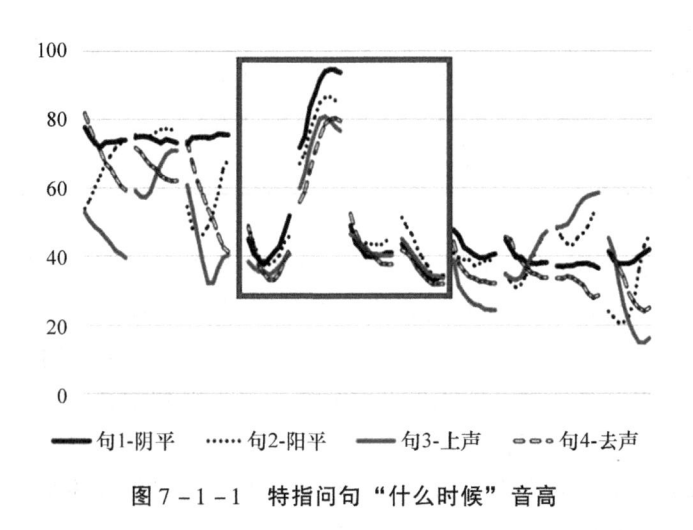

图7-1-2和图7-1-3焦点前后声调一致时,以句中韵律词为最小

对比对，当句中词为焦点时，阴平调增量24%，阳平调增量17%，上声调减量4%，去声调起点处增量24%、终点处减量10%。由此可见，焦点词的音高上线（如阴平、阳平终点、去声起点）被抬高，音高下线（如上声、去声终点）被降低，调域被拉宽。其中上线抬高的幅度更大。独立样本 t 检验结果表明，焦点对高调的增高作用显著：阴平 $t(18)=3.208$，$P=0.005$；阳平终点 $t(18)=4.327$，$P<0.001$；去声起点 $t(11)=5.307$，$P<0.001$。焦点对低调的降低作用不显著：上声 $t(18)=0.146$，$P=0.885$；去声终点 $t(18)=1.381$，$P=0.184$。

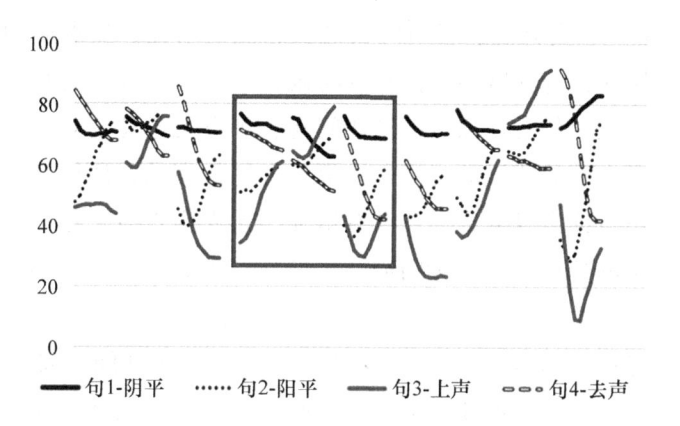

图7-1-2　无对比焦点是非问句音高

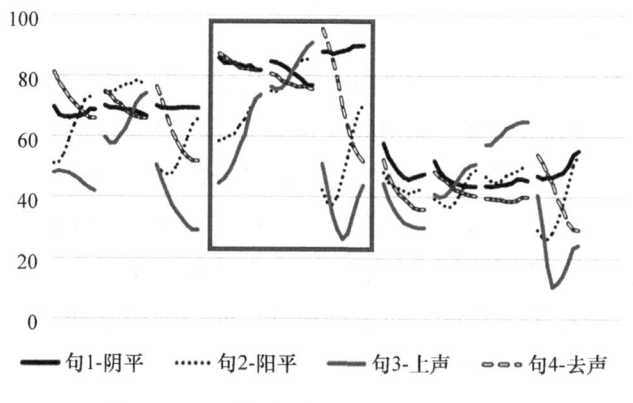

图7-1-3　句中对比焦点是非问句音高

第二节　韵律三要素在疑问焦点表达中的相关关系

汉语疑问句在音高、时长和音强方面的表现大部分情况比较统一，如自然焦点的是非问句，句末音高升高，词调域跨度最大化扩展，时长延长最明显，与陈述句相比，音强也有所增加；又如疑问点在句首的特指问句，疑问词音高最高、时长最长、能量最强；再如"V不VO"正反问句中，"V不V"音高升高，音节时长延长和能量增强，焦点后的音高显著降低，调域压缩，音强减弱。但有些时候，焦点在音高、时长和音强方面的表现并不一致，如对比焦点的是非问句，焦点无论位于句首、句中还是句末，焦点所在的韵律词的音高上线都是全句最高的，调域跨度都是全句最大的，但焦点词本身的音强并没有增强，句末焦点时长也未拉长；又如疑问点在句中的特指问句，疑问词音高最高，焦点后音高压缩，时长却是语句中最小的。

为了从定量的角度考察汉语疑问句不同焦点在疑问信息的表达过程中，音高、时长和音强的相关关系，我们选取自然焦点和对比焦点的是非问句、选择问句（选择结构即语句焦点），以及带"是不是"的正反问句（"是不是"与后面的成分联合构成焦点）为对象，进行了三个参数之间两两的相关分析。

相关分析是分析客观事物之间关系的数量分析方法。Pearson 简单相关系数用来度量两数值型变量间的线性相关关系，以数值的方式精确地反映两个变量间线性相关的强弱程度（薛薇，2017）。得到的相关系数 r 的取值区间是 [-1, 1]。当 r 是正值时，表示两个变量之间是正相关，即一个变量增大，另一个变量也增大，一个变量变小，另一个变量也变小；当 r 为负值时，表示两个变量之间呈负相关，即一个变量增大时，另一个变量变小，或者一个变量变小，而另一个变量增大；当 r=0 时，表示两个变量之间是零相关，即一个变量增大，另一个变量可能增大，也可能变小。相关系数的绝对值越接近 1，表示相关程度越高；反之，越接近 0，表示相关程度越低。不同焦点条件下疑问句韵律参数之间的两两相关分析如表 7-2-1、表 7-2-2、表 7-2-3 所示：

表 7-2-1　对比焦点是非问句韵律三要素之间的相关性（句首）

		音高（调域上线）	时长（时长比）	音强（音量比）
音高	Pearson 相关性	1	.177*	.423**
	Sig.（双尾）		.024	.000
时长	Pearson 相关性	.177*	1	.222**
	Sig.（双尾）	.024		.004
音强	Pearson 相关性	.423**	.222**	1
	Sig.（双尾）	.000	.004	

*. 在 0.05 级别（双尾），相关性显著。
**. 在 0.01 级别（双尾），相关性显著。

表 7-2-2　对比焦点是非问句韵律三要素之间的相关性（句中）

		音高（调域上线）	时长（时长比）	音强（音量比）
音高	Pearson 相关性	1	.028	.225**
	Sig.（双尾）		.725	.004
时长	Pearson 相关性	.028	1	.021
	Sig.（双尾）	.725		.791
音强	Pearson 相关性	.225**	.021	1
	Sig.（双尾）	.004	.791	

**. 在 0.01 级别（双尾），相关性显著。

表 7-2-3　对比焦点是非问句韵律三要素之间的相关性（句末）

		音高（调域上线）	时长（时长比）	音强（音量比）
音高	Pearson 相关性	1	.187*	-.016
	Sig.（双尾）		.017	.844
时长	Pearson 相关性	.187*	1	-.094
	Sig.（双尾）	.017		.236
音强	Pearson 相关性	-.016	-.094	1
	Sig.（双尾）	.844	.236	

*. 在 0.05 级别（双尾），相关性显著。

石锋、温宝莹（2020）将 50 名发音人自然焦点是非问句的韵律三要素进行相关性分析，其中音高取调域比数据，时长取时长比数据，音强取音量比数据。结果显示：时长与音强的相关系数为 0.57，两者间呈强相关；时长与音高的相关系数约为 0.90，两者间呈超强相关；音高与音强的相关系数约为 0.38，两者间呈中等相关。因此他们认为，自然焦点是非问句跟陈述句一致，是以音高为主导的。

表 7-2-1、表 7-2-2、表 7-2-3 的统计结果表明，从不同位置对比焦点韵律三要素，它们之间的相关关系不同，韵律不同步。句首对比焦点的是非问句中，音高、时长和音强要素两两相关，其中音高与时长的相关性系数为 0.177，Sig 值小于 0.05，因此音高与时长之间存在显著的弱正相关关系；音高与音强的相关性系数为 0.423，Sig 值小于 0.01，因此音高与音强之间存在极显著的中等正相关关系；时长与音强的相关性系数为 0.222，Sig 值小于 0.01，因此时长与音强之间也存在极显著的正相关关系，但相关性较弱（0.1—0.3）。

句中对比焦点的是非问句（表 7-2-2）中，音高与时长的相关系数约为 0.028，时长与音强的相关系数约为 0.021，Sig 值均大于 0.05，说明音高与时长、时长与音强之间的相关性在统计学方面不显著。音高和音强的相关系数约为 0.225，Sig 值小于 0.01，因此音高与音强间有极显著的正相关关系。

同理，句末对比焦点的是非问句（表 7-2-3）中，音高与音强，时长与音强之间的相关性在统计学方面不显著。音高和时长的相关性系数为 0.187，它们之间存在显著的正相关关系。

表 7-2-4 紧缩的选择问句中，韵律三要素之间的变化也不同步。音高与音强、时长与音强的相关性在统计学方面不显著，但音高与时长有显著的相关性，相关系数为 -0.177，属于弱负相关（0.1—0.3），即音高升高时时长可能缩短，音高降低时时长可能拉长。

表 7-2-4　　　　　　紧缩选择问句韵律三要素之间的相关性

		音高（调域上线）	时长（时长比）	音强（音量比）
音高	Pearson 相关性	1	-.177*	.067
	Sig.（双尾）		.034	.427
时长	Pearson 相关性	-.177*	1	.066
	Sig.（双尾）	.034		.434

续表

		音高（调域上线）	时长（时长比）	音强（音量比）
音强	Pearson 相关性	.067	.066	1
	Sig.（双尾）	.427	.434	

*. 在 0.05 级别（双尾），相关性显著。

带"是不是"的正反疑问句中，"是不是"与后面的韵律词构成联合焦点，与独立焦点表现不同。表 7-2-5 对带"是不是"的正反疑问句音高、时长和音强进行相关分析的结果表明：音高和时长两个变量的负相关关系不显著，音高和音强间呈极显著正相关关系（r = 0.276，sig. = 0.001），时长和音强间也呈极显著正相关关系（r = 0.269，sig. = 0.001）。

表 7-2-5　　带"是不是"的正反问句韵律三要素之间的相关性

		音高（调域上线）	时长（时长比）	音强（音量比）
音高	Pearson 相关性	1	-.102	.276**
	Sig.（双尾）		.226	.001
时长	Pearson 相关性	-.102	1	.269**
	Sig.（双尾）	.226		.001
音强	Pearson 相关性	.276**	.269**	1
	Sig.（双尾）	.001	.001	

**. 在 0.01 级别（双尾），相关性显著。

以上我们选取了不同焦点类型的疑问句，从定量的角度考察韵律三要素之间的相关关系。研究认为，不同焦点条件下，疑问句中音高、时长、音强的变化不同步，它们之间的相关关系不同，相关程度也不同。有特别强调的语义条件下，句首对比焦点的是非问句韵律三要素两两之间显著或极显著相关，随着焦点位置的后移，这种相关的显著性减弱，句中焦点只有音高与音强显著相关，句末焦点只有音高与时长显著相关。没有特别强调的语义条件下，自然焦点的是非问句和疑问形式作为焦点的选择问句中，音高与时长的相关性显著，音高与音强之间、时长与音强之间常常是不显著相关的关系。联合焦点情况相反，音高与时长之间的相关性不显著，音高与音强、时长与音强之间存在极显著的正相关关系。可见，音高、时长和音强在表征焦点时常常结合在一起使用，并对疑问表达功能产生影响。时长的独立性相对最弱，与音高、音强相关的可能性大，音高的主导性最强。需要说明的是,以上研究结果只是从部分小样本的疑问句中得到的,是否具有普遍意义,尚需进一步验证。

第三节 疑问标记在疑问焦点表达中的相互关系

汉语普通话的疑问标记可以分为四类:疑问语调、疑问语气词、疑问代词及疑问形式("X不X"的正反并列形式、"A还是B"的选择形式等)。它们多数情况下不是孤立的,而是两个或三个标记同时出现在一个疑问句中,共同表达疑问语气意义,这种现象称为疑问标记的复用。

本书第三章至第六章分别考察了是非问句、特指问句、正反问句和选择问句焦点的韵律表现,分别在起伏度、时长比和音量比三个参数上做了较为细致的量化分析。为把不同类型的疑问句放置在同一水平上比较分析,从而对汉语疑问句有一个较为整体和全面的认识,进一步揭示不同的疑问标记在疑问焦点表达中的相互关系,我们将发音人的四种基本类型疑问句的音高、时长和音强数据放在一起,对数据进行处理后制图,然后进行对比分析。

音高方面,将发音人的疑问句半音值数据放在一起,选取一个最高点和一个最低点分别作为调域的两极,即100%和0,计算它们的百分比值。首先,分别计算了每位发音人四种基本类型疑问句的调域上线、下线及音高跨度,然后将男性发音人和女性发音人的音高数据分别进行了平均。最后,二者相加又得到了全体发音人的音高数据,具体见表7-3-1。

表7-3-1 四种类型疑问句之间的语句调域对比 (%)

汉语疑问句		参数	男	女	总
是非问句	语调问句	句调域跨度	(57)	(52)	(54)
		音高上/下线	23—80	28—80	26—80
	带"吗"问句	句调域跨度	(62)	(66)	(64)
		音高上/下线	24—86	18—84	21—85
特指问句	"谁"问句	句调域跨度	(66)	(73)	(70)
		音高上/下线	18—84	14—87	16—86
	"什么时候"问句	句调域跨度	(81)	(73)	(77)
		音高上/下线	12—93	21—94	17—94
	"做什么"问句	句调域跨度	(51)	(60)	(55)
		音高上/下线	25—76	22—82	24—79

续表

汉语疑问句		参数	男	女	总
特指问句	"什么/哪里"问句	句调域跨度	(52)	(60)	(56)
		音高上/下线	26—78	27—87	27—83
正反问句		句调域跨度	(71)	(81)	(76)
		音高上/下线	20—91	12—93	16—92
选择问句	"张忠斌还是吴国华"问句	句调域跨度	(99)	(75)	(87)
		音高上/下线	0—99	20—95	10—97
	"星期天还是星期一"问句	句调域跨度	(95)	(93)	(94)
		音高上/下线	3—98	3—96	3—97
	"修收音机还是买收音机"问句	句调域跨度	(87)	(77)	(82)
		音高上/下线	10—97	16—93	13—95
	"修收音机还是修电视机"问句	句调域跨度	(71)	(74)	(73)
		音高上/下线	22—93	14—88	18—91

表7-3-1中，语调是非问句和语气词"吗"是非问句的调域跨度分别是男性：57%和62%，女性：52%和66%，总体：54%和64%；包含不同疑问代词的特指问句的调域跨度分别是男性：66%、81%、51%、52%，女性：73%、73%、60%、60%，总体：70%、77%、55%、56%；一般正反问句的调域跨度分别是男性71%、女性81%，总体76%；疑问形式在不同位置的选择问句的调域跨度分别是男性：99%（句首）、95%（句中）、87%（动词）、71%（句末宾语），女性：75%（句首）、93%（句中）、77%（动词）、74%（句末宾语），总体87%（句首）、94%（句中）、82%（动词）、73%（句末宾语）。整体而言，正反问句、选择问句，以及疑问点在动词前的特指问句的调域跨度大于是非问句，选择问句的域宽最大。

根据表7-3-1的数据，我们绘制了图7-3-1，以更直观地显示不同类型疑问句之间的音高对比情况。

音高上线、下线的分布位置及二者相减得到的调域跨度给我们呈现了不同疑问标记下的疑问句的相对关系，使我们对汉语疑问句有了一个更全面、直观的了解和量化的认识。图7-3-1中，语调是非问句音高上线和下线数值分别是80%和26%，语气词"吗"是非问句的音高上线和下线数值分别是85%和21%。疑问点在动词及宾语的特指问句的音高上线、

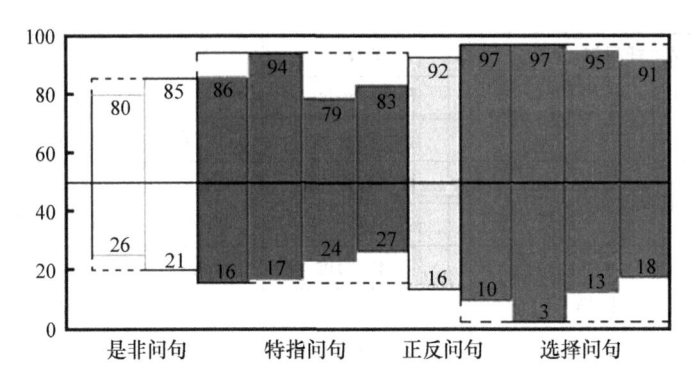

图 7-3-1　不同类型疑问句之间的语句调域对比（总）

调域跨度低于是非问句。疑问点在动词前的特指问句，以及正反问句、选择问句的音高上线位置较高，分布区间为 86%—97%，下线位置较低，分布区间为 3%—18%。

是非问句中，句末音高上线即全句调域的上线，音高下线即全句调域的下线。特指问句中，动词前疑问点的音高上线即全句调域的上线，焦点后音高降低、跨度压缩，所以句末词的音高下线是全句调域的下线；动词后疑问点的音高上线是或接近全句调域的上线，音高下线是或接近全句调域的下线。正反问句中，作为焦点的"X 不 X"正反并列形式的音高上线即全句调域的上线，句末音高下线是全句调域的下线。选择问句中，选择结构的音高上线即全句调域的上线，句末音高下线是全句调域的下线，当选择结构位于句末时，焦点的音高上下线与全句音高上下线重合。由表 7-3-1 和图 7-3-1 可知：

（1）选择项在动词前的选择问句的音高最高、跨度最大，疑问语调与对比焦点共同作用，此时音高凸显程度最强。

（2）选择项在动词后的选择问句和正反问句、疑问代词在动词前的特指问句的音高次高。前者疑问语调、疑问形式与焦点重音的功能叠加，后者疑问代词与疑问语调在句中共同传达疑问信息，音高凸显程度均较强。

（3）疑问代词在动词后的特指问句与是非问句的音高较低。前者，当疑问代词与疑问语调在句末位置重合时，疑问语调的功能减弱。后者，语调是非问句中，疑问语调单独表达疑问语气，由于是自然焦点句，音高上升幅度有限；"吗"字是非问句中，疑问语气相对较弱。

（4）疑问语调在所有疑问句中都起着表达疑问语气的作用。语调是非问句中，疑问语调单独表达疑问语气，其他疑问句中，疑问语调与其他疑问标记共同表达疑问语气。疑问语调与疑问代词、疑问形式两种疑问标记共同使用时，音高凸显程度强；与疑问语气词这种疑问标记共同使用时，音高凸显程度弱。这与语音韵律和句法语义的相互作用有关。疑问代词、V不V和选择形式包含大量的语义信息，焦点的透明度高，在和疑问语调共同作用时相关声学特性方面变得韵律突出。而语气词"吗"只起到传递疑问语气的句法功能，是非问句的疑问焦点不依靠"吗"显示。

（5）疑问语调与疑问焦点共现条件下，焦点在句首和句中位置时，二者通常是叠加的关系；焦点在句末位置时，二者通常是互补的关系。

时长方面，将发音人四种基本类型疑问句的时长数据放在一起，做出整体的时长比柱状图，如图7-3-2所示：

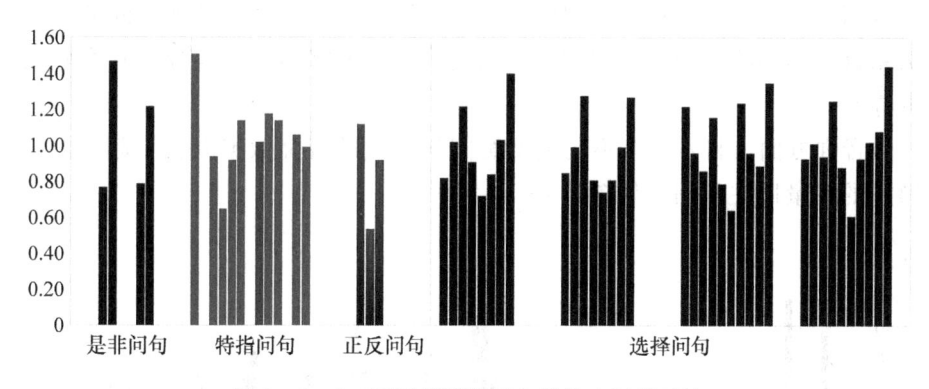

图7-3-2 不同类型疑问句的焦点时长对比

音节时长加长的原因各不相同，有的是因为处于话语的边界位置，有的是因为作为话语中的重读音节（曹剑芬，2005），不同的功能可以叠加在一起。图7-3-2剔除了其他话语边界的音节延长现象，显示的是不同类型的疑问句焦点成分的时长比。观察图7-3-2，可得到如下主要结论：

（1）语调是非问句中，全句焦点最小时长为0.77，最大时长在句末字，约1.5，句末疑问语调表达疑问语气的作用突出；"吗"字是非问句中，全句焦点最小时长为0.79，句末与语气词"吗"时长比均大于1，发生了延长，"吗"的存在分担了部分疑问信息，疑问语气也比语调问弱。

（2）特指问句中，疑问代词的时长比均大于1，这是焦点在时长特征上的凸显。句首焦点"谁"的时长比最大，达到1.5以上，其他都在1.2以下。疑问语调与疑问代词功能重合，疑问代词的疑问信息量最多，句末疑问语调表达疑问语气的功能减弱。

（3）正反问句"X不X"形式的第一个X的时长比大于1，第二个X的时长比接近1，受韵律的影响，与其后成分衔接紧凑，未设置较大的停延。选择问句中，前后选择项末字的时长比均在1.2以上，边界前延长与重读延长叠加，指示话语焦点的位置，增强听话人感知理解的效果。二者都是句法性的焦点表现形式与疑问语调结合使用。

（4）整体来看，单独使用疑问语调表达疑问语气的语调是非问句和特指"谁"问句、选择问句的焦点时长较大，语气词"吗"是非问句、其他特指问句及正反问句的焦点时长较小。音节时长的延长受多种因素的影响。语调问句的疑问功能是表明说话人对一件事情的质疑、惊讶，否定度较高，语气强烈。特指"谁"问句，焦点"谁"位于句首，音节数目少，在音高、时长、音强特征上韵律凸显。选择问句中两个选择项之间的语义关系近，作为韵律词切分的功能标志之一，词末字与周围成分设置有较大的停延。

音强方面，将发音人不同类型疑问句焦点的音强数据放在一起，做出整体的音量比柱状图，如图7-3-3所示：

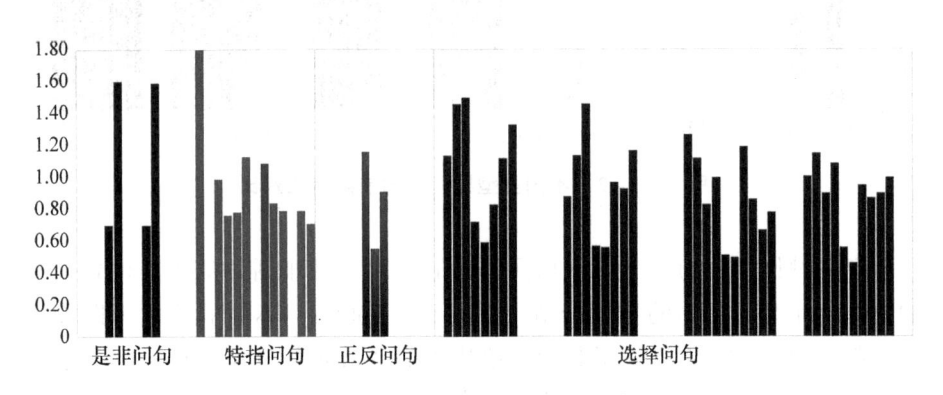

图7-3-3 不同类型疑问句的焦点音强对比

图7-3-3显示的是不同类型疑问句的焦点的音强对比情况。图中显示，四种疑问句焦点的音量比大于1（特指"什么/哪里"除外），说明发生了音节能量的增强，具体地：

（1）是非问句、特指"谁"问句和焦点在动词前的选择问句的音量比较大，其他特指问句、选择问句及正反问句的音量比较小。一方面是受发音生理机制的影响，句子后面音节能量自然下降；另一方面是句末焦点能量增强受限，疑问语调与疑问代词、疑问形式在句末重合时，疑问语调的作用减弱。

（2）图中两种是非问句最大和最小音强一致，因音强最大值在句首，语气词"吗"分担了句末疑问信息，但对句首音强没有影响。

（3）句末能量回升是疑问句的重要标志。语调是非问句的能量回升最明显，句末字能量与前字差距最大，这是疑问语气表达中疑问语调在音强方面的典型特征。

综上所述，疑问标记在疑问焦点表达中的相互关系是比较复杂的。不同类型的疑问句，疑问信息量的多少不同，疑问程度的强弱不同，疑问焦点的位置不同等，疑问标记也就会有功用上的差异。语调是非问句中，疑问语调单独表达疑问语气，句末韵律凸显。语调问句除外的疑问句中，疑问语调与其他疑问标记共同表达疑问语气，共同对疑问表达功能产生影响，其中疑问代词和疑问形式还显示疑问焦点。疑问语调与其他疑问标记在句末重合时，它们之间互补的可能性很大，即疑问语调的作用仍然存在并贯穿句子始终，但功能有所减弱。

我们的实验结果支持吴宗济（1982）、胡明扬（1987）、劲松（1992）等学者关于疑问标记在疑问句表达中的相互关系的结论，用量化的实验数据客观地描述了不同类型疑问句句调域、词调域的音高位置、跨度和音高起伏度、时长比、音量比等方面的规律性表现，得到了进一步的结论。

第八章 结语

疑问和焦点是两个重要的语法范畴，学界对于汉语中疑问范畴和焦点范畴的研究取得了很多引人注目的成果，但疑问与焦点关系的研究却比较薄弱。本书首先点明了选题的背景和依据，然后系统地研究了汉语疑问句焦点的韵律表现，重点在于利用声学实验的方法，考察不同类型、不同位置、不同数量的疑问焦点的音高、时长、音强特征，结合语义、语用特征，分析疑问形式对焦点的影响，及焦点的韵律表现对疑问功能的影响等，从另一个角度进一步揭示疑问与焦点的关系。本书也对韵律三要素在疑问焦点表达过程中的相关关系，以及疑问语调与其他疑问标记在表达疑问信息时的相互作用等作了初步的探讨。

是非问句是疑问句的四种类型之一，其疑问范围的构成总是确定的。形式上，是非问句可以分为语调问句和语气词问句两种，"吗"是典型的疑问语气词。语调和语气词都不是语句的焦点，是非问句的疑问焦点不依靠语调和语气词显示。整体来看，自然焦点的是非问句，句末音高上升、时长延长、音强大幅回升，但两种是非问句的功能侧重不同，焦点的韵律表现也不同。语调问句传达的是"倾否"信息，只用语调表达疑问语气；"吗"字问传达的是"求知"信息，是语调和语气词共同表达疑问语气。在音高方面，语调问句的句调域提高程度更大，句首和句中词调域跨度缩小更多，句末词上线提升程度更大。在时长和音强方面，语调问句的句末字时长更长，音量更强，单音动词的时长更短，音量更弱。

在一定语境中，说话人出于对比目的而有意强调某一部分的信息就形成了对比焦点。基本上，对比焦点所在的词调域音高升高、调域加宽、时长加长，焦点前音高、时长不变，焦点后音高降低、调域压缩、时长变短。音强在焦点的韵律特征中有独特的表现，焦点所在的韵律词的音强并不增强，但焦点前后音强减弱，听感上比较强。当焦点与疑问语调、疑问语气词共现时，它们之间的关系是复杂的，不同类型的是非问句、不同位置的对比焦点的韵律表现并不相同。句末焦点在声学上韵律凸显程度较低，在感知上正确率也较低。

声学实验和感知实验的结果表明，句末对比焦点与自然焦点容易相混。但通过对比分析全句焦点的回声问句、句末对比焦点的是非问句与自然焦点的是非问句的韵律模式，可以推断，通常所说的自然焦点是非问句应是全句焦点，而非句末焦点。

特指问句用疑问代词提出疑点，要求对方针对疑点作出回答，疑问代词就是特指问句的焦点。一个特指问句可以有一个疑问焦点，也可以有多个疑问焦点。一般特指问句中的疑问代词即语句单焦点，疑问信息量多。焦点在动词前和动词后的韵律模式有规律性的差异。"谁"的韵律凸显度高，"什么"和"哪里"表现出边缘效应。

包含两个疑问词的特指问句构成双焦点疑问句，其韵律特征的实现不受双焦点位置远近的影响。双焦点在基频升高值、时长延长量和音强增强量上与对应的单焦点条件基本相同。第一个焦点后没有压缩，不影响第二个焦点的凸显。疑问代词"谁"的发音更高、时长更长、音强更大，对与其共现的其他疑问代词的韵律特征产生一定影响。特指问句与选择问句组成的混合形式中，两种语句各自实现韵律特征，这时的特指问分句并没有因为后接封闭性预设的选择问句而表现出不同的韵律模式。

正反问句采用"X不X"的正反并列形式进行询问，结构形式灵活多变。一般正反问句中，"V不V"并列形式是句子的焦点，要求对方就问话人所关注的重点作出回答，音高升高且焦点后音高压缩明显，前一个V读长音、重音，后一个V读得较短较轻。"VO不"和"VO没有"问句也是常见的正反问句，有相同的并列形式焦点的韵律表现。但它们的疑问功能不同，"VO不"问的是主观态度，是一种未然体，"VO没有"问的是客观情况，是一种已然体，句中V的韵律特征显示了较浓的强调色彩。

如前所述，正反问句的表达形式最为丰富多样。除了我们非常熟悉的"V不VO"正反问（也称"一般正反问句"）和"VO不""VO没有"正反问，还有带"是不是"的正反问，以及作为附加问句的正反问等。在无特别语义强调和感情色彩条件下，"是不是"与其后的句法成分联合构成语句的焦点。与独立焦点相比，联合焦点的韵律凸显程度较低，音高升高，但时长和音强基本未变。联合焦点后音高小幅降低、时长小幅缩短、音强小幅减弱。作为附加问句的正反问句,语义已变得贫乏,不再作为焦点,而是作为一种句末焦点标记,凸显前面的语句。前面的语句与陈述句的功能相似,却在一定程度上表现出疑问句的韵律特征,句末音高小幅上升,调域跨度加大,时长延长,音强回升。

选择问句提出若干个选择项作为询问的范围,这些选择项实质上也提供了回答的范围,所以,选择问句的焦点总是落在并列的选择项上。前后选择项之间有关联词语相联系的选择问句,其焦点由 A 和 B 的句法成分充当,因选择对比的语境不同有不同的句法位置及重读情况。前后选择项之间有问号的选择问句仍然是一个疑问焦点,前后选择项之间的语义关系和韵律关系也没有因为问号而被隔开。焦点的两个成分在音高和时长方面都有实现,并没有突出某一个而弱化另一个,而是并列凸显的关系,疑问语气较为舒缓连贯。紧缩的选择问句中焦点的两个成分也并列凸显,与前后选择项之间有连接词的选择问句的韵律模式基本相同。

本书结尾进一步分析了焦点数量、位置和声调对韵律特征的影响,同时对音高、时长和音强的相关关系以及疑问标记在疑问焦点表达中的相互关系做了初步探讨。疑问焦点受疑问标记、句法结构、句法位置、韵律边界及疑问功能等交互作用影响,焦点的韵律表现不及在陈述句中稳定。同时,焦点数量对疑问焦点的表现没有显著影响,韵律特征并不会因为焦点数量的增加而更加凸显。焦点位置会影响疑问焦点的表现,句首焦点的韵律特征最凸显,其次是句中焦点,最后是句末焦点,全句焦点与句末焦点接近。焦点词声调固定条件下,前后不同声调和疑问语调对疑问代词的韵律凸显没有显著影响。焦点前后声调一致条件下,焦点对高调的增高作用显著,对低调的降低作用不显著。

疑问句中,韵律三要素在表征焦点时都起到重要作用,并对疑问表达功能产生影响,但它们的变化并不同步。音高的主导性是最强的,时长的独立性相对最弱,与音高、音强相关的可能性大。疑问语调、疑问语气词、疑问代词及疑问形式几种疑问标记同时出现于疑问句中时,各自所处的地位、所起的作用有所不同,形成了疑问句内容与形式之间错综复杂的关系。

本书将疑问和焦点两大热门课题结合起来,从疑问焦点的韵律视角谈疑问与焦点的关系,比起以往对疑问和焦点两大范畴进行的独立研究和较多关注疑问句中焦点的确定方式等研究,这是一种研究视角的创新。前人对焦点的韵律表现研究集中在陈述句。本书在此基础上，作了进一步量化研究和扩充，主要研究对象是不同类型的汉语疑问句焦点的韵律表现。利用语音实验的方法，录制现代汉语不同类型的疑问句语料，对疑问句焦点的韵律表现进行较为系统地研究，提供客观量化的实验数据，与语义、句法、语用结合，以相互补充和验证。精力所限，书中只分析了一般疑问焦点，没有分析如"非疑问形式+呢"问句，叹词独用疑问句，及反问句等特殊疑问句焦点的韵律特征。一般疑问焦点中，仅选择性地对比了部分疑问句和陈述句，未能全面系统地对比分析所有疑问句与陈述句，以及不同类型疑问句之间的韵律差异。另外，参与实验的对象均为高校师生，数据范围受限，且书中仅展示了发音人数据的平均值，未能呈现个体数据。受测人的性别、年龄、母语背景等个体差异导致的韵律差异也应该得到重视。今后，实验的取材还可以利用实际对话或各种现代汉语数据库资源，以实现交际语言韵律的自然流露，获取更加客观的数据。

本书的内容丰富了语言学理论中对疑问和焦点的研究，对于考察不同类型汉语疑问句中不同数量、位置和构成方式的焦点的韵律表现，进一步揭示疑问与焦点的关系等具有重要的理论意义。另外，当前语言技术对语言的影响越来越大，可以用来解释语言的发展变化、分析语言的原理机制等。汉语疑问句焦点的韵律研究就是这样一种实践。对不同类型疑问句的韵律特征进行技术分析，通过实验分析和数据统计来得出结论，深化我们对汉语疑问句焦点的韵律表现的认识。同时，汉语疑问句焦点的韵律研究可为汉语教学、言语信息工程、信息化产品等提供数据上的参考。

疑问和焦点一直是语法学界探讨的热门课题。我们看到，汉语疑问句和焦点的研究已经取得了一系列的重要成果，相关的研究还在进行中，未来，还有广阔的空间值得我们去探索。

参考文献

中文著作、论文集（以汉语拼音为序）

蔡维天、李宗宪：《谈汉语焦点的韵律机制——句法韵律接口的个案研究》，收入冯胜利主编《韵律研究（第一辑）》，科学出版社2016年版。

曹文：《汉语焦点重音的韵律实现》，北京语言大学出版社2010年版。

陈昌来：《现代汉语句子》，华东师范大学出版社2000年版。

丁力：《汉语语法问题研究》，陕西出版集团三秦出版社2012年版。

丁声树等：《现代汉语语法讲话》，商务印书馆1961年版。

胡明扬：《关于北京话的语调问题》，《北京话初探》，商务印书馆1987年版。

胡明扬：《现代语言学的发展趋势》，《语言研究》，1981年。

黄伯荣、廖序东：《现代汉语》（增订五版），高等教育出版社2011年版。

贾媛、马秋武、李爱军：《普通话五字组焦点成分时长分布模式研究》，《促进西部发展声学学术交流会论文集》，2007年。

贾媛、熊子瑜、李爱军：《普通话焦点重音对语句音高的作用》，《2006年语音研究报告》，2006年。

林焘、王理嘉：《语音学教程》，北京大学出版社1992年版。

刘丹青：《语法调查研究手册》，上海教育出版社2008年版。

刘月华、潘文娱、故韡：《实用现代汉语语法》（增订本），商务印书馆2001年版。

吕叔湘：《语法学习》，复旦大学出版社2006年版。

吕叔湘：《中国文法要略》，商务印书馆1942年版。

邵敬敏：《现代汉语疑问句研究》，华东师范大学出版社 1996 年版。

邵敬敏：《现代汉语疑问句研究》（增订本），商务印书馆 2014 年版。

邵敬敏主编：《语法研究与语法应用》，北京语言学院出版社 1994 年版。

沈炯：《北京话声调的音域和语调》，收入林焘、王理嘉等著《北京语音实验录》，北京大学出版社 1985 年版。

石锋、梁磊、王萍：《汉语普通话陈述句语调的停延率》，收入潘悟云、沈钟伟主编《研究之乐——庆祝王士元先生七十五寿辰学术论文集》，上海教育出版社 2010 年版。

石锋：《为什么韵律三要素不同步？》，《第十三届全国语音学学术会议论文集》，2018 年。

石锋编著：《语调格局——实验语言学的奠基石》，商务印书馆 2013 年版。

石毓智、李讷：《汉语语法化的历程》，北京大学出版社 2001 年版。

王洪君：《汉语非线性音系学》（增订版），北京大学出版社 2008 年版。

王韫佳：《普通话疑问语气表达的复杂性》，《第八届中国语音学学术会议暨庆贺吴宗济先生百岁华诞语音科学前沿问题国际研讨会论文集》，2008 年。

王韫佳：《试论普通话疑问语气的声学关联物》，收入北京大学汉语语言学研究中心《语言学论丛》编委会编《语言学论丛 第三十七辑》，商务印书馆 2008 年版。

吴为善：《汉语韵律句法探索》，学林出版社 2006 年版。

邢福义：《汉语复句研究》，商务印书馆 2001 年版。

邢公畹主编：《现代汉语教程》，南开大学出版社 1995 年版。

徐杰：《普遍语法原则与汉语语法现象》，北京大学出版社 2001 年版。

徐烈炯、刘丹青：《话题的结构与功能》，上海教育出版社 1998 年版。

徐烈炯、刘丹青：《话题与焦点新论》，上海教育出版社 2003 年版。

徐烈炯、潘海华：《焦点结构和意义的研究》，外语教学与研究出版社 2005 年版。

徐世荣：《普通话语音常识》，语文出版社 1999 年版。

薛薇编著：《基于 SPSS 的数据分析》（第四版），中国人民大学出版社 2017 年版。

闫亚平：《现代汉语附加问句研究》，上海人民出版社 2017 年版。

叶苍岑：《现代汉语法基本知识》，北京教育出版社 1986 年版。

叶军：《汉语语句韵律的语法功能》，华东师范大学出版社2001年版。
袁毓林：《汉语句子的焦点结构和语义解释》，商务印书馆2012年版。
袁毓林：《现代汉语祈使句研究》，北京大学出版社1993年版。
张伯江、方梅：《汉语功能语法研究》，江西教育出版社1996年版。
赵元任：《汉语口语语法》，商务印书馆1979年版。
周韧：《现代汉语韵律与语法的互动关系研究》，商务印书馆2011年版。
朱德熙：《语法讲义》，商务印书馆1982年版。

学位论文（以汉语拼音为序）

柴丹丹：《普通话不同语用功能疑问句的语调研究》，硕士学位论文，南京师范大学，2017年。

郭婷婷：《现代汉语疑问句的信息结构与功能类型》，博士学位论文，武汉大学，2005年。

黄璐：《中高级阶段泰国留学生汉语是非问句语调习得实验分析》，硕士学位论文，上海外国语大学，2020年。

金红：《现代汉语特指反问句的焦点》，硕士学位论文，苏州大学，2008年。

刘璐：《句法结构对焦点范围的限定作用——汉语普通话单焦点和双焦点对比研究》，硕士学位论文，中央民族大学，2017年。

龙娟：《正反问句和"吗"字是非问句的对比分析及习得研究》，硕士学位论文，华中师范大学，2011年。

阮吕娜：《汉语疑问句语调研究》，硕士学位论文，北京语言大学，2004年。

苏若阳：《汉语是非问句的历时发展与类型嬗变》，博士学位论文，暨南大学，2018年。

王娟：《疑问语气范畴与汉语疑问句的生成机制》，博士学位论文，华中师范大学，2011年。

王琼：《绍兴方言陈述句与疑问句的语调实验研究》，硕士学位论文，绍兴文理学院，2017年。

王媛媛：《现代汉语回声话语研究》，硕士学位论文，华东师范大学，

2008 年。

吴宇晴：《南宁普通话疑问句语调实验研究》，硕士学位论文，广西大学，2017 年。

阎锦婷：《留学生汉语"洋腔洋调"的实验研究》，博士毕业论文，北京语言大学，2016 年。

期刊论文（以汉语拼音为序）

曹剑芬：《汉语声调与语调的关系》，《中国语文》2002 年第 3 期。

曹剑芬：《音段延长的不同类型及其韵律价值》，《南京师范大学文学院学报》2005 年第 4 期。

陈妹金：《北京话疑问语气词的分布、功能及成因》，《中国语文》1995 年第 1 期。

陈茸、石媛媛：《普通话疑问句语调的声学实验分析》，《牡丹江教育学院学报》2009 年第 4 期。

陈怡、石锋：《普通话强调焦点句语调的音高表现》，《南开语言学刊》2011 年第 1 期。

陈治安、文旭：《论言语交际中的回声话语》，《解放军外国语学院学报》2001 年第 4 期。

程凯：《汉语是非疑问句的生成解释》，《现代外语》2001 年第 4 期。

单威：《特指问表否定用法研究》，《佳木斯大学社会科学学报》2010 年第 5 期。

丁力：《从问句系统看"是不是"问句》，《中国语文》1999 年第 6 期。

丁雪欢：《留学生汉语正反问句习得中的选择偏向及其制约因素》，《世界汉语教学》2008 年第 4 期。

端木三：《重音理论和汉语的词长选择》，《中国语文》1999 年第 4 期。

范继淹：《是非问句的句法形式》，《中国语文》1982 年第 6 期。

方经民：《有关汉语句子信息结构分析的一些问题》，《语文研究》1994 年第 2 期。

方梅：《汉语对比焦点的句法表现手段》，《中国语文》1995 年第 4 期。

冯胜利：《汉语韵律句法学引论（下）》，《学术界》2000 年第 2 期。

冯胜利:《论汉语的"自然音步"》,《中国语文》1998年第1期。
傅玉:《现代汉语选择疑问句的形式句法研究》,《外语教学与研究》2020年第4期。
郭举昆:《特指疑问句的非疑问功能及使用心理》,《外语研究》2003年第4期。
郭锐:《"吗"问句的确信度和回答方式》,《世界汉语教学》2000年第2期。
郭婷婷:《现代汉语"吗"问句的信息结构与功能类型》,《华中科技大学学报》(社会科学版)2005年第3期。
黄伯荣:《"水浒传"疑问句的特点》,《兰州大学学报》1958年第2期。
黄国营:《"吗"字句用法初探》,《语言研究》1986年第2期。
黄靖雯:《焦点词在陈述句不同位置的韵律表现》,《汉语学习》2019年第6期。
黄贤军、郑海洋、吕士楠、杨锦陈:《韵律短语边界对降阶和焦点后音高骤降的影响》,《声学学报》2016年第4期。
贾媛、李爱军、陈轶亚:《普通话五字组焦点成分音高和时长模式研究》,《语言文字应用》2008年第4期。
江海燕:《汉语陈述、疑问基本语调的调位表现》,《南开语言学刊》2009年第1期。
江海燕:《疑问语气意义的两种表达途径》,《南开语言学刊》2005年第2期。
金立鑫:《关于疑问句中的"呢"》,《语言教学与研究》1996年第4期。
劲松:《北京话的语气和语调》,《中国语文》1992年第2期。
李宇明:《疑问标记的复用及标记功能的衰变》,《中国语文》1997年第2期。
林茂灿:《汉语焦点重音和功能语气及其特征》,《汉字文化》2011年第6期。
林茂灿:《汉语语调与声调》,《语言文字应用》2004年第3期。
林茂灿:《疑问和陈述语气与边界调》,《中国语文》2006年第4期。
林裕文:《谈疑问句》,《中国语文》1985年第2期。
刘丹青:《句类及疑问句和祈使句:〈语法调查研究手册〉节选》,《语言科学》2005年第5期。

刘丹青：《苏州方言的发问词与"可VP"句式》，《中国语文》1991年第1期。

刘丹青、徐烈炯：《焦点与背景、话题及汉语"连"字句》，《中国语文》1998年第4期。

刘璐、王蓓：《边界强度对焦点实现方式的影响》，《声学学报》2020年第3期。

刘钦荣：《询问句特有的表达式》，《河南教育学院学报》（哲学社会科学版）2002年第1期。

刘顺：《现代汉语的否定焦点和疑问焦点》，《齐齐哈尔大学学报》（哲学社会科学版）2003年第2期。

刘鑫民：《焦点、焦点的分布和焦点化》，《宁夏大学学报》（人文社会科学版）1995年第1期。

刘月华：《语调是非问句》，《语言教学与研究》1988年第2期。

吕叔湘：《疑问·否定·肯定》，《中国语文》1985年第4期。

潘建华：《每个句子都有焦点吗？》，《山西师大学报》（社会科学版）2000年第3期。

彭小川：《关于是非问句的几点思考》，《语言教学与研究》2006年第6期。

祁峰：《从汉语及吴方言的正反问句看疑问和焦点的互动》，《语言科学》2017年第5期。

祁峰：《现代汉语疑问和焦点关系研究述评》，《汉语学习》2014年第6期。

祁峰：《疑问与焦点的互动——以吴方言特指问句为例》，《汉语学报》2020年第2期。

冉启斌、段文君、贾媛：《汉语句重音、焦点问题研究回顾与展望》，《南开语言学刊》2013年第2期。

冉永平：《元表征结构及其理解》，《外语与外语教学》2002年第4期。

邵敬敏：《是非问内部类型的比较以及"疑惑"的细化》，《世界汉语教学》2012年第3期。

邵敬敏：《疑问句的结构类型与反问句的转化关系研究》，《汉语学习》2013年第2期。

邵敬敏：《由"是"构成的三种附加问比较研究》，《甘肃社会科学》2008

年第 4 期。

邵敬敏:《语气词"呢"在疑问句中的作用》,《中国语文》1989 年第 3 期。

邵敬敏、朱彦:《"是不是 VP"问句的肯定性倾向及其类型学意义》,《世界汉语教学》2002 年第 3 期。

沈炯:《汉语语调构造和语调类型》,《方言》1994 年第 3 期。

沈炯:《汉语语调模型刍议》,《语文研究》1992 年第 4 期。

石锋、冉启斌:《边界调和焦点调》,《中国语言学报》2014 年第 42 卷第 1 期。

石锋、王萍、梁磊:《汉语普通话陈述句语调的起伏度》,《南开语言学刊》2009 年第 2 期。

石锋、温宝莹:《试解韵律不同步原理——汉语陈述句和疑问句的韵律匹配分析》,《南开语言学刊》2020 年第 2 期。

石锋:《语调研究是实验语言学的奠基石——语调论坛总结报告》,《实验语言学》2017 年第 6 卷第 1 号。

石毓智:《论判断、焦点、强调与对比之关系——"是"的语法功能和使用条件》,《语言研究》2005 年第 4 期。

时秀娟:《"不"字句否定焦点的韵律表现》,《南开语言学刊》2018 年第 1 期。

孙汝建:《肯定与肯定焦点》,《南京师范大学文学院学报》2004 年第 3 期。

唐燕玲、石毓智:《疑问和焦点之关系》,《外国语(上海外国语大学学报)》2009 年第 1 期。

唐燕玲、石毓智:《语法结构与功能衍生——形成英汉疑问代词衍生用法异同的原因》,《外语教学与研究》2011 年第 4 期。

王蓓、刘璐、张夏夏、Caroline Féry:《汉语普通话中双焦点的产出及其感知》,《声学学报》2019 年第 1 期。

王萍、邓芳、石锋:《较大样本普通话陈述句和疑问句的音高分析》,《语言文字应用》2017 年第 4 期。

王萍、石锋:《汉语北京话疑问句语调的起伏度》,《南开语言学刊》2010 年第 2 期。

王萍、石锋:《汉语普通话不同语句类型的音强分布模式》,《南开语言学刊》2020年第2期。

王萍、石锋、熊金津、商桑：《汉语普通话"是"字焦点句的韵律表现》，《语言文字应用》2019年第3期。

王余娟、黄贤军、吕士楠：《疑问语气和焦点对汉语声调音高实现的影响》，《声学技术》2021年第6期。

温宝莹、东鞾妍：《"连NP都VP"句式的韵律焦点分析》，《汉语学习》2019年第5期。

吴福祥：《从"VP–neg"式反复问句的分化谈语气词"麽"的产生》，《中国语文》1997年第1期。

吴宗济：《普通话语句中的声调变化》，《中国语文》1982年第6期。

邢福义：《现代汉语语法研究的三个"充分"》，《湖北大学学报》（哲学社会科学版）1991年第6期。

熊仲儒：《"呢"在疑问句中的意义》，《安徽师范大学学报》（人文社会科学版）1999年第1期。

徐杰、李英哲：《焦点与两个非线性语法范畴："否定""疑问"》，《中国语文》1993年第2期。

徐杰：《疑问范畴与疑问句式》，《语言研究》1999年第2期。

徐杰、张林林：《疑问程度和疑问句式》，《江西师范大学学报》（哲学社会科学版）1985年第2期。

徐烈炯：《焦点的不同概念及其在汉语中的表现形式》，《现代中国语研究》2001年第3期。

徐盛桓：《疑问句探询功能的迁移》，《中国语文》1999年第1期。

徐世荣：《意群重音和语法的关系》，《中国语文》1961年第5期。

徐晓燕：《英语是非问句疑问标示元的功能》，《南昌大学学报》（人文社会科学版）2003年第6期。

许峰：《汉语否定辖域和否定焦点的韵律分析》，《语言教学与研究》2020年第4期。

许洁萍、初敏、贺琳、吕士楠：《汉语语句重音对音高和音长的影响》，《声学学报》2000年第4期。

许小颖、赖玮、李雅、丁星光、陶建华：《汉语无标记疑问句的语调分析与建模》，《清华大学学报》（自然科学版）2018年第2期。

阎锦婷、高晓天：《普通话特指问句的韵律模式》，《汉语史与汉藏语研究》2018 年第 4 辑。

阎锦婷、高晓天:《普通话语调问句和"吗"字问句的不同韵律分布模式》,《南开语言学刊》2017 年第 2 期。

阎锦婷、高晓天、石锋:《汉语疑问句焦点的韵律表现》,《南开语言学刊》2020 年第 1 期。

阎锦婷、王萍、石锋:《普通话选择问句的语调格局》,《语言文字应用》2014 年第 1 期。

杨洁、孔江平:《汉语陈述句和疑问句感知范畴研究》,《中国语音学报》2020 年第 1 期。

杨立明:《三种疑问句的语调之异同》,《中国语学》1995 年第 242 期。

杨永龙:《句尾语气词"吗"的语法化过程》,《语言科学》2003 第 1 期。

尹洪波:《现代汉语疑问句焦点研究》,《江汉大学学报》(人文科学版) 2008 年第 1 期。

张伯江:《疑问句功能琐议》,《中国语文》1997 年第 2 期。

张黎:《句子语义重心分析法刍议》,《齐齐哈尔师范学院学报》(哲学社会科学版) 1987 年第 1 期。

张夏夏、王蓓:《藏语拉萨话中焦点和疑问的韵律编码方式》,《清华大学学报》(自然科学版) 2018 年第 4 期。

张雪秦、孙慧莉:《改革开放四十年来现代汉语疑问句研究的可视化分析》,《东南传播》2020 年第 2 期。

周有斌:《可转换成"宁可 B,也不 A"的"与其 A,不如 B"的类型及其他》,《语言研究》2004 年第 4 期。

朱德熙:《"V-neg-VO"与"VO-neg-V"两种反复问句在汉语方言里的分布》,《中国语文》1991 年第 5 期。

祝敏彻:《汉语选择问、正反问的历史发展》,《语言研究》1995 年第 2 期。

英文著作、论文集(以英文字母为序)

Cruttenden, A., *Intonation*. 2nd edition, Beijing: Peking University Press, 2002.

Fang, L., Surendran, D., and Yi, X., *Classification of statement and question intonations in mandarin*, proceedings of speech prosody, 2006.

Ladd, D. R., *Intonational Phonology*, Cambridge: Cambridge University Press, 1996.

Ladd, D. R., *The Structure of Intonational Meaning: Evidence from English*, Bloomington: Indiana University Press, 1980.

Lai, W., Li, Y., Che, H., Liu, S., and Xu, X., *Final Lowering Effect in Questions and Statements of Chinese Mandarin Based on a Largescale Natural Dialogue Corpus Analysis*, Proceedings of the International Conference on Speech Prosody, 2014.

Lambrecht Knud, *Information Structure and Sentence Form: Topic Focus, and the Mental Representation of Discourse Referents*, Cambridge: Cambridge University Press, 1994.

Liu, F., *Single vs Double Focus in English Statements and Yes/No Questions*, Proceedings of the Speech Prosody, Chicago, USA, 2010.

Mathesius, V., Functional linguistics. Tr. by Josef Vachek and Libuše Dušková., *In Praguiana: Some Basic and Less Known Aspects of the Prague Linguistic School*, Prague: Publishing House of the Czechoslovak Academy of Sciences, 1983.

Selkirk, E. O., *Phonology and Syntax: The Relation between Sound and Structure*, London: MIT Press, 1984.

Wang, B., Féry, C., *Dual-focus intonation in Standard Chinese*, Proceedings of the 18th Oriental COCOSDA/CASLRE Conference, Shanghai, 2015.

Yi, Y., Li, A., Yuan, J., Hu, J., and B Surány, *Phonetic realizations of Post-nuclear Accent under Dual-focus Conditions in Standard Chinese*, Proceedings of Speech Prosody, Boston, USA, 2016.

Yuan, J., A. Li, and Z. Xiong., *A Phonetic and Phonological Analysis of Dual and Multiple Focuses*, Proceedings of the Speech Prosody, Chicago, USA, 2010.

Yuan, J., *Mechanisms of Question Intonation in Mandarin*, Chinese Spoken Language Processing, International Symposium, Iscslp, Singapore, 2006.

英文论文（以英文字母为序）

Chen, Y., "Durational Adjustment under Corrective Focus in Standard Chinese", *Journal of Phonetics*, 2006.

Chen, Y., Xu, Y., and Guion – Anderson, S. "ProsodicRealization of Focus in Bilingual Production of Southern Min and Mandarin", *Phonetica*, 2014.

Dahlgren, S., Sandberg, A. D., Strömbergsson, S., Wenhov, L., Råstam, M., and Nettelbladt, U., "Prosodic Traits in Speech Produced by Children with Autism Spectrum Disorders – Perceptual and Acoustic Measurements", *Autism & Developmental Language Impairments*, 2018.

Eady, S. J., Cooper, W. E., Klouda, G. V., and Mueller, P. R., "Acoustical Characterization of Sentential Focus: Narrow Vs Broad and Single Vs Dual Focus Environments", *Language and Speech*, 1986.

Fine, J., Bartolucci, G., Ginsberg, G., and Szatmari, P., "The Use of Intonation to Communicate in Pervasive Developmental Disorders", *Journal of Child Psychology and Psychiatry*, 1991.

Halliday, M. A. K., "Notes on Transitivity and Theme in English", *Journal of Linguistics*, 1967.

Hsu, Y.-Y., Xu, A., "Interaction of Prosody and Syntax – semantics in Mandarin wh – indeterminates", *The Journal of the Acoustical Society of America*, 2020.

Hyman, M. Larry., "Word – prosodic Typology", *Phonology*, 2006.

Patel, S. P., Nayar, K., Martin, G. E., Franich, K., and Losh, M., "An Acoustic Characterization of Prosodic Differences in Autism Spectrum Disorder and First – degree Relatives", *Journal of Autism and Developmental Disorders*, 2020.

S Peppé, Cleland, J., Gibbon, F., A O'Hare, and Castilla, P. M., "Expressive Prosody in Children with Autism Spectrum Conditions", *Journal of Neurolinguistics*, 2011.

S Peppé, Mccann, J., Gibbon, F., A O'Hare, and Rutherford, M., "Receptive and Expressive Prosodic Ability in Children with High – functioning Autism", *Journal of Speech Language & Hearing Research*, 2007.

Wang, B., Féry, C., "Prosody of Dual Focus in German: Interaction between Focus and Phrasing", *Language and Speech*, 2017.

Wang, B., Xu, Y., Ding, Q., "Interactive Prosodic Marking of Focus, Boundary and Newness in Mandarin", *Phonetica*, 2018.

Xu, Y., Chen, S., and Wang, B., "Prosodic Focus with and without Post – focus Compression: A Typological Divide within the Same Language Family?" *The Linguistic Review*, 2012.

Xu, Y., "Effects of Tone and Focus on the Formation and Alignment of f_0 contours", *Journal of Phonetics*, 1999.

Xu, Y., Xu, C. X., "Phonetic Realization of Focus in English Declarative Intonation", *Journal of Phonetics*, 2005.

Feng, S. L., "Prosodically Determined Word – Formation in Mandarin Chinese", *Social Sciences in China*, 1997.

附录1 音高数据（半音值）

第1组 语调是非问句

发音人1（男）

	音节1								
实验句1	20.04	19.74	19.43	19.74	19.74	19.43	19.43	19.43	19.23
实验句2	10.18	10.35	11.36	12.62	14.21	15.67	17.02	18.16	18.16
实验句3	10.69	11.84	12.16	12.00	11.68	11.36	10.86	9.82	8.72
实验句4	23.36	23.03	22.69	22.00	21.46	20.53	19.74	19.23	18.70
实验句5	12.62	12.31	12.31	12.16	11.84	11.68	11.68	11.52	11.36
实验句6	10.00	10.52	11.03	12.00	13.22	14.21	15.42	16.78	18.16
	音节2								
实验句1	20.23	20.04	20.04	19.74	19.74	19.43	18.70	17.94	17.48
实验句2	16.54	16.78	16.78	17.02	17.02	17.02	16.54	15.42	13.93
实验句3	11.84	12.00	12.31	12.62	12.62	13.07	13.36	13.65	13.65
实验句4	20.81	21.09	20.81	20.53	20.23	20.04	18.91	18.16	17.94
实验句5	16.54	16.78	16.78	17.14	17.14	17.48	17.48	16.78	16.78
实验句6	15.42	15.16	13.93	11.68	9.46	8.14	7.74	7.54	7.54
	音节3								
实验句1	20.23	20.23	19.74	19.23	18.91	18.70	18.70	18.91	18.91
实验句2	11.84	11.03	10.86	11.19	12.00	13.36	14.35	16.05	16.30
实验句3	13.79	11.03	9.28	8.33	8.14	8.33	8.33	8.91	9.09
实验句4	22.00	22.00	21.46	19.74	17.94	17.02	15.02	14.21	13.93
实验句5	11.52	11.52	10.52	9.46	8.72	8.72	8.91	9.46	9.46
实验句6	12.62	12.47	11.52	11.68	11.68	12.00	12.16	11.84	11.36

续表

	音节 4								
实验句 1	19.74	19.43	19.23	18.91	18.70	18.70	18.16	17.94	17.94
实验句 2	9.46	10.86	12.00	12.31	13.22	13.93	14.21	14.35	14.35
实验句 3	11.03	11.68	12.31	12.62	13.36	14.35	15.02	17.14	17.94
实验句 4	20.81	19.74	19.23	18.91	18.70	18.16	17.71	17.14	17.14
实验句 5	11.19	11.68	11.36	10.35	10.00	9.64	8.53	7.74	6.70
实验句 6	11.03	11.19	11.68	12.62	14.35	15.67	16.30	16.05	15.80
	音节 5								
实验句 1	20.53	20.04	19.74	19.43	19.43	18.91	18.70	18.16	17.94
实验句 2	14.62	14.76	14.62	14.35	14.62	14.62	15.02	15.42	15.16
实验句 3	16.30	17.14	17.94	18.70	18.91	19.23	19.74	19.43	19.43
实验句 4	16.54	16.30	15.67	15.16	14.35	13.65	13.22	12.31	12.16
实验句 5	15.67	16.54	17.02	17.71	18.16	18.70	18.91	19.23	18.70
实验句 6	11.84	10.86	9.64	8.72	7.94	7.74	7.74	8.14	8.33
	音节 6								
实验句 1	19.23	18.91	18.70	18.38	18.16	18.16	17.94	17.71	17.71
实验句 2	11.84	9.46	8.72	9.82	10.69	11.36	12.00	12.47	12.62
实验句 3	14.62	13.79	11.36	9.82	8.14	7.33	6.91	6.91	6.91
实验句 4	13.93	13.07	11.68	10.18	9.64	9.09	8.72	8.91	9.09
实验句 5	12.62	12.92	10.35	8.91	7.74	7.33	7.74	7.54	7.74
实验句 6	14.21	13.79	12.62	12.00	10.86	9.64	8.53	7.74	7.33
	音节 7								
实验句 1	19.23	18.91	18.70	18.38	18.16	18.16	17.94	17.71	17.71
实验句 2	11.68	11.52	11.52	11.84	12.47	12.92	13.22	13.22	13.36
实验句 3	9.64	9.09	8.53	7.94	7.54	7.54	7.33	7.33	7.74
实验句 4	11.19	10.52	10.18	9.64	9.46	9.28	9.28	9.28	9.28
实验句 5	17.02	16.78	16.54	16.54	17.02	17.14	17.94	17.94	17.94
实验句 6	8.91	8.14	8.14	8.14	7.94	7.54	7.33	7.12	6.91
	音节 8								
实验句 1	18.16	18.16	18.16	18.16	18.38	18.70	18.91	18.91	18.91
实验句 2	12.31	11.84	12.00	13.65	15.42	16.54	17.02	17.02	16.78
实验句 3	9.09	9.46	10.00	11.52	12.00	12.62	14.21	14.76	15.80
实验句 4	17.48	17.02	16.54	16.05	15.67	15.16	14.62	13.93	13.93

续表

	音节 8								
实验句 5	9.46	8.33	7.74	6.91	6.70	6.70	6.91	7.12	7.33
实验句 6	17.94	17.94	18.16	18.38	18.38	18.70	18.91	19.43	19.43
	音节 9								
实验句 1	18.91	18.91	18.91	18.91	18.91	18.91	18.91	18.91	18.91
实验句 2	15.67	16.30	16.78	17.02	17.48	18.16	18.70	18.91	18.91
实验句 3	18.38	19.54	20.14	20.81	21.09	21.82	22.18	22.86	23.19
实验句 4	13.22	13.22	13.22	13.22	13.36	13.65	13.65	13.36	13.22
实验句 5	21.46	21.09	20.81	20.53	19.74	19.23	18.38	18.38	18.16
实验句 6	10.18	10.00	9.46	8.14	7.12	6.70	6.05	5.83	5.83
	音节 10								
实验句 1	20.53	21.09	21.46	21.73	22.00	22.00	22.00	21.73	21.73
实验句 2	8.14	8.53	9.46	10.86	12.92	13.65	15.02	16.78	17.14
实验句 3	13.93	11.68	8.33	6.70	6.27	8.72	11.03	12.31	13.65
实验句 4	21.09	18.91	16.78	15.67	15.16	14.76	14.76	14.76	14.62
实验句 5	10.18	7.12	4.18	4.18	4.90	5.37	6.27	6.70	6.70
实验句 6	9.28	8.14	8.14	9.09	10.52	12.47	15.02	16.78	16.78

发音人 2（女）

	音节 1								
实验句 1	28.08	27.59	27.09	27.09	27.09	27.59	27.59	28.08	28.08
实验句 2	24.79	24.79	25.24	25.67	27.09	27.09	28.08	28.60	28.60
实验句 3	22.07	21.77	21.38	21.06	21.06	21.06	21.38	21.38	21.38
实验句 4	29.66	29.66	29.12	29.12	28.60	28.60	28.60	28.08	28.60
实验句 5	21.77	21.77	21.38	21.38	21.06	21.06	20.74	20.07	19.73
实验句 6	21.38	23.59	25.24	25.67	27.09	28.08	28.60	29.66	30.24
	音节 2								
实验句 1	28.60	28.08	28.08	28.08	27.59	27.59	27.59	27.59	27.59
实验句 2	25.67	26.16	26.16	26.57	27.09	27.59	28.08	28.60	29.12
实验句 3	22.07	21.38	21.06	22.07	24.40	26.16	27.59	29.12	30.24
实验句 4	29.12	29.12	28.60	28.08	27.59	27.09	26.16	26.16	26.16
实验句 5	27.59	28.60	28.60	28.60	29.12	29.66	29.66	29.12	29.12
实验句 6	24.79	22.44	21.77	21.38	20.74	20.74	21.06	21.06	21.06

续表

	音节3								
实验句1	27.59	28.08	28.08	28.08	28.08	28.08	28.08	28.08	28.60
实验句2	22.44	21.77	21.38	21.77	22.07	23.24	25.24	26.57	27.59
实验句3	24.79	23.24	20.41	19.11	18.47	17.90	17.61	19.11	19.73
实验句4	30.24	29.12	27.09	25.67	24.79	24.40	24.00	24.40	24.79
实验句5	22.81	21.38	18.84	18.19	18.84	19.38	21.06	22.44	23.24
实验句6	26.16	26.16	26.16	26.16	26.16	26.57	26.57	27.09	27.09
	音节4								
实验句1	29.12	28.60	28.60	28.60	29.12	29.12	28.60	28.60	28.60
实验句2	24.00	24.00	24.00	24.40	25.67	25.67	26.16	26.16	26.16
实验句3	21.77	21.77	22.07	22.81	23.24	23.24	24.00	24.00	24.00
实验句4	26.57	26.57	26.57	26.57	26.57	26.57	26.57	26.57	26.57
实验句5	22.07	22.07	21.38	20.74	20.07	20.07	19.11	18.47	18.47
实验句6	26.16	25.67	24.79	24.79	24.79	25.67	26.57	27.59	28.08
	音节5								
实验句1	28.08	28.08	27.59	27.59	27.09	26.57	26.57	26.57	26.57
实验句2	24.79	24.40	23.59	24.40	25.67	26.57	27.59	26.57	26.57
实验句3	25.24	23.24	22.07	21.77	22.81	24.40	25.24	26.57	27.59
实验句4	25.67	25.24	24.79	24.40	24.00	23.59	23.24	23.24	23.24
实验句5	23.59	23.59	24.00	24.40	24.79	24.79	24.79	24.79	24.79
实验句6	24.40	21.06	19.11	17.61	16.08	16.29	16.81	18.47	19.73
	音节6								
实验句1	28.08	28.08	28.08	28.08	28.08	28.08	28.08	28.08	28.08
实验句2	23.24	20.41	20.07	20.07	21.06	22.44	24.00	25.24	25.24
实验句3	24.00	20.07	18.84	18.84	19.11	20.41	22.81	25.24	26.57
实验句4	28.08	26.16	25.24	24.40	23.24	22.44	22.44	22.44	22.81
实验句5	22.07	20.41	18.47	17.41	16.60	14.98	13.67	15.75	19.38
实验句6	27.09	27.09	26.57	25.24	23.24	21.38	21.06	21.06	21.06
	音节7								
实验句1	28.60	28.08	28.08	27.59	27.59	27.59	27.59	27.59	28.08
实验句2	21.77	21.77	22.07	22.81	23.59	24.00	25.24	25.24	25.24
实验句3	22.07	19.38	17.90	16.81	16.08	16.08	16.08	16.29	16.60
实验句4	26.57	26.57	25.67	25.67	24.79	24.40	23.59	23.59	23.59

	音节7								
实验句5	26.16	26.16	25.67	25.24	26.16	26.57	27.09	28.08	28.08
实验句6	20.74	19.38	18.84	18.19	17.41	16.60	15.75	15.54	15.31
	音节8								
实验句1	28.60	28.60	28.60	28.08	28.08	28.08	28.08	28.08	28.08
实验句2	24.79	24.40	23.59	23.59	24.00	25.24	26.16	27.59	28.08
实验句3	19.11	19.73	20.07	21.06	21.77	22.81	23.59	24.00	24.40
实验句4	28.60	28.60	28.60	28.60	28.60	28.60	28.60	28.08	28.08
实验句5	21.06	20.74	20.07	18.84	18.19	17.41	16.08	15.75	15.54
实验句6	26.57	26.57	27.59	27.59	28.08	28.60	28.60	28.60	28.60
	音节9								
实验句1	28.08	28.08	28.08	28.08	28.08	28.08	28.08	28.08	28.08
实验句2	25.67	26.16	26.57	27.09	28.08	28.08	28.60	28.60	28.60
实验句3	25.67	26.16	26.57	27.09	27.59	28.08	28.60	28.60	29.12
实验句4	28.08	28.08	27.59	27.59	27.59	27.59	27.59	27.59	27.59
实验句5	29.12	29.12	29.12	29.12	27.59	27.09	26.57	26.57	26.57
实验句6	26.57	25.67	24.00	20.41	17.90	15.75	15.09	16.29	16.81
	音节10								
实验句1	29.12	28.60	29.12	29.12	29.66	29.66	29.66	30.24	30.24
实验句2	20.41	20.07	18.84	17.90	19.11	21.06	25.24	28.08	29.12
实验句3	19.73	17.12	14.40	13.18	15.54	17.61	19.38	21.06	21.06
实验句4	31.42	30.84	29.66	28.60	25.67	23.24	22.44	21.38	21.77
实验句5	16.60	15.31	12.53	9.99	12.53	15.97	18.09	20.07	20.41
实验句6	17.12	16.81	17.90	18.84	20.74	23.24	24.79	26.57	27.59

第2组 语气词"吗"是非问句

发音人1（男）

	音节1								
实验句1	15.67	14.62	14.21	13.93	13.93	13.79	13.79	13.22	12.62
实验句2	15.16	16.30	17.02	17.94	19.74	20.23	20.81	21.09	21.09
实验句3	15.02	14.21	13.79	13.36	13.07	12.47	12.31	11.84	11.52

续表

	音节 1								
实验句 4	21.46	21.73	21.46	21.09	20.81	20.53	20.23	19.43	18.70
实验句 5	11.36	13.36	13.65	13.36	13.36	13.36	13.36	13.22	13.22
实验句 6	10.86	11.36	12.16	13.07	13.79	13.93	14.21	14.21	14.21
	音节 2								
实验句 1	14.62	14.35	13.93	13.65	13.65	13.65	13.22	12.62	12.62
实验句 2	20.81	20.81	21.09	21.46	21.46	21.46	21.46	20.81	20.81
实验句 3	15.16	14.62	13.93	13.93	14.21	14.35	14.62	15.02	15.16
实验句 4	19.74	19.74	19.43	19.43	19.23	19.23	19.23	19.23	19.23
实验句 5	18.91	19.74	20.04	20.04	20.23	20.23	19.74	18.70	18.38
实验句 6	15.02	14.35	12.47	10.86	10.00	9.64	9.28	8.91	8.72
	音节 3								
实验句 1	13.79	13.65	13.36	13.36	13.36	13.65	14.21	14.21	13.22
实验句 2	12.31	12.31	11.52	10.69	10.69	11.52	12.62	13.79	13.79
实验句 3	14.62	14.62	13.22	11.68	10.18	9.82	9.28	9.28	9.09
实验句 4	20.04	19.43	18.91	17.71	16.78	15.80	14.62	14.62	14.62
实验句 5	13.22	10.18	8.14	7.12	6.70	6.70	6.05	4.90	4.66
实验句 6	15.02	13.36	12.31	12.00	12.00	12.16	13.07	13.93	14.35
	音节 4								
实验句 1	17.48	17.48	17.71	17.71	17.71	17.71	17.94	18.16	18.38
实验句 2	14.35	13.79	12.92	12.16	12.16	13.07	13.93	14.62	14.76
实验句 3	12.16	12.62	13.22	13.79	14.76	15.67	16.30	15.80	15.80
实验句 4	17.94	17.14	16.54	16.30	15.42	15.02	14.76	14.76	14.76
实验句 5	13.36	12.16	11.36	10.52	9.64	9.46	9.46	8.72	8.53
实验句 6	12.47	13.07	13.22	14.21	15.67	17.71	20.23	21.46	21.73
	音节 5								
实验句 1	18.38	18.16	17.94	17.94	17.71	17.48	17.14	17.14	17.14
实验句 2	14.62	14.76	14.76	14.35	14.21	14.62	15.16	14.76	14.35
实验句 3	18.16	18.16	18.16	18.38	18.91	19.23	19.43	20.04	20.04
实验句 4	14.35	14.21	13.65	13.07	12.16	11.84	10.69	10.35	10.18
实验句 5	16.78	16.78	17.02	17.48	17.94	18.38	18.91	19.23	18.91
实验句 6	18.70	18.16	15.67	13.79	11.03	10.18	9.09	8.72	8.53

续表

	音节6								
实验句1	20.23	18.70	18.16	17.71	17.14	17.14	17.14	17.14	17.02
实验句2	10.35	9.09	8.53	8.72	9.82	10.69	11.36	12.00	12.31
实验句3	12.16	11.03	8.91	8.53	7.74	7.74	7.54	6.91	6.70
实验句4	13.79	12.62	12.16	11.19	10.35	9.64	9.46	9.09	8.91
实验句5	11.19	9.28	8.14	7.33	7.33	7.74	8.72	9.82	10.18
实验句6	15.80	15.67	15.02	13.93	12.31	10.52	9.09	8.14	7.94
	音节7								
实验句1	19.74	19.23	18.70	18.38	18.16	18.16	18.16	18.16	18.38
实验句2	10.18	10.00	10.35	10.52	11.03	11.84	12.16	12.62	12.92
实验句3	11.52	10.69	9.82	9.09	8.72	8.72	8.33	8.33	8.53
实验句4	10.86	10.35	10.00	9.64	9.46	9.28	9.28	8.91	8.72
实验句5	17.02	17.02	17.48	17.71	17.94	17.94	17.94	17.71	17.71
实验句6	11.19	10.52	9.64	9.46	9.09	8.72	8.33	8.53	8.72
	音节8								
实验句1	19.74	19.23	18.70	18.38	17.71	17.71	17.94	18.16	18.70
实验句2	11.03	10.86	11.03	11.36	12.62	13.65	15.80	16.54	17.02
实验句3	11.52	12.00	12.47	13.79	15.02	15.80	17.71	18.16	18.38
实验句4	17.71	17.02	16.54	15.80	14.62	14.35	14.21	13.93	13.79
实验句5	12.92	11.68	10.00	8.72	7.74	7.33	7.54	7.74	7.74
实验句6	19.74	20.23	20.81	20.81	21.09	21.09	20.81	20.04	19.74
	音节9								
实验句1	18.91	18.91	18.91	18.91	19.23	19.23	19.23	19.23	19.23
实验句2	15.42	14.76	14.62	14.62	14.76	15.42	16.05	16.78	17.14
实验句3	19.23	19.43	19.74	20.23	21.46	22.00	22.00	21.46	21.46
实验句4	13.07	13.07	13.07	13.36	13.93	14.21	15.02	15.67	15.80
实验句5	20.81	20.23	19.74	19.74	19.23	18.38	17.94	17.71	17.71
实验句6	9.46	10.52	9.46	8.72	7.94	7.74	7.12	7.12	7.12
	音节10								
实验句1	20.04	20.04	20.04	20.04	19.74	19.74	19.74	19.74	19.74
实验句2	8.91	7.33	6.70	6.70	7.54	9.28	11.19	12.62	13.36
实验句3	17.71	15.80	12.92	10.00	8.14	6.91	5.83	4.90	5.37

续表

	音节10								
实验句4	23.03	23.03	22.69	22.00	20.53	18.91	16.30	14.21	13.36
实验句5	11.36	9.46	8.14	6.91	6.05	5.14	5.14	6.49	6.70
实验句6	9.46	8.72	8.53	8.72	9.46	10.69	11.52	13.79	15.16
	音节11								
实验句1	17.71	17.71	17.48	17.14	17.02	16.78	16.78	16.78	16.78
实验句2	16.05	15.80	15.67	15.16	15.16	15.02	14.62	14.35	14.35
实验句3	8.72	8.72	10.52	11.84	13.79	15.80	16.78	16.54	15.67
实验句4	11.36	11.36	11.03	10.69	10.18	9.82	9.46	9.46	9.46
实验句5	8.33	8.72	9.46	10.00	10.86	11.68	13.07	13.79	13.79
实验句6	18.16	18.70	19.23	19.74	19.74	19.43	18.70	18.38	18.38

发音人2（女）

	音节1								
实验句1	30.24	30.24	29.66	29.66	29.66	29.66	29.66	29.66	29.66
实验句2	26.16	26.57	27.09	27.59	28.08	28.08	28.60	28.60	28.60
实验句3	22.07	22.07	21.77	21.77	21.77	22.07	23.24	24.00	24.79
实验句4	29.66	29.66	29.66	29.66	30.24	30.24	30.24	30.24	30.24
实验句5	23.59	23.59	23.24	23.24	22.81	22.81	22.81	22.81	22.81
实验句6	23.59	24.79	25.24	25.67	27.09	27.59	27.59	27.59	27.59
	音节2								
实验句1	30.24	30.24	30.24	30.24	29.66	29.66	29.66	29.66	29.12
实验句2	26.57	26.57	26.57	26.57	26.57	27.09	27.09	27.59	28.08
实验句3	24.40	23.59	23.59	24.79	26.57	27.59	29.12	29.12	29.12
实验句4	30.24	30.24	30.24	30.24	29.66	29.12	29.12	28.08	28.08
实验句5	30.24	30.24	30.84	30.84	30.84	30.84	30.84	30.84	30.84
实验句6	24.40	23.59	21.77	21.06	19.73	18.84	18.47	17.90	17.90
	音节3								
实验句1	29.12	29.66	29.66	30.24	29.66	30.24	30.24	30.24	29.66
实验句2	21.06	20.74	20.07	20.74	21.77	23.59	25.24	26.57	27.59
实验句3	22.07	22.07	21.77	21.38	20.41	19.73	18.84	17.61	17.61
实验句4	32.74	32.74	32.07	30.84	29.66	28.08	27.09	26.16	25.67

续表

					音节3				
实验句5	21.77	20.07	18.19	17.90	17.90	19.11	21.38	23.59	24.79
实验句6	24.40	24.79	24.79	25.24	25.67	26.16	26.57	26.57	26.57
					音节4				
实验句1	30.84	30.84	30.84	30.24	30.24	30.24	30.24	30.24	30.24
实验句2	24.79	24.40	24.40	24.40	24.79	24.79	24.79	24.79	24.79
实验句3	18.47	19.38	20.74	21.77	23.59	25.67	27.09	27.09	27.09
实验句4	26.57	26.57	26.57	26.57	26.16	26.16	26.16	26.16	26.16
实验句5	25.24	24.79	24.00	23.24	22.07	20.74	19.73	19.11	19.11
实验句6	22.81	23.24	23.24	24.00	25.24	25.67	26.57	27.59	27.59
					音节5				
实验句1	29.66	29.12	28.60	28.60	28.60	28.08	28.08	28.08	28.08
实验句2	26.16	26.57	27.09	27.59	27.59	28.08	28.60	28.60	29.12
实验句3	24.40	24.00	24.40	24.79	26.57	27.59	28.60	29.12	29.12
实验句4	25.24	25.24	24.79	24.79	24.40	24.00	24.00	23.59	23.59
实验句5	23.59	23.59	24.40	24.40	25.24	25.24	25.24	25.24	25.67
实验句6	21.69	20.24	19.64	18.28	17.22	15.97	15.42	15.20	15.20
					音节6				
实验句1	29.12	29.12	29.12	29.12	29.66	29.66	29.66	29.66	29.66
实验句2	23.59	21.77	20.74	20.74	21.06	21.77	22.44	23.59	24.40
实验句3	24.40	22.44	19.38	17.41	16.08	15.75	15.54	16.60	19.11
实验句4	28.08	27.09	25.67	24.40	23.59	23.24	22.81	22.81	22.81
实验句5	21.77	21.06	20.41	19.38	17.61	17.41	17.41	17.12	16.81
实验句6	26.57	26.57	26.57	26.16	24.79	23.59	21.77	20.41	20.41
					音节7				
实验句1	29.12	29.12	29.12	29.12	29.12	28.60	28.60	28.60	28.60
实验句2	26.16	26.16	26.16	26.16	25.67	25.67	25.24	25.24	25.24
实验句3	23.24	21.06	20.07	19.73	18.84	18.47	17.61	17.61	17.41
实验句4	26.57	26.16	25.67	25.67	25.24	24.79	24.40	24.40	24.40
实验句5	25.67	25.67	26.16	26.57	27.09	27.09	27.59	27.59	27.59
实验句6	20.74	19.73	19.11	18.19	17.61	17.61	16.81	16.81	16.60

续表

	音节 8								
实验句 1	28.60	28.60	28.60	28.60	28.60	28.60	28.60	28.60	28.60
实验句 2	25.67	26.16	27.09	27.59	28.60	28.60	29.12	28.60	28.60
实验句 3	22.44	21.77	21.38	21.77	22.81	23.59	24.40	25.24	25.67
实验句 4	29.12	29.12	28.60	28.08	28.08	27.59	27.59	27.59	27.59
实验句 5	25.24	24.00	22.07	19.11	18.19	17.41	18.47	19.38	20.07
实验句 6	25.24	25.24	25.24	25.67	27.09	27.59	28.08	28.08	28.60
	音节 9								
实验句 1	28.60	28.60	28.60	28.60	28.60	28.60	28.08	28.08	28.08
实验句 2	27.09	27.09	27.09	27.09	27.59	28.08	28.08	28.08	28.08
实验句 3	28.60	29.12	29.66	30.24	30.84	31.42	31.42	30.84	30.84
实验句 4	27.09	27.09	26.57	26.57	26.57	26.57	26.57	26.57	26.57
实验句 5	28.60	28.60	29.12	29.12	29.12	29.12	29.12	29.12	29.12
实验句 6	24.79	23.59	22.44	20.07	18.84	18.19	17.41	17.41	17.41
	音节 10								
实验句 1	28.60	28.60	28.60	29.12	29.66	30.24	30.24	30.84	30.84
实验句 2	23.24	21.06	20.07	19.38	19.38	19.73	20.74	21.77	23.24
实验句 3	20.41	19.73	18.19	15.75	13.67	12.79	11.03	9.99	9.84
实验句 4	29.66	29.66	29.12	28.08	26.57	25.67	24.79	24.00	23.24
实验句 5	19.38	18.47	17.12	14.51	12.27	12.00	11.73	10.74	9.22
实验句 6	17.61	17.90	18.47	19.38	20.74	21.77	22.81	24.00	24.40
	音节 11								
实验句 1	30.24	29.66	29.12	27.59	26.57	25.67	24.79	24.40	24.40
实验句 2	26.16	26.16	26.16	26.16	26.16	26.57	26.57	27.59	27.59
实验句 3	18.19	18.84	19.38	20.07	20.07	20.41	21.38	21.77	22.07
实验句 4	21.06	20.74	20.41	20.41	20.41	20.41	20.74	21.06	21.06
实验句 5	17.90	18.84	19.73	20.41	20.74	21.38	22.07	22.81	23.59
实验句 6	25.24	25.24	25.24	25.67	25.67	26.16	26.16	26.57	26.57

第3组　一般特指问句（"谁"问句）

发音人1（男）

	音节1								
实验句1	13.65	12.92	12.16	12.00	12.62	15.67	17.71	19.74	21.09
实验句2	10.86	11.19	11.03	12.16	14.21	16.30	19.23	21.09	21.73
实验句3	17.94	15.42	13.36	13.36	15.80	18.16	21.46	22.69	23.68
实验句4	9.09	9.46	9.82	10.35	12.31	14.21	16.78	18.91	19.23
实验句5	17.71	15.02	14.35	14.35	15.67	17.48	19.23	21.09	22.69
实验句6	13.36	12.16	12.31	13.79	16.05	17.02	18.38	21.46	22.00
	音节2								
实验句1	19.23	19.23	18.70	18.38	18.38	18.16	17.94	17.48	17.48
实验句2	17.71	17.71	16.30	16.30	15.80	15.80	15.67	15.80	15.80
实验句3	23.36	22.69	20.81	18.38	16.78	16.05	16.30	17.02	17.02
实验句4	21.09	20.81	20.53	20.04	19.43	18.70	17.71	16.78	16.05
实验句5	23.03	22.00	19.43	17.02	13.22	11.52	10.52	10.00	9.64
实验句6	22.69	22.69	22.00	22.00	21.73	21.46	21.73	22.35	22.69
	音节3								
实验句1	17.14	17.02	16.30	16.05	15.67	15.16	14.62	14.35	14.35
实验句2	15.42	14.76	13.79	13.65	14.62	15.67	16.30	16.05	15.80
实验句3	13.22	11.68	11.19	10.86	10.69	11.03	11.19	11.68	11.68
实验句4	12.31	11.68	11.03	10.18	9.82	9.46	9.09	9.09	9.28
实验句5	14.76	14.76	15.02	15.16	15.67	15.80	16.05	16.30	16.54
实验句6	14.21	13.65	11.19	9.28	7.74	7.33	6.91	6.70	6.70
	音节4								
实验句1	15.02	14.62	13.93	13.36	13.36	13.36	13.65	13.36	13.36
实验句2	8.53	8.14	8.14	8.14	8.53	8.72	9.46	10.00	10.35
实验句3	12.92	10.69	9.46	8.14	6.91	6.05	5.37	4.90	4.66
实验句4	12.92	11.36	10.69	9.46	8.72	8.14	8.14	8.33	9.28
实验句5	11.03	9.09	8.33	7.74	6.70	6.27	6.05	5.83	5.83
实验句6	12.92	12.47	12.31	11.84	10.35	9.46	8.53	8.14	7.74
	音节5								
实验句1	14.35	14.21	13.36	13.22	12.92	12.92	12.62	12.00	11.84

续表

	音节 5								
实验句 2	10.86	10.18	9.82	9.82	10.35	11.03	11.52	11.84	12.16
实验句 3	8.14	7.33	7.12	6.70	6.49	6.27	5.83	6.05	6.05
实验句 4	9.46	8.33	7.74	7.54	6.91	6.91	6.49	6.27	6.27
实验句 5	16.30	15.80	15.80	16.78	17.71	17.94	17.48	17.02	17.02
实验句 6	9.28	8.72	8.14	7.33	7.33	6.70	5.83	4.90	4.66
	音节 6								
实验句 1	15.80	14.76	14.35	13.93	13.36	13.36	13.22	13.22	13.22
实验句 2	11.84	11.36	10.35	9.82	10.35	10.86	12.16	13.79	14.21
实验句 3	6.91	7.33	7.74	8.33	9.28	10.69	12.92	15.02	15.42
实验句 4	8.91	8.14	8.14	7.94	7.74	7.74	7.74	7.74	7.74
实验句 5	14.21	10.18	7.74	6.27	6.05	6.70	7.54	8.14	8.33
实验句 6	9.46	9.64	10.35	10.69	11.03	11.19	11.52	11.68	11.68
	音节 7								
实验句 1	13.07	13.07	13.07	13.07	13.22	13.22	13.22	13.07	13.07
实验句 2	13.79	13.79	13.93	14.35	14.62	15.02	15.16	15.67	15.67
实验句 3	13.36	13.36	13.79	15.02	16.78	17.94	18.16	18.16	17.94
实验句 4	7.33	7.33	7.33	7.33	7.33	7.74	9.46	10.35	10.86
实验句 5	21.09	20.81	20.53	19.74	18.70	17.94	17.14	16.78	16.30
实验句 6	11.19	10.86	9.46	8.14	5.83	4.90	3.16	3.16	3.16
	音节 8								
实验句 1	14.35	13.36	13.07	12.92	12.92	12.92	12.47	12.31	12.47
实验句 2	6.70	6.91	7.33	7.94	8.72	9.46	9.82	10.00	10.18
实验句 3	15.16	14.21	12.62	11.52	9.46	8.14	5.83	4.90	4.18
实验句 4	13.93	13.36	12.92	11.36	10.52	9.46	7.74	7.54	7.33
实验句 5	10.52	10.18	9.82	8.72	7.74	7.33	5.83	5.60	5.60
实验句 6	6.91	6.91	7.33	7.94	8.33	8.72	9.46	9.82	10.00

发音人 2（女）

	音节 1								
实验句 1	21.38	21.77	22.07	23.59	25.67	27.09	28.08	29.12	29.12
实验句 2	20.74	21.06	21.38	21.77	22.81	24.00	27.59	29.12	29.66

续表

	音节 1								
实验句 3	22.81	22.44	22.81	22.81	26.16	28.60	29.66	30.84	30.84
实验句 4	21.77	21.77	22.07	22.81	24.00	26.57	28.60	29.12	29.12
实验句 5	24.00	24.00	24.40	25.24	26.57	27.59	28.60	29.66	30.84
实验句 6	27.09	27.09	28.08	28.60	29.12	29.66	30.24	30.84	31.42
	音节 2								
实验句 1	30.24	29.66	29.12	28.08	27.59	27.59	27.59	27.59	27.59
实验句 2	24.79	24.79	24.40	24.00	23.59	23.59	23.24	23.24	23.24
实验句 3	28.08	28.08	28.08	28.60	28.60	29.12	29.12	29.12	29.12
实验句 4	33.42	33.42	33.42	33.42	33.42	33.42	33.42	33.42	33.42
实验句 5	27.09	27.09	26.57	26.16	25.24	25.24	24.79	24.40	24.00
实验句 6	30.84	30.84	30.84	30.24	30.24	30.24	30.24	30.24	30.24
	音节 3								
实验句 1	26.16	26.16	26.16	26.16	25.67	25.24	24.79	24.79	24.40
实验句 2	23.59	23.59	23.59	23.59	24.00	24.00	24.00	24.00	24.00
实验句 3	24.00	22.81	22.81	23.59	24.40	25.24	25.67	26.16	26.16
实验句 4	32.07	31.42	30.84	29.66	29.12	28.08	27.09	26.16	25.67
实验句 5	25.24	25.67	25.67	26.16	26.57	26.57	26.57	26.57	26.57
实验句 6	22.44	22.07	20.74	20.41	19.38	19.11	18.19	17.90	18.19
	音节 4								
实验句 1	24.79	24.79	24.79	24.79	24.79	25.24	25.67	25.67	25.67
实验句 2	22.07	21.77	21.77	21.77	22.07	22.07	22.07	22.44	22.44
实验句 3	24.00	24.00	21.77	21.06	22.07	22.81	24.40	25.67	26.57
实验句 4	26.16	25.67	25.24	25.24	24.79	24.40	24.40	24.40	24.40
实验句 5	26.16	23.59	21.38	19.73	19.38	18.84	18.84	19.11	19.38
实验句 6	23.24	23.59	24.00	24.00	24.00	23.59	23.59	23.59	23.59
	音节 5								
实验句 1	25.24	24.40	24.40	23.59	23.59	23.59	23.59	23.59	23.59
实验句 2	22.81	22.44	22.07	21.38	20.74	20.74	21.06	21.77	22.44
实验句 3	21.77	20.74	19.73	19.73	19.38	19.38	19.38	19.73	20.07
实验句 4	23.24	23.24	23.24	23.24	23.24	23.59	23.59	23.59	24.00
实验句 5	24.00	24.00	24.40	24.40	24.40	24.40	24.79	24.79	24.79
实验句 6	21.77	21.38	21.06	20.74	20.07	19.38	18.84	18.47	18.19

续表

	音节6								
实验句1	24.79	24.79	24.40	24.00	23.59	23.24	22.81	22.81	22.81
实验句2	23.59	23.59	23.24	23.24	23.24	23.24	22.81	22.81	22.81
实验句3	21.38	21.38	21.38	21.77	21.77	21.77	22.07	22.07	22.44
实验句4	25.67	25.24	25.24	24.79	24.40	24.00	23.59	23.59	23.24
实验句5	24.00	24.00	23.24	22.44	21.06	20.07	18.84	17.90	17.90
实验句6	20.74	21.38	21.38	21.77	22.07	22.07	22.07	22.07	22.44
	音节7								
实验句1	22.44	22.44	22.44	22.44	22.44	22.44	22.81	22.81	22.44
实验句2	21.77	21.77	22.07	22.44	22.44	22.81	22.81	22.81	22.81
实验句3	21.38	21.77	22.07	22.44	23.24	23.59	23.59	23.59	23.59
实验句4	22.81	22.81	22.81	22.44	22.44	22.07	21.77	21.06	21.06
实验句5	24.40	24.40	24.00	24.00	24.00	23.59	23.59	23.24	22.81
实验句6	21.77	21.06	19.73	19.11	18.47	19.11	19.38	19.73	19.73
	音节8								
实验句1	22.81	22.44	22.81	22.81	22.81	22.81	22.44	22.81	22.81
实验句2	20.74	20.07	19.38	19.38	19.73	20.41	20.74	21.06	21.38
实验句3	20.74	18.47	14.51	12.79	11.31	13.92	17.41	18.47	20.07
实验句4	24.00	23.59	23.24	22.44	21.06	20.41	19.38	18.47	18.19
实验句5	20.41	18.47	16.60	12.53	11.31	12.53	15.75	18.19	18.47
实验句6	20.07	19.73	20.07	20.07	20.41	20.41	21.06	22.44	23.24

第4组　一般正反问句（V不V）

发音人1（男）

	音节1								
实验句1	19.33	19.33	19.54	19.54	19.74	19.84	19.94	19.94	19.94
实验句2	17.14	17.37	17.94	18.49	19.02	19.64	20.23	20.43	20.43
实验句3	16.18	16.54	16.78	17.60	18.05	18.38	18.91	19.12	19.12
实验句4	19.74	19.74	19.54	19.33	19.02	19.02	18.91	18.70	18.70
实验句5	15.80	15.93	15.93	15.80	15.80	15.80	15.80	15.93	15.93
实验句6	17.02	17.02	17.60	17.83	18.38	18.59	18.81	19.23	19.23

续表

	音节2								
实验句1	19.84	19.84	19.74	19.74	19.74	19.84	19.84	19.84	19.84
实验句2	19.84	20.04	20.23	20.53	20.62	20.81	21.00	21.09	21.19
实验句3	20.33	20.43	20.53	20.62	20.53	20.53	20.72	20.81	20.81
实验句4	18.81	18.91	18.70	18.70	18.38	18.05	17.83	17.60	17.60
实验句5	18.59	18.81	19.33	19.94	20.14	20.14	20.14	19.94	19.94
实验句6	19.54	18.91	18.05	16.42	15.55	15.16	15.02	15.16	15.16
	音节3								
实验句1	19.74	19.74	19.74	19.84	19.94	20.04	20.23	20.43	20.43
实验句2	18.81	18.38	17.71	17.37	17.60	17.94	18.70	19.33	19.43
实验句3	19.54	18.91	17.71	16.54	15.42	15.02	14.49	14.07	14.07
实验句4	18.91	18.59	17.83	17.48	17.02	16.78	16.54	16.18	16.30
实验句5	18.05	17.83	17.60	17.37	17.25	17.25	17.48	17.71	17.83
实验句6	17.37	17.71	18.27	18.27	18.38	18.38	18.27	18.05	18.05
	音节4								
实验句1	20.81	20.53	20.53	20.14	20.04	19.94	19.94	19.94	19.94
实验句2	18.38	18.38	18.16	18.05	17.83	17.60	17.37	17.25	17.25
实验句3	14.62	14.89	15.29	15.55	16.05	16.54	17.37	17.60	17.71
实验句4	17.83	17.83	17.71	17.71	17.48	17.48	17.48	17.48	17.48
实验句5	17.14	16.90	16.54	16.05	15.55	15.42	15.29	15.02	14.76
实验句6	17.25	17.48	17.48	17.71	18.27	18.59	18.81	19.12	19.23
	音节5								
实验句1	19.84	19.84	19.84	20.04	20.14	20.14	20.14	20.14	20.14
实验句2	17.83	17.83	18.05	18.27	18.49	18.81	19.02	19.12	19.12
实验句3	19.02	19.02	19.02	19.12	19.12	19.12	19.02	19.02	19.02
实验句4	16.54	16.54	16.54	16.42	16.54	16.54	16.42	16.42	16.42
实验句5	18.16	18.16	18.16	18.16	18.38	18.27	18.38	18.49	18.49
实验句6	18.38	18.05	17.60	17.14	16.42	16.18	15.55	15.16	14.49
	音节6								
实验句1	20.43	20.23	20.04	19.94	19.74	19.74	19.74	19.94	19.94
实验句2	17.48	17.37	17.48	17.48	17.71	17.83	18.05	18.38	18.38
实验句3	16.90	16.54	16.05	16.18	16.54	16.78	17.60	17.94	17.94

续表

	音节6								
实验句4	18.49	18.27	17.48	17.14	16.66	16.54	16.18	16.05	16.05
实验句5	17.14	16.42	15.02	14.07	13.65	13.65	13.36	13.65	13.65
实验句6	17.37	17.25	17.37	17.02	16.66	16.05	15.80	15.16	14.89
	音节7								
实验句1	23.11	23.11	23.03	22.86	22.78	22.52	22.35	22.26	22.18
实验句2	16.66	16.90	17.25	17.71	18.05	18.38	18.81	19.12	19.12
实验句3	17.02	16.54	16.18	15.93	15.93	16.42	16.78	16.90	16.90
实验句4	22.26	22.18	22.09	22.09	21.73	21.46	21.19	20.81	20.43
实验句5	20.33	20.53	20.53	20.53	20.62	20.53	20.53	20.62	20.62
实验句6	14.76	14.62	14.49	14.62	14.76	15.16	15.55	15.55	15.55
	音节8								
实验句1	20.53	20.53	20.14	19.84	19.43	19.02	18.70	18.38	18.38
实验句2	19.23	19.23	19.02	19.12	18.91	18.59	18.59	18.38	18.38
实验句3	18.91	18.91	19.33	19.94	20.43	20.43	21.09	21.46	21.46
实验句4	18.16	18.16	18.05	17.83	17.60	17.60	17.37	17.25	17.25
实验句5	18.38	18.38	18.27	18.27	18.05	17.94	17.94	17.94	17.94
实验句6	17.71	17.71	18.05	18.59	19.23	19.43	19.64	19.84	19.84
	音节9								
实验句1	17.94	17.48	17.25	17.02	16.66	16.42	16.05	15.93	15.67
实验句2	17.71	17.37	16.66	16.05	15.80	15.67	15.55	15.67	15.67
实验句3	21.19	20.53	19.84	18.81	17.94	17.14	16.30	15.67	15.55
实验句4	17.14	16.90	16.30	15.93	15.80	15.67	15.67	15.55	15.29
实验句5	18.59	18.59	18.49	18.38	18.16	18.05	18.16	17.94	17.83
实验句6	20.53	19.94	19.02	18.16	17.25	16.78	15.80	15.02	15.02
	音节10								
实验句1	16.42	15.93	15.29	14.76	14.62	14.62	14.49	14.49	14.62
实验句2	15.67	15.67	15.67	15.67	15.29	15.29	15.29	15.29	15.29
实验句3	15.42	15.55	15.55	15.55	15.67	15.80	15.93	16.18	16.18
实验句4	16.18	16.18	15.80	15.42	15.02	14.89	14.76	14.76	14.76
实验句5	15.93	15.55	14.89	14.21	13.79	14.07	15.16	15.80	16.18
实验句6	16.90	16.90	16.78	16.42	16.18	16.05	15.67	15.80	15.80

续表

	音节 11								
实验句 1	14.62	14.62	14.62	14.76	14.62	14.62	14.62	14.62	14.62
实验句 2	15.55	15.55	15.55	15.42	15.16	15.02	15.02	14.76	14.76
实验句 3	16.05	16.18	16.30	16.42	16.66	16.66	16.78	16.78	16.78
实验句 4	14.49	14.49	14.76	14.76	14.89	14.89	14.89	14.89	14.89
实验句 5	16.90	17.02	16.90	16.90	16.90	16.78	16.66	16.42	16.42
实验句 6	15.16	14.62	13.93	13.51	13.07	12.92	12.77	12.62	12.47
	音节 12								
实验句 1	14.62	14.62	14.49	14.35	14.76	14.89	15.02	15.42	15.67
实验句 2	13.36	12.92	12.77	12.77	12.77	13.22	14.07	15.02	15.55
实验句 3	13.79	13.07	12.31	12.16	12.62	12.77	13.51	14.89	15.93
实验句 4	15.67	15.16	14.62	14.49	13.93	13.51	13.22	13.51	13.79
实验句 5	13.93	12.92	11.36	10.86	11.36	12.00	12.77	14.07	14.49
实验句 6	12.16	12.00	12.00	12.16	12.47	12.77	13.65	14.35	15.29

发音人 2（女）

	音节 1								
实验句 1	29.66	29.12	29.12	29.12	29.66	29.66	29.66	29.66	29.66
实验句 2	26.57	26.57	27.59	28.08	28.08	28.60	28.60	28.08	28.08
实验句 3	22.81	22.81	22.44	21.77	21.38	21.38	21.38	21.38	21.38
实验句 4	30.24	30.24	30.24	30.24	30.24	30.24	30.24	30.24	30.24
实验句 5	23.59	22.81	23.24	23.24	23.24	23.24	23.24	23.59	23.59
实验句 6	22.81	24.00	24.40	25.24	25.67	26.57	27.09	27.59	27.59
	音节 2								
实验句 1	30.24	30.84	30.84	30.84	30.84	30.84	30.84	30.24	30.24
实验句 2	30.24	30.24	30.24	30.84	30.84	30.84	30.84	30.84	30.84
实验句 3	23.24	23.24	23.59	24.79	25.24	25.67	27.09	27.09	28.08
实验句 4	29.66	29.66	29.66	29.12	29.12	29.12	29.12	28.60	28.60
实验句 5	29.12	29.12	29.12	29.66	29.66	29.66	30.24	30.24	30.24
实验句 6	24.00	22.81	21.38	20.74	20.07	20.07	19.73	19.73	19.73
	音节 3								
实验句 1	30.84	30.84	30.84	30.84	30.84	30.84	30.84	30.24	30.24

续表

	音节 3								
实验句 2	27.09	27.09	27.59	27.59	28.60	29.12	29.12	29.12	29.66
实验句 3	26.16	26.16	25.24	23.59	22.44	21.77	21.06	20.74	20.41
实验句 4	30.24	30.24	30.24	30.24	30.24	30.24	29.66	29.66	29.66
实验句 5	26.57	26.16	25.24	24.79	24.40	24.79	24.79	25.24	25.24
实验句 6	26.16	26.16	26.16	26.57	26.57	26.57	27.09	26.57	26.57
	音节 4								
实验句 1	30.24	30.24	30.24	30.24	30.24	30.24	30.24	30.24	30.24
实验句 2	25.24	25.67	25.67	25.67	26.16	26.16	26.57	27.09	27.09
实验句 3	19.73	20.07	20.41	21.38	22.07	22.44	23.24	23.24	23.24
实验句 4	28.60	28.60	28.60	29.12	29.12	29.12	29.12	29.66	29.66
实验句 5	23.24	22.44	21.77	21.06	20.74	20.74	21.06	21.06	21.38
实验句 6	26.16	26.16	26.57	27.09	27.09	27.59	27.59	28.08	28.08
	音节 5								
实验句 1	30.24	30.24	29.66	29.66	29.12	29.12	28.60	28.08	28.08
实验句 2	28.60	28.60	29.12	29.12	29.12	29.66	29.66	29.66	29.66
实验句 3	25.67	24.79	24.79	25.24	25.67	26.57	27.09	27.09	27.09
实验句 4	29.66	29.66	29.12	29.12	29.12	29.12	29.12	29.66	29.66
实验句 5	24.79	24.79	24.79	24.79	24.79	24.40	24.00	23.59	23.24
实验句 6	26.16	24.40	22.44	20.74	19.73	19.11	17.90	17.41	17.12
	音节 6								
实验句 1	30.24	30.24	30.24	30.24	30.24	30.84	30.84	30.84	30.84
实验句 2	27.59	26.16	24.79	24.40	24.40	24.79	25.67	26.57	27.09
实验句 3	21.77	21.06	20.74	21.06	21.77	22.44	24.00	26.16	26.57
实验句 4	30.84	30.84	30.84	30.84	30.84	30.84	30.84	31.42	31.42
实验句 5	24.79	22.81	21.38	20.41	20.07	20.41	20.74	21.38	21.38
实验句 6	24.40	24.40	24.00	23.24	22.44	21.77	21.38	21.06	21.77
	音节 7								
实验句 1	32.74	32.74	32.74	32.74	32.74	32.74	32.74	32.74	32.74
实验句 2	24.79	24.79	26.57	26.57	27.59	27.59	28.08	28.08	28.08
实验句 3	20.74	20.74	20.74	20.74	20.41	20.41	20.41	20.41	20.41
实验句 4	34.11	34.11	34.11	34.11	34.11	34.11	34.11	34.11	34.11

续表

					音节7				
实验句5	28.08	28.60	29.12	29.12	29.66	30.24	30.84	31.42	31.42
实验句6	23.59	21.06	20.07	18.84	17.61	16.81	16.29	16.29	16.29
					音节8				
实验句1	28.60	28.60	27.59	27.09	27.09	27.09	26.57	26.57	26.57
实验句2	30.84	30.84	29.66	29.66	28.60	28.60	28.60	28.08	28.08
实验句3	23.24	23.24	23.24	23.24	23.24	23.24	23.24	23.59	23.59
实验句4	22.81	21.38	20.41	20.07	19.73	19.73	20.07	20.74	20.74
实验句5	30.84	30.84	30.24	29.66	29.12	29.12	28.60	28.60	28.60
实验句6	22.07	22.07	22.07	22.07	22.07	22.44	22.44	22.81	22.81
					音节9				
实验句1	24.40	24.40	23.59	23.24	22.44	22.44	22.44	22.07	22.07
实验句2	27.59	26.16	25.67	24.79	23.59	22.81	22.44	22.07	21.77
实验句3	24.79	24.79	23.59	22.81	22.07	21.77	21.77	21.77	21.77
实验句4	24.79	24.79	23.24	22.81	21.77	21.77	21.06	20.41	20.41
实验句5	27.09	26.16	25.24	24.40	23.24	22.44	22.07	21.77	21.77
实验句6	16.60	16.60	15.75	15.75	15.09	15.09	14.51	14.51	14.51
					音节10				
实验句1	23.24	22.81	22.44	22.44	22.07	22.07	22.07	21.77	21.77
实验句2	20.41	20.41	20.74	21.38	21.77	22.07	22.44	22.81	22.81
实验句3	22.44	21.38	21.06	20.74	20.74	21.06	21.06	21.06	21.06
实验句4	19.73	19.73	20.07	20.07	20.41	20.41	20.74	21.06	21.06
实验句5	18.19	18.19	17.61	17.61	18.19	18.19	18.84	19.11	19.11
实验句6	20.41	20.41	20.41	20.41	20.41	20.74	20.74	21.06	21.06
					音节11				
实验句1	21.77	21.38	21.38	21.38	21.38	21.77	21.38	21.06	21.06
实验句2	21.77	21.77	21.77	21.77	22.81	22.81	23.24	23.24	23.24
实验句3	20.07	19.73	20.07	20.41	21.06	21.38	21.77	21.38	21.06
实验句4	20.41	20.07	20.07	19.73	19.73	19.38	18.19	17.90	17.90
实验句5	21.77	21.77	21.38	21.38	21.06	21.06	20.74	20.74	20.74
实验句6	20.41	19.73	19.11	18.19	17.61	17.12	16.60	16.60	16.60

续表

	音节 12								
实验句 1	22.44	22.07	21.77	21.77	21.38	21.38	21.06	21.38	21.38
实验句 2	20.41	20.07	19.11	18.47	19.38	20.07	20.41	21.06	22.07
实验句 3	20.41	19.11	18.47	17.41	15.54	13.92	12.79	12.79	13.05
实验句 4	21.77	21.77	21.38	20.74	19.38	18.47	17.61	16.81	15.75
实验句 5	18.84	18.84	17.61	17.12	15.75	14.51	13.67	12.40	12.00
实验句 6	17.61	17.12	17.61	18.19	18.47	18.84	19.11	19.73	20.41

第 5 组 选择问句（选择项之间有关联词语"还是"）

发音人 1（男）

	音节 1								
实验句 1	14.76	13.79	13.07	12.92	12.92	13.07	12.92	13.07	13.07
实验句 2	15.42	15.67	15.80	16.05	16.30	16.78	16.78	16.78	17.02
实验句 3	13.36	13.22	13.07	12.92	12.47	12.31	12.00	12.00	12.00
实验句 4	21.09	17.71	16.05	14.62	13.93	13.65	13.22	12.62	12.00
实验句 5	12.31	12.00	11.84	11.84	11.68	11.52	11.36	11.36	11.36
实验句 6	4.42	8.14	10.86	12.16	13.07	13.79	13.93	14.21	13.93
	音节 2								
实验句 1	14.35	14.35	14.21	13.93	13.93	13.79	13.22	12.62	12.62
实验句 2	15.67	15.80	16.05	16.05	15.80	15.67	15.42	15.67	15.67
实验句 3	13.65	13.79	13.79	13.65	13.79	13.93	14.35	14.76	14.76
实验句 4	14.21	13.65	13.36	13.07	12.92	12.62	12.47	12.47	12.47
实验句 5	14.62	15.16	15.67	15.67	15.42	15.16	15.16	15.02	14.62
实验句 6	14.62	13.36	10.86	9.82	9.28	9.28	9.28	8.91	8.91
	音节 3								
实验句 1	13.65	13.79	13.65	13.36	13.36	13.79	13.93	13.65	13.65
实验句 2	13.93	13.79	13.79	13.79	13.93	14.21	14.35	14.35	14.35
实验句 3	13.65	13.79	13.22	12.62	11.84	11.36	10.86	10.69	10.52
实验句 4	14.35	13.65	13.22	13.07	12.62	12.47	12.47	12.47	12.47
实验句 5	13.93	13.93	13.22	12.92	12.47	12.62	12.92	13.22	13.22
实验句 6	12.92	12.47	12.31	12.31	12.47	12.92	13.07	12.92	12.92

续表

	音节 4								
实验句 1	18.38	17.71	17.48	17.14	17.14	17.14	17.02	16.78	16.78
实验句 2	13.07	13.22	13.22	13.36	13.79	13.93	13.93	14.35	14.35
实验句 3	10.35	10.52	11.36	12.00	12.92	13.65	13.65	13.22	13.22
实验句 4	13.79	13.79	13.36	13.22	12.92	12.47	12.31	12.16	12.16
实验句 5	13.07	12.47	11.52	10.35	9.46	9.46	9.09	8.72	8.72
实验句 6	11.68	11.68	12.00	12.47	13.79	14.35	15.02	15.42	15.80
	音节 5								
实验句 1	17.94	17.48	17.48	17.14	17.02	16.78	16.54	16.54	16.54
实验句 2	14.21	13.93	13.79	13.79	13.93	14.21	14.76	15.16	15.16
实验句 3	15.16	15.02	14.62	13.93	13.79	13.79	13.79	13.07	12.92
实验句 4	12.00	12.00	12.00	11.84	11.68	11.52	11.36	11.36	11.84
实验句 5	13.36	13.22	13.07	12.62	12.16	11.68	11.36	11.19	11.19
实验句 6	13.79	11.84	9.09	8.72	8.14	8.14	8.72	8.72	8.72
	音节 6								
实验句 1	16.78	16.54	16.78	17.02	17.02	16.54	16.30	15.42	15.16
实验句 2	9.46	9.46	9.46	9.82	10.18	10.69	11.03	11.03	11.03
实验句 3	12.92	12.47	11.68	9.46	7.94	8.14	8.53	8.53	8.53
实验句 4	11.84	11.84	10.52	10.18	9.46	9.46	9.64	10.00	10.00
实验句 5	10.00	9.28	8.91	8.14	7.74	7.74	6.70	6.27	6.05
实验句 6	15.67	14.21	13.36	12.62	11.84	10.35	8.33	6.91	6.70
	音节 7								
实验句 1	19.23	19.43	19.74	19.74	19.74	19.74	19.74	20.04	20.23
实验句 2	14.21	13.65	13.65	13.93	15.16	15.80	16.78	17.02	17.71
实验句 3	10.86	10.00	9.46	8.91	8.72	8.72	8.72	8.72	8.72
实验句 4	21.46	21.09	20.23	19.23	18.70	18.70	18.38	18.38	18.38
实验句 5	22.00	22.00	22.00	22.00	22.00	22.00	22.00	22.00	22.00
实验句 6	11.68	11.36	10.86	10.69	10.18	9.82	9.09	8.91	8.72
	音节 8								
实验句 1	21.73	21.46	21.46	21.73	21.73	22.00	22.00	22.35	22.35
实验句 2	18.38	17.14	16.30	16.05	17.94	20.23	21.73	22.00	22.00
实验句 3	10.35	11.03	11.84	13.65	14.76	16.05	17.94	18.38	18.91

续表

	音节 8								
实验句 4	23.68	23.03	22.35	21.73	21.46	21.09	20.81	20.53	20.23
实验句 5	15.67	12.00	10.00	9.09	9.09	9.46	11.03	13.22	14.62
实验句 6	20.81	21.46	22.00	22.35	22.35	21.73	21.46	20.53	20.04
	音节 9								
实验句 1	22.00	21.73	21.73	21.73	21.73	21.46	21.09	20.81	20.53
实验句 2	20.04	20.04	20.23	20.81	21.46	21.46	22.00	22.35	22.35
实验句 3	22.00	22.35	22.35	22.69	23.03	23.03	23.36	23.36	23.36
实验句 4	20.81	20.81	21.09	21.09	21.46	21.73	21.73	21.73	21.09
实验句 5	24.00	24.00	23.68	23.36	22.69	21.73	20.23	18.91	18.91
实验句 6	9.46	9.46	8.72	7.74	7.12	6.91	6.49	6.27	6.27
	音节 10								
实验句 1	23.68	24.00	24.39	24.39	24.69	24.69	24.39	23.68	23.03
实验句 2	8.53	9.28	9.28	9.46	10.86	11.84	13.93	15.02	15.67
实验句 3	10.00	9.82	8.72	7.74	6.27	6.05	5.83	5.83	5.83
实验句 4	22.35	22.35	21.46	18.70	16.78	15.42	13.79	13.07	12.62
实验句 5	10.86	8.91	7.33	6.49	6.27	6.49	6.27	6.05	6.05
实验句 6	9.82	9.82	10.18	12.00	13.22	14.76	17.14	17.94	18.16
	音节 11								
实验句 1	8.91	8.91	8.91	8.91	8.91	8.91	8.91	8.91	8.91
实验句 2	9.82	9.82	9.82	9.82	10.18	10.18	10.18	10.18	10.18
实验句 3	8.53	8.53	8.72	8.91	9.09	9.28	9.28	9.64	9.64
实验句 4	8.14	8.14	8.14	8.14	8.33	8.33	8.33	8.53	8.53
实验句 5	9.09	9.09	9.09	8.72	7.54	7.12	7.33	7.54	7.74
实验句 6	12.00	12.00	13.65	14.76	15.80	15.80	17.02	17.94	17.94
	音节 12								
实验句 1	12.00	12.00	9.64	9.09	8.14	8.14	8.14	7.94	7.94
实验句 2	12.92	12.92	11.19	11.19	10.35	9.82	9.82	9.46	9.46
实验句 3	16.30	16.30	16.05	15.67	14.62	14.62	13.36	12.92	12.92
实验句 4	11.36	11.36	9.82	9.28	8.33	8.33	8.14	7.74	7.74
实验句 5	11.52	11.52	9.82	9.82	9.09	8.33	8.33	8.14	8.14
实验句 6	16.54	16.54	16.30	16.05	15.80	15.80	15.67	15.67	15.67

续表

	音节 13								
实验句1	15.80	15.42	15.42	15.16	15.02	15.02	15.02	15.16	15.80
实验句2	10.18	8.72	8.14	8.53	9.82	12.00	13.07	14.62	15.02
实验句3	11.84	11.36	10.69	8.91	8.14	7.74	7.33	7.33	7.33
实验句4	10.69	10.00	8.72	8.14	7.74	7.74	7.33	7.12	6.91
实验句5	14.62	13.36	12.92	12.62	12.62	12.92	13.07	12.92	12.92
实验句6	13.79	12.92	13.07	13.79	16.05	17.02	18.16	18.16	18.16
	音节 14								
实验句1	13.22	12.62	12.31	11.52	11.19	11.19	11.84	12.31	12.47
实验句2	24.39	24.00	23.03	20.23	17.48	14.62	10.69	8.53	8.33
实验句3	7.94	8.14	8.91	10.35	13.79	16.78	18.70	19.43	19.74
实验句4	21.73	22.00	22.69	22.69	23.03	22.69	22.00	22.00	22.00
实验句5	21.73	21.46	22.35	22.35	22.00	22.00	21.46	19.74	19.23
实验句6	9.82	8.53	7.94	6.49	5.83	4.90	3.16	2.62	2.35
	音节 15								
实验句1	24.00	23.03	21.46	20.23	17.02	14.76	11.19	10.00	9.46
实验句2	7.74	8.72	10.52	13.79	17.48	19.74	20.53	20.23	20.23
实验句3	6.70	6.70	6.27	6.27	6.27	6.27	5.83	5.83	5.83
实验句4	9.64	9.46	8.72	6.70	5.60	5.37	6.70	7.33	7.33
实验句5	15.67	12.47	10.00	8.91	7.33	6.49	6.27	6.91	7.33
实验句6	13.07	13.07	12.62	12.00	11.68	11.36	11.03	10.18	10.18
	音节 16								
实验句1	9.09	9.28	9.46	9.64	10.18	10.52	10.35	10.00	9.82
实验句2	10.35	9.28	7.74	7.12	6.70	7.33	7.74	8.91	10.18
实验句3	14.35	14.76	15.42	15.80	16.78	17.14	17.14	16.78	16.78
实验句4	10.86	10.35	10.18	9.64	8.91	7.94	6.91	6.70	6.27
实验句5	6.91	7.33	7.94	9.46	11.36	12.31	12.92	12.47	12.47
实验句6	23.68	23.03	22.69	21.73	20.53	19.23	17.71	16.30	15.80

发音人2（女）

	音节 1								
实验句1	27.59	28.08	28.08	28.60	28.60	29.12	29.12	29.66	29.66

续表

	音节1								
实验句2	25.24	25.67	25.67	26.16	26.57	26.57	27.09	27.59	27.59
实验句3	24.79	24.79	26.16	26.16	27.09	27.59	28.08	28.60	28.60
实验句4	30.84	30.24	29.66	29.66	29.12	29.12	29.12	29.12	29.66
实验句5	23.59	23.59	23.59	24.00	24.00	24.40	24.79	25.67	26.16
实验句6	23.59	23.59	24.79	25.67	26.16	27.09	27.59	28.08	28.08
	音节2								
实验句1	29.66	29.66	29.66	29.66	29.66	29.66	29.66	29.66	29.66
实验句2	29.12	29.12	29.12	29.12	29.12	29.66	29.66	29.66	29.66
实验句3	22.44	22.44	24.00	25.67	27.59	28.08	29.12	29.66	29.66
实验句4	30.84	30.84	30.24	30.24	29.66	29.66	29.12	29.12	29.12
实验句5	30.24	30.84	30.84	31.42	30.84	30.84	30.84	30.84	30.24
实验句6	26.57	25.67	23.59	22.07	21.77	21.38	21.38	21.06	21.06
	音节3								
实验句1	29.12	29.66	29.66	29.66	29.66	29.66	29.66	29.66	29.66
实验句2	27.09	27.09	26.57	26.57	27.09	27.59	28.08	28.60	28.60
实验句3	22.07	21.06	19.38	18.47	17.90	17.61	17.90	17.90	18.19
实验句4	30.24	30.24	30.24	29.66	29.66	29.66	29.12	29.12	29.12
实验句5	24.40	24.79	24.79	25.24	25.67	26.57	27.09	27.59	28.08
实验句6	23.59	25.24	25.67	26.57	27.09	27.59	28.08	28.08	28.08
	音节4								
实验句1	29.66	29.66	29.66	29.66	29.66	29.66	30.24	30.24	30.24
实验句2	27.59	27.09	27.09	26.57	25.67	25.67	25.67	25.67	25.67
实验句3	17.61	18.47	20.07	21.38	22.81	23.59	25.24	26.16	26.16
实验句4	28.08	27.59	27.59	27.59	28.08	28.08	28.08	28.08	28.08
实验句5	26.16	25.67	24.40	23.59	22.81	22.44	21.77	21.06	21.06
实验句6	23.59	23.24	23.24	24.00	25.24	26.16	26.57	27.09	27.09
	音节5								
实验句1	29.66	29.12	29.12	28.60	28.60	28.08	28.08	28.08	28.60
实验句2	25.67	25.67	26.16	26.57	27.09	27.09	28.08	28.08	28.08
实验句3	23.59	23.24	23.24	24.00	25.24	26.57	27.59	28.08	27.59
实验句4	27.09	27.09	27.09	27.09	27.09	27.09	27.59	27.59	28.08

续表

	音节5								
实验句5	26.16	26.57	26.57	26.57	27.09	27.09	27.09	27.09	27.09
实验句6	25.67	24.40	22.07	19.38	17.12	15.09	15.54	16.60	16.81
	音节6								
实验句1	29.12	29.12	29.12	29.12	29.12	29.12	29.12	29.12	29.66
实验句2	24.79	23.59	23.24	23.59	24.79	26.16	27.59	28.08	28.08
实验句3	24.00	20.41	18.47	19.11	20.41	22.07	24.79	26.57	26.16
实验句4	29.66	28.60	27.09	26.57	25.67	25.24	24.40	24.00	24.00
实验句5	22.81	20.74	19.11	18.19	17.41	16.29	15.54	15.09	15.09
实验句6	27.09	27.09	26.57	25.67	24.40	23.59	22.07	21.77	21.77
	音节7								
实验句1	30.24	30.24	30.24	30.24	29.66	29.66	29.66	29.66	29.66
实验句2	27.59	27.59	27.59	28.08	28.08	28.60	28.60	29.12	29.12
实验句3	23.24	21.77	20.74	19.38	18.19	17.90	17.41	17.12	17.12
实验句4	27.09	27.09	27.09	27.09	27.59	27.59	28.08	28.08	28.60
实验句5	26.57	27.09	27.59	28.08	28.08	28.60	29.12	29.12	29.12
实验句6	18.84	19.11	19.11	19.38	20.07	20.74	21.38	21.77	21.77
	音节8								
实验句1	30.84	30.84	30.84	30.24	30.24	30.24	30.24	30.24	30.24
实验句2	27.59	25.67	22.44	22.07	23.59	25.67	28.60	29.66	30.24
实验句3	21.38	20.74	20.41	20.74	21.77	22.07	23.24	23.59	24.00
实验句4	32.74	32.74	32.07	31.42	30.84	29.66	29.12	28.60	28.60
实验句5	22.07	22.07	21.38	20.74	20.07	20.07	19.11	18.84	18.84
实验句6	27.59	27.59	28.08	28.08	28.60	29.12	29.12	29.66	29.66
	音节9								
实验句1	30.24	30.24	30.24	30.24	30.24	30.24	30.24	30.24	30.24
实验句2	24.40	24.40	24.40	24.79	26.16	27.59	28.60	29.66	30.24
实验句3	25.24	25.67	26.57	27.09	28.08	28.60	28.60	28.60	28.60
实验句4	24.40	23.59	23.24	21.77	21.06	20.74	20.41	20.07	20.07
实验句5	28.60	29.66	30.84	32.07	31.42	30.24	28.08	26.16	25.67
实验句6	24.79	24.00	22.81	21.77	19.38	18.47	18.19	18.84	19.11

续表

	音节 10								
实验句1	32.74	32.74	33.42	33.42	33.42	33.42	34.11	34.11	34.11
实验句2	21.06	20.74	20.74	20.74	21.38	21.77	22.81	24.00	24.40
实验句3	21.77	21.06	18.84	16.29	12.40	10.30	9.69	9.99	10.44
实验句4	21.06	21.06	20.74	20.41	19.73	19.11	18.47	18.84	18.84
实验句5	19.73	19.38	17.90	16.29	15.09	14.40	12.79	12.79	12.53
实验句6	19.73	19.38	20.07	21.77	23.24	24.40	27.09	30.84	31.42
	音节 11								
实验句1	23.59	23.59	23.59	23.59	23.24	23.24	23.24	23.24	23.24
实验句2	22.44	22.44	22.44	22.44	22.07	22.07	21.77	21.77	21.77
实验句3	20.74	20.74	21.06	21.06	21.06	21.06	21.06	21.06	21.06
实验句4	21.77	21.38	21.77	22.44	23.24	23.59	24.00	23.59	23.59
实验句5	22.44	22.44	22.44	23.24	23.24	23.59	24.00	24.40	24.40
实验句6	23.24	23.24	23.24	23.24	22.81	22.81	22.81	22.81	22.81
	音节 12								
实验句1	23.24	23.24	22.81	22.81	22.44	22.44	22.44	22.44	22.44
实验句2	23.24	23.24	23.24	23.24	23.24	22.81	22.44	22.44	22.44
实验句3	21.77	21.77	21.77	21.77	21.77	21.77	21.77	21.77	21.77
实验句4	28.08	28.08	27.59	27.59	27.09	26.57	26.57	26.16	26.16
实验句5	26.57	26.57	26.16	25.24	24.79	24.79	24.79	24.79	24.79
实验句6	26.57	26.57	26.57	26.16	26.16	25.67	25.67	25.67	25.67
	音节 13								
实验句1	26.16	25.24	24.40	24.40	24.79	24.79	25.24	25.67	25.67
实验句2	22.44	22.44	22.44	22.44	22.44	23.59	25.24	25.67	26.16
实验句3	24.00	24.00	22.07	20.74	19.38	17.90	16.60	15.75	15.75
实验句4	27.59	27.09	26.57	26.16	25.24	24.79	24.40	24.40	24.40
实验句5	26.16	26.16	25.67	25.67	25.24	25.24	25.67	25.67	25.67
实验句6	22.81	21.77	21.77	22.07	23.59	25.24	26.57	28.08	28.60
	音节 14								
实验句1	28.08	28.08	27.59	27.09	26.57	26.57	26.16	26.16	26.16
实验句2	31.42	30.84	30.24	29.66	28.60	28.08	28.08	28.08	28.08
实验句3	19.73	19.73	20.07	20.41	21.06	21.77	22.81	23.59	24.40

续表

	音节 14								
实验句 4	29.66	30.24	30.24	30.84	31.42	32.07	32.07	32.74	32.74
实验句 5	29.12	29.12	29.12	29.12	29.66	29.66	30.24	30.24	30.24
实验句 6	24.00	24.40	25.24	25.67	25.24	25.24	24.79	24.40	24.40
	音节 15								
实验句 1	31.42	30.84	29.66	28.60	28.08	25.67	24.40	23.59	23.24
实验句 2	21.06	22.07	23.24	24.40	25.24	26.57	27.59	28.08	28.08
实验句 3	24.79	24.00	23.24	21.77	20.07	18.84	17.61	16.81	16.60
实验句 4	23.24	22.81	21.77	19.38	17.41	17.12	17.41	17.41	17.41
实验句 5	27.09	25.24	24.40	23.59	22.07	20.41	19.38	18.84	18.84
实验句 6	23.24	22.07	20.74	19.73	18.19	18.19	17.90	18.19	18.47
	音节 16								
实验句 1	21.38	21.06	20.74	20.74	20.74	20.07	20.07	20.07	20.41
实验句 2	19.73	19.38	19.11	18.84	19.11	19.38	19.73	20.41	20.41
实验句 3	23.59	23.59	24.00	24.40	24.79	24.79	25.67	26.57	27.09
实验句 4	20.07	19.73	18.84	18.19	17.12	16.08	15.75	15.54	15.54
实验句 5	18.47	18.19	18.47	19.38	20.41	21.06	23.59	25.67	26.57
实验句 6	27.09	27.09	24.79	22.81	21.06	20.41	20.07	20.07	20.07

注：每个方框中的数据表示一个点的音高值，每行包含9个方框，表示9个点的音高值。本书设计了20组实验句，篇幅所限，附录1选择性地列出了以下句型的音高数据：自然焦点的是非问句、一般特指问句（"谁"问句）、一般正反问句以及选择项之间有关联词语"还是"的选择问句。这些句型是疑问句的常见分类，具有较高的使用频率。

附录2 时长数据（时长比值）

第1组 语调是非问句

发音人1（男）

第1组	音节1	音节2	音节3	音节4	音节5	音节6	音节7	音节8	音节9	音节10
实验句1	0.89	0.84	1.09	0.80	0.60	0.80	1.26	0.69	0.69	0.98
实验句2	0.47	0.68	0.94	0.72	0.84	1.15	0.89	0.98	0.89	1.32
实验句3	0.88	1.00	0.94	0.62	0.85	1.29	1.98	0.79	1.16	1.82
实验句4	0.92	0.92	1.08	0.91	0.83	1.12	0.73	0.89	0.59	0.89
实验句5	0.50	0.84	1.11	1.02	0.78	1.19	1.15	0.81	0.78	1.19
实验句6	0.52	0.83	0.88	0.52	0.74	0.89	1.05	0.64	0.65	1.41

发音人2（女）

第1组	音节1	音节2	音节3	音节4	音节5	音节6	音节7	音节8	音节9	音节10
实验句1	0.83	0.84	0.86	0.83	0.55	1.02	0.86	0.70	0.77	1.36
实验句2	0.65	0.58	0.95	0.88	0.78	0.96	0.66	0.60	0.84	1.14
实验句3	0.55	0.87	1.57	0.25	0.54	1.12	0.76	0.62	0.96	1.53
实验句4	0.85	0.81	1.09	0.80	0.47	0.78	0.59	0.73	0.54	1.11
实验句5	0.59	0.83	0.82	0.66	0.82	1.06	0.75	0.73	0.51	1.11
实验句6	0.47	0.89	0.72	0.65	0.43	0.82	0.53	0.62	0.62	1.38

第2组 语气词"吗"是非问句

发音人1（男）

第2组	音节1	音节2	音节3	音节4	音节5	音节6	音节7	音节8	音节9	音节10	音节11
实验句1	0.99	0.89	1.32	1.06	0.75	1.00	1.52	0.89	0.74	0.74	1.12

第2组	音节1	音节2	音节3	音节4	音节5	音节6	音节7	音节8	音节9	音节10	音节11
实验句2	0.59	0.86	1.55	0.84	0.97	1.25	1.04	0.94	0.99	1.13	0.85
实验句3	0.59	1.12	0.81	0.88	1.01	1.28	1.31	0.80	1.04	1.15	1.01
实验句4	1.00	0.94	1.37	0.83	0.71	1.44	1.06	0.88	0.86	0.83	1.12
实验句5	0.68	1.00	1.15	0.74	0.80	1.18	1.34	1.25	1.06	0.91	0.88
实验句6	0.62	0.93	0.93	0.70	0.90	1.24	1.74	0.87	1.10	1.06	0.91

发音人2（女）

第2组	音节1	音节2	音节3	音节4	音节5	音节6	音节7	音节8	音节9	音节10	音节11
实验句1	1.00	1.02	1.04	0.93	0.76	1.18	0.97	0.83	0.97	1.07	1.23
实验句2	0.98	0.80	0.94	0.72	0.90	1.24	0.91	0.92	1.18	1.09	1.32
实验句3	0.76	1.23	0.96	0.68	0.84	0.95	0.98	0.68	1.11	1.35	1.47
实验句4	0.98	0.97	1.37	0.60	1.06	1.09	1.05	0.73	1.01	1.09	1.05
实验句5	0.89	0.97	0.80	0.68	1.06	1.23	0.91	0.88	1.20	1.13	1.25
实验句6	0.58	1.12	0.85	0.73	0.98	0.95	1.16	0.79	1.05	1.26	1.53

第3组　对比焦点的是非问句（句首焦点）

发音人1（男）对比焦点的语调问句

第3组 语调问	音节1	音节2	音节3	音节4	音节5	音节6	音节7	音节8	音节9	音节10
实验句1	0.96	1.02	1.15	1.35	0.64	1.10	1.14	0.86	0.81	0.95
实验句2	0.98	1.00	1.31	1.10	0.85	0.95	0.96	0.99	0.85	0.97
实验句3	0.83	1.45	1.09	0.80	0.98	1.07	1.11	0.99	0.86	0.84
实验句4	1.04	1.41	1.61	0.71	0.74	1.14	1.00	1.08	0.67	0.93
实验句5	0.94	1.06	1.03	0.88	1.11	1.03	0.96	1.00	0.95	1.03
实验句6	0.90	1.12	1.21	0.92	0.91	0.96	1.08	0.85	0.87	1.18

发音人1（男）对比焦点的语气词"吗"问句

第3组 "吗"问	音节1	音节2	音节3	音节4	音节5	音节6	音节7	音节8	音节9	音节10	音节11
实验句1	1.18	1.15	1.25	1.32	0.65	1.15	1.06	0.84	0.82	0.78	0.80

续表

第3组"吗"问	音节1	音节2	音节3	音节4	音节5	音节6	音节7	音节8	音节9	音节10	音节11
实验句2	1.14	0.92	1.34	1.07	0.93	1.10	0.90	1.08	0.90	0.83	0.79
实验句3	0.88	1.58	1.15	0.78	0.93	0.99	1.13	0.98	0.79	0.88	0.92
实验句4	1.11	1.28	1.40	0.54	0.81	1.24	0.90	1.14	0.73	0.93	0.88
实验句5	0.85	1.07	1.30	0.86	1.02	1.14	1.07	1.06	0.91	0.87	0.86
实验句6	0.95	1.28	1.11	0.77	1.10	0.85	1.19	0.92	1.02	1.09	0.75

发音人2（女）对比焦点的语调问句

第3组语调问	音节1	音节2	音节3	音节4	音节5	音节6	音节7	音节8	音节9	音节10
实验句1	0.98	1.05	1.21	0.95	0.69	1.23	1.11	0.65	0.82	1.32
实验句2	0.72	0.90	1.86	0.80	0.93	1.00	0.57	0.81	0.88	1.44
实验句3	0.75	1.08	1.36	0.79	1.03	1.04	0.99	0.76	0.78	1.41
实验句4	0.91	0.96	1.66	0.56	0.60	0.91	0.85	0.70	0.56	1.17
实验句5	0.84	1.05	1.45	0.80	0.90	1.03	0.95	0.84	0.79	1.34
实验句6	0.73	1.19	1.02	0.67	1.14	0.96	0.95	0.76	0.95	1.61

发音人2（女）对比焦点的语气词"吗"问句

第3组"吗"问	音节1	音节2	音节3	音节4	音节5	音节6	音节7	音节8	音节9	音节10	音节11
实验句1	1.08	1.11	1.45	0.89	0.72	0.90	0.91	0.77	0.85	0.98	1.40
实验句2	0.75	0.86	1.56	0.72	0.91	1.25	1.48	0.77	0.76	0.84	0.99
实验句3	0.62	1.16	1.39	0.90	1.04	1.04	1.24	0.80	0.82	0.90	1.11
实验句4	1.06	1.11	1.89	0.59	0.81	1.12	0.86	0.79	0.63	0.76	1.36
实验句5	0.72	1.07	1.66	0.69	1.00	1.18	1.14	0.66	0.97	0.86	1.05
实验句6	0.74	1.20	1.58	0.79	1.08	1.07	0.97	0.75	0.79	0.96	1.08

第4组 对比焦点的是非问句（句中焦点）

发音人1（男）对比焦点的语调问句

第4组语调问	音节1	音节2	音节3	音节4	音节5	音节6	音节7	音节8	音节9	音节10
实验句1	0.97	0.89	1.00	1.34	0.77	1.39	1.09	0.86	0.68	1.02
实验句2	0.76	0.75	1.22	1.43	0.95	1.37	0.82	0.89	0.75	1.05
实验句3	0.77	1.08	1.06	0.95	1.00	1.00	1.30	0.90	0.82	1.15
实验句4	0.94	0.90	1.55	0.86	0.94	1.31	0.91	1.04	0.69	0.85
实验句5	0.80	0.96	1.23	0.99	1.15	1.04	1.17	0.98	0.93	0.73
实验句6	0.81	0.97	1.13	1.07	1.03	1.10	1.09	0.83	0.83	1.12

发音人1（男）对比焦点的语气词"吗"问句

第4组"吗"问	音节1	音节2	音节3	音节4	音节5	音节6	音节7	音节8	音节9	音节10	音节11
实验句1	0.92	0.95	1.13	1.23	0.79	1.44	1.20	0.94	0.77	0.82	0.83
实验句2	0.74	0.81	1.12	1.42	1.08	1.44	0.87	0.98	0.84	0.89	0.81
实验句3	0.83	1.20	1.08	1.04	1.17	1.09	1.27	0.87	0.82	0.82	0.82
实验句4	1.03	0.97	1.55	0.72	0.99	1.26	0.91	1.02	0.75	0.91	0.88
实验句5	0.77	1.10	1.02	0.99	1.29	1.00	1.15	1.01	0.95	0.90	0.80
实验句6	0.77	1.03	1.08	1.08	1.11	1.06	1.30	0.97	0.90	0.91	0.79

发音人2（女）对比焦点的语调问句

第4组语调问	音节1	音节2	音节3	音节4	音节5	音节6	音节7	音节8	音节9	音节10
实验句1	0.78	0.82	1.23	0.86	0.72	1.60	1.30	0.65	0.76	1.26
实验句2	0.58	0.82	1.53	0.79	0.95	1.59	0.77	0.74	0.83	1.40
实验句3	0.50	1.05	1.19	0.79	0.92	1.65	1.06	0.70	0.78	1.36
实验句4	0.95	0.96	1.51	0.49	0.82	1.55	0.94	0.89	0.57	1.32
实验句5	0.74	0.94	1.08	0.84	0.88	1.55	1.15	0.71	0.91	1.18
实验句6	0.65	1.09	1.04	0.84	1.13	1.22	0.98	0.75	0.80	1.50

发音人2（女）对比焦点的语气词"吗"问句

第4组"吗"问	音节1	音节2	音节3	音节4	音节5	音节6	音节7	音节8	音节9	音节10	音节11
实验句1	0.94	0.96	1.38	0.94	0.82	1.57	1.15	0.66	0.73	0.75	1.09
实验句2	0.69	0.78	1.39	0.88	1.00	1.62	0.94	0.92	0.87	0.75	1.15
实验句3	0.56	1.02	1.22	0.72	0.98	1.79	1.27	0.67	0.81	0.82	1.16
实验句4	0.90	0.96	1.61	0.68	0.87	1.47	0.97	0.89	0.50	0.80	1.36
实验句5	0.58	1.06	1.43	1.03	0.99	1.41	1.11	0.65	0.83	0.93	1.00
实验句6	0.62	1.09	1.49	0.83	1.18	1.23	0.90	0.82	0.87	0.91	1.05

第5组 对比焦点的是非问句（句末焦点）

发音人1（男）对比焦点的语调问句

第5组语调问	音节1	音节2	音节3	音节4	音节5	音节6	音节7	音节8	音节9	音节10
实验句1	0.89	0.93	1.12	1.27	0.69	1.23	1.14	0.90	0.83	1.00
实验句2	0.68	0.78	1.03	1.02	0.94	1.15	1.12	1.12	0.90	1.25
实验句3	0.68	1.04	1.11	0.87	0.91	1.00	1.30	0.85	0.91	1.30
实验句4	1.04	0.93	1.52	0.64	0.84	1.38	0.94	1.10	0.65	0.95
实验句5	0.68	1.07	1.09	0.92	0.91	1.01	1.26	0.87	0.90	1.28
实验句6	0.69	0.90	1.11	0.88	0.94	1.06	1.34	0.88	0.94	1.26

发音人1（男）对比焦点的语气词"吗"问句

第5组"吗"问	音节1	音节2	音节3	音节4	音节5	音节6	音节7	音节8	音节9	音节10	音节11
实验句1	1.01	0.87	1.11	1.37	0.67	1.32	1.17	0.96	0.82	0.89	0.84
实验句2	0.72	0.75	0.90	1.21	0.92	1.19	1.08	1.19	1.09	1.10	0.83
实验句3	0.71	1.16	0.95	0.98	1.13	1.13	1.28	0.99	0.97	0.86	0.85
实验句4	0.97	0.97	1.26	0.62	0.89	1.27	0.79	1.29	0.79	1.14	1.01
实验句5	0.78	0.91	1.00	0.84	1.05	0.96	1.23	1.25	1.02	1.06	0.89
实验句6	0.70	0.97	1.09	0.79	0.88	0.89	1.53	0.97	1.04	1.28	0.85

发音人2（女）对比焦点的语调问句

第5组语调问	音节1	音节2	音节3	音节4	音节5	音节6	音节7	音节8	音节9	音节10
实验句1	0.87	1.01	0.97	0.88	0.75	1.46	1.20	0.76	0.80	1.29
实验句2	0.72	0.92	1.21	0.79	0.90	1.43	0.94	0.81	0.89	1.37
实验句3	0.62	1.09	0.90	0.66	1.09	1.36	1.18	0.73	0.84	1.52
实验句4	0.96	0.98	1.15	0.45	0.79	1.42	1.19	0.84	0.57	1.64
实验句5	0.67	1.03	0.85	0.69	0.93	1.40	1.12	0.83	1.03	1.49
实验句6	0.70	1.17	0.97	0.57	1.20	0.97	0.86	0.82	0.96	1.78

发音人2（女）对比焦点的语气词"吗"问句

第5组"吗"问	音节1	音节2	音节3	音节4	音节5	音节6	音节7	音节8	音节9	音节10	音节11
实验句1	0.93	0.95	1.00	0.83	0.78	1.51	1.38	0.72	0.75	0.91	1.24
实验句2	0.68	0.93	1.14	0.87	0.91	1.16	0.94	0.89	1.04	1.20	1.26
实验句3	0.66	1.15	0.95	0.68	1.18	1.06	1.36	0.88	0.98	1.05	1.04
实验句4	0.97	1.05	1.24	0.56	0.80	1.54	1.02	0.99	0.66	1.02	1.12
实验句5	0.73	1.15	0.84	0.69	1.00	1.49	1.15	0.87	0.91	1.01	1.17
实验句6	0.55	1.04	0.93	0.53	1.15	1.23	1.17	0.96	1.04	1.25	1.17

第6组 回声问句（全句焦点）

发音人1（男）

第6组	音节1	音节2	音节3	音节4	音节5	音节6	音节7	音节8	音节9	音节10
实验句1	0.77	0.79	1.53	1.10	1.22	1.11	1.09	0.73	0.98	1.09
实验句2	0.67	0.90	1.40	1.01	0.85	1.30	0.89	1.13	1.04	0.81
实验句3	0.70	0.80	1.38	0.89	1.06	1.11	0.81	1.07	1.04	1.14
实验句4	0.75	0.85	1.42	1.26	0.94	1.32	0.89	0.86	0.99	1.02
实验句5	0.76	1.04	1.51	1.07	1.20	0.93	0.69	0.95	1.17	0.96
实验句6	0.75	0.77	1.59	0.86	1.26	1.21	0.71	0.99	1.02	1.13

第6组	音节11	音节12	音节13	音节14
实验句1	0.87	0.84	0.94	1.07

续表

第6组	音节11	音节12	音节13	音节14
实验句2	0.89	0.87	1.13	1.06
实验句3	0.90	0.86	1.11	1.04
实验句4	1.08	0.72	0.97	0.97
实验句5	0.92	0.97	0.99	1.13
实验句6	0.74	0.87	1.31	0.88

发音人2（女）

第6组	音节1	音节2	音节3	音节4	音节5	音节6	音节7	音节8	音节9	音节10
实验句1	0.69	0.80	1.63	0.97	1.21	0.85	0.91	0.83	1.38	1.05
实验句2	0.46	0.74	1.59	0.89	1.08	1.61	0.81	1.02	1.04	0.80
实验句3	0.51	0.73	1.54	0.55	1.19	0.88	0.74	1.34	1.37	1.16
实验句4	0.46	0.78	1.54	1.06	0.97	1.44	0.56	0.77	1.52	1.23
实验句5	0.46	0.68	1.61	0.68	1.06	1.04	0.74	1.03	1.39	1.13
实验句6	0.48	0.78	1.60	0.59	1.21	0.84	0.70	1.22	1.32	1.15

第6组	音节11	音节12	音节13	音节14
实验句1	0.80	0.73	1.03	1.23
实验句2	0.81	0.91	0.92	1.12
实验句3	0.77	0.88	0.97	1.14
实验句4	0.94	0.59	0.82	1.10
实验句5	0.82	1.04	0.96	1.09
实验句6	0.84	0.92	1.13	1.10

第7组　一般特指问句（"谁"问句）

发音人1（男）

第7组	音节1	音节2	音节3	音节4	音节5	音节6	音节7	音节8
实验句1	1.56	0.97	0.65	0.81	0.77	0.80	0.88	1.26
实验句2	1.55	0.78	0.88	0.77	0.71	0.93	0.82	1.24
实验句3	1.41	0.98	0.91	0.87	0.87	0.93	0.85	1.18
实验句4	1.57	0.73	1.05	0.98	0.81	0.91	0.70	1.04

续表

第7组	音节1	音节2	音节3	音节4	音节5	音节6	音节7	音节8
实验句5	1.59	0.89	0.85	1.07	0.74	0.76	0.95	0.95
实验句6	1.55	0.90	1.00	0.85	0.72	0.77	0.80	1.38

发音人2（女）

第7组	音节1	音节2	音节3	音节4	音节5	音节6	音节7	音节8
实验句1	1.33	0.97	0.82	1.11	0.94	0.68	0.94	1.20
实验句2	1.57	0.84	0.91	0.96	0.55	0.71	0.96	1.50
实验句3	1.44	0.73	1.03	1.00	0.92	0.71	0.80	1.36
实验句4	1.82	0.60	0.87	0.93	0.87	0.95	0.56	1.37
实验句5	1.41	0.74	1.00	1.16	0.99	0.72	0.69	1.30
实验句6	1.22	0.75	1.01	0.73	0.94	0.76	0.89	1.70

第8组 一般特指问句（"什么时候"问句）

发音人1（男）

第8组	音节1	音节2	音节3	音节4	音节5	音节6	音节7	音节8	音节9	音节10	音节11
实验句1	1.06	1.12	0.83	1.18	0.82	0.94	0.90	0.87	0.79	0.96	1.52
实验句2	0.98	0.80	1.33	1.08	0.64	0.86	0.82	1.05	0.84	1.01	1.56
实验句3	0.90	0.94	1.22	0.89	0.70	1.05	1.26	0.99	0.77	1.11	1.19
实验句4	0.98	0.86	1.17	1.18	0.72	0.99	1.21	0.94	0.89	1.05	1.00
实验句5	1.00	1.28	1.06	1.03	0.77	0.94	0.92	0.82	0.86	1.38	0.97
实验句6	0.85	1.17	1.01	1.03	0.75	0.88	0.80	0.73	1.07	0.95	1.74

发音人2（女）

第8组	音节1	音节2	音节3	音节4	音节5	音节6	音节7	音节8	音节9	音节10	音节11
实验句1	1.09	0.95	0.86	1.15	0.74	0.97	0.91	1.12	0.79	1.08	1.38
实验句2	0.72	0.84	1.31	0.82	0.74	1.00	1.00	1.01	0.99	0.99	1.57
实验句3	0.82	1.05	1.06	0.88	0.72	0.78	1.25	1.45	0.79	1.06	1.15
实验句4	0.94	1.02	1.43	1.02	0.77	0.97	1.20	0.95	0.77	0.81	1.15
实验句5	0.98	1.02	0.96	0.90	0.69	0.94	1.35	0.99	0.78	1.20	1.19
实验句6	0.73	1.20	1.03	0.91	0.74	0.88	1.09	1.14	0.76	0.96	1.57

第9组 一般特指问句("什么/哪里"问句)

发音人1(男)

第9组	音节1	音节2	音节3	音节4	音节5	音节6	音节7	音节8	音节9
实验句1	1.36	1.06	1.03	0.94	0.62	1.02	1.04	1.10	0.85
实验句2	0.99	0.86	1.22	0.96	0.85	0.90	0.83	1.62	0.80
实验句3	0.84	1.03	0.95	0.89	0.98	0.94	1.49	0.98	0.90
实验句4	1.24	0.78	1.09	0.63	0.76	1.29	0.99	1.43	0.81
实验句5	0.90	1.23	0.90	0.73	0.97	1.11	1.05	1.21	0.88
实验句6	0.88	1.01	0.90	0.78	0.98	0.86	1.73	0.96	0.88

发音人2(女)

第9组	音节1	音节2	音节3	音节4	音节5	音节6	音节7	音节8	音节9
实验句1	1.04	0.90	0.89	0.95	0.54	1.32	1.26	1.12	0.98
实验句2	0.84	0.66	1.35	0.84	0.96	1.28	0.96	1.29	0.82
实验句3	0.65	1.00	1.04	0.79	0.96	1.06	1.58	0.95	0.99
实验句4	0.85	0.96	1.33	0.50	0.92	1.34	0.85	1.31	0.91
实验句5	0.89	1.04	0.89	0.87	1.26	1.23	1.13	0.77	0.90
实验句6	0.87	1.23	0.90	0.76	1.01	1.12	1.38	0.74	0.99

第10组 包含两个位置较远的疑问词的特指问句

发音人1(男)

第10组	音节1	音节2	音节3	音节4	音节5	音节6	音节7
实验句1	1.38	0.87	0.53	1.31	1.32	0.88	0.70
实验句2	1.70	0.69	0.75	1.01	0.99	0.99	0.89
实验句3	1.26	0.85	0.86	1.08	1.40	0.73	0.82
实验句4	1.67	0.48	0.52	1.30	0.88	1.04	1.11
实验句5	1.51	0.75	0.85	1.24	0.98	1.00	0.66
实验句6	1.51	0.62	0.85	1.10	1.32	0.94	0.66

发音人2（女）

第10组	音节1	音节2	音节3	音节4	音节5	音节6	音节7
实验句1	1.47	0.82	0.62	1.02	1.04	1.17	0.87
实验句2	1.38	0.67	0.95	0.99	0.81	1.28	0.92
实验句3	1.48	0.77	0.82	0.88	1.31	0.98	0.76
实验句4	1.48	0.57	0.87	1.30	0.69	1.31	0.79
实验句5	1.23	0.95	1.05	1.06	0.93	1.05	0.72
实验句6	1.21	0.82	0.91	0.88	1.33	1.11	0.76

第11组　包含两个位置相连的疑问词的特指问句

发音人1（男）

第11组	音节1	音节2	音节3	音节4	音节5	音节6	音节7	音节8	音节9	音节10
实验句1	0.81	0.89	1.24	1.14	0.67	0.69	1.28	1.39	1.10	0.76
实验句2	0.71	0.70	1.62	1.10	0.65	0.82	1.02	1.36	1.17	0.84
实验句3	0.89	0.85	1.33	0.75	0.49	0.75	1.32	1.56	1.25	0.79
实验句4	0.82	0.95	1.80	1.05	0.63	0.65	1.61	0.58	1.13	0.77
实验句5	0.55	1.05	1.33	1.07	0.73	0.80	1.42	1.25	1.02	0.80
实验句6	0.59	0.98	1.39	0.86	0.56	0.84	1.54	1.49	0.99	0.77

发音人2（女）

第11组	音节1	音节2	音节3	音节4	音节5	音节6	音节7	音节8	音节9	音节10
实验句1	1.08	0.94	0.91	1.36	0.58	1.00	0.95	1.20	1.02	0.96
实验句2	0.93	0.82	1.24	0.99	0.51	1.01	1.15	0.90	1.43	1.04
实验句3	0.71	0.96	1.31	0.96	0.47	0.87	1.22	1.52	1.17	0.82
实验句4	0.90	0.86	1.46	1.08	0.45	0.97	1.19	0.83	1.38	0.86
实验句5	0.89	0.99	1.04	1.04	0.43	0.89	1.35	1.19	1.21	0.94
实验句6	0.71	1.07	1.03	1.07	0.54	0.89	1.27	1.41	1.11	0.91

第12组　特指问句与选择问句的混合形式

发音人1（男）

第12组	音节1	音节2	音节3	音节4	音节5	音节6	音节7	音节8
实验句1	1.74	0.83	0.61	1.43	1.30	0.82	0.70	1.01
实验句2	1.70	0.65	0.75	1.25	1.01	1.21	0.80	1.26
实验句3	1.26	0.99	0.99	1.31	1.61	0.64	0.91	0.88
实验句4	1.64	0.58	0.69	1.56	1.02	0.82	0.57	0.89
实验句5	1.36	0.69	0.91	1.52	1.06	0.85	0.87	0.88
实验句6	1.42	0.85	0.88	1.10	1.40	0.74	0.75	1.45
第12组	音节9	音节10	音节11	音节12	音节13	音节14	音节15	音节16
实验句1	0.74	0.91	1.04	0.91	1.30	0.97	0.55	1.16
实验句2	0.69	0.62	1.34	0.83	1.36	0.77	0.76	1.03
实验句3	0.52	0.95	1.27	0.92	1.44	0.67	0.75	0.89
实验句4	0.76	0.88	1.50	0.96	1.22	0.90	0.95	1.07
实验句5	0.59	1.16	1.07	0.94	1.33	0.75	1.02	0.98
实验句6	0.61	1.09	0.96	0.88	1.40	0.74	0.81	0.88

发音人2（女）

第12组	音节1	音节2	音节3	音节4	音节5	音节6	音节7	音节8
实验句1	1.56	0.86	0.70	1.30	1.11	0.81	1.13	1.24
实验句2	1.55	0.91	0.95	1.35	0.77	0.99	0.93	1.37
实验句3	1.27	1.10	1.01	1.21	1.31	0.72	0.92	1.24
实验句4	1.24	0.95	0.87	1.52	0.94	0.85	0.72	1.00
实验句5	1.27	1.00	1.17	1.12	1.27	0.93	0.95	1.32
实验句6	1.15	1.05	1.04	0.96	0.90	0.95	0.99	1.49
第12组	音节9	音节10	音节11	音节12	音节13	音节14	音节15	音节16
实验句1	0.94	0.97	0.86	0.82	0.67	0.89	0.66	1.46
实验句2	0.85	0.59	1.44	0.81	0.86	0.53	0.96	1.13
实验句3	0.59	1.14	1.01	0.74	0.69	0.82	0.98	1.27
实验句4	0.76	1.03	1.30	0.86	0.87	0.70	1.10	1.33
实验句5	0.80	1.00	0.78	0.91	0.80	0.53	0.98	1.17
实验句6	0.66	1.05	1.06	0.91	0.82	0.93	1.01	1.10

第13组 一般正反问句（V不V）

发音人1（男）

第13组	音节1	音节2	音节3	音节4	音节5	音节6	音节7	音节8	音节9	音节10	音节11	音节12
实验句1	1.47	1.17	1.07	1.00	0.63	1.06	1.16	0.56	0.92	0.83	0.82	1.31
实验句2	0.66	0.72	1.12	0.92	1.04	1.59	1.23	0.64	0.83	0.86	0.95	1.45
实验句3	0.82	0.96	1.22	0.63	0.89	1.13	1.50	0.51	1.08	0.78	1.08	1.40
实验句4	1.19	0.80	1.16	0.87	0.71	1.24	1.48	0.62	0.89	1.00	0.72	1.34
实验句5	0.72	0.92	1.08	0.85	0.76	1.34	1.35	0.50	1.24	1.11	0.93	1.21
实验句6	0.76	0.94	1.08	0.65	0.97	1.27	1.52	0.48	0.96	0.80	1.03	1.55

发音人2（女）

第13组	音节1	音节2	音节3	音节4	音节5	音节6	音节7	音节8	音节9	音节10	音节11	音节12
实验句1	1.19	0.94	1.18	0.91	0.61	1.42	1.01	0.48	0.70	0.92	1.05	1.56
实验句2	0.85	0.73	1.37	0.83	1.05	1.36	1.13	0.55	0.82	0.89	0.98	1.41
实验句3	1.11	0.90	0.97	0.74	0.98	1.35	1.02	0.59	1.08	0.91	0.94	1.43
实验句4	1.12	0.99	1.30	0.90	0.75	1.37	1.16	0.54	0.99	0.79	0.72	1.37
实验句5	0.85	1.15	0.84	0.97	1.00	1.51	1.17	0.52	1.03	0.90	0.97	1.11
实验句6	0.94	0.91	1.37	0.43	0.89	1.17	1.26	0.56	0.78	0.92	0.96	1.59

第14组 一般正反问句（V不）

发音人1（男）

第13组	音节1	音节2	音节3	音节4	音节5	音节6	音节7	音节8	音节9	音节10	音节11
实验句1	1.01	0.95	0.92	1.20	0.61	1.26	1.56	0.86	0.94	1.02	0.63
实验句2	0.88	0.63	1.07	1.02	0.92	1.33	1.07	1.13	0.97	1.34	0.67
实验句3	0.78	1.02	1.04	0.63	0.89	1.02	1.67	0.95	1.12	1.12	0.78
实验句4	1.13	1.04	1.11	0.60	0.84	1.21	1.07	1.13	0.92	1.30	0.68
实验句5	0.85	1.12	1.02	0.77	0.93	1.02	1.31	1.12	1.02	0.96	0.88
实验句6	0.73	1.02	0.97	0.70	0.85	0.87	1.47	0.95	1.10	1.60	0.74

发音人 2（女）

第 14 组	音节 1	音节 2	音节 3	音节 4	音节 5	音节 6	音节 7	音节 8	音节 9	音节 10	音节 11
实验句 1	0.92	1.04	1.16	0.89	0.82	1.37	1.18	0.64	0.86	1.03	1.10
实验句 2	0.64	0.83	0.89	0.99	0.83	1.26	1.07	0.86	1.02	1.25	1.37
实验句 3	0.65	1.02	0.93	0.64	1.14	1.17	1.24	0.89	0.93	1.12	1.25
实验句 4	1.07	1.01	1.32	0.59	0.81	1.16	1.02	0.95	0.68	1.23	1.17
实验句 5	0.72	1.20	0.91	0.75	0.83	1.37	1.12	0.73	1.01	1.20	1.19
实验句 6	0.66	1.10	0.90	0.72	1.20	1.27	1.27	0.86	0.87	1.21	0.95

第 15 组　一般正反问句（V 没有）

发音人 1（男）

第 15 组	音节 1	音节 2	音节 3	音节 4	音节 5	音节 6	音节 7	音节 8	音节 9	音节 10	音节 11	音节 12
实验句 1	1.07	0.95	1.04	1.19	0.65	1.30	1.68	0.93	0.83	0.84	0.74	0.76
实验句 2	0.68	0.77	1.08	1.17	1.06	1.29	1.20	1.23	0.92	1.04	0.83	0.71
实验句 3	0.72	1.11	1.05	0.79	0.91	1.11	1.71	1.19	0.99	1.02	0.62	0.73
实验句 4	1.25	1.17	1.22	0.65	0.86	1.33	0.94	1.17	0.76	1.02	0.89	0.75
实验句 5	0.85	1.03	0.99	0.63	0.90	1.10	1.45	1.21	1.11	1.12	0.69	0.91
实验句 6	0.81	1.08	1.02	0.65	1.01	0.93	1.86	0.96	0.96	1.29	0.80	0.61

发音人 2（女）

第 15 组	音节 1	音节 2	音节 3	音节 4	音节 5	音节 6	音节 7	音节 8	音节 9	音节 10	音节 11	音节 12
实验句 1	1.03	0.94	0.88	0.82	0.67	1.63	1.49	0.95	0.86	0.59	0.98	1.14
实验句 2	0.82	0.84	1.39	0.84	0.95	1.28	1.32	1.14	0.92	0.59	0.74	1.18
实验句 3	0.73	0.95	1.17	1.00	1.06	1.29	1.46	0.74	0.83	0.80	0.79	1.19
实验句 4	1.02	1.01	1.58	0.57	0.99	1.38	1.25	0.92	0.66	0.66	0.90	1.06
实验句 5	0.91	1.11	1.08	0.85	1.05	1.35	1.26	0.98	0.78	0.70	0.78	1.16
实验句 6	0.84	1.15	1.14	0.73	1.19	1.08	1.29	0.93	1.03	0.76	0.78	1.08

第16组 带"是不是"的正反问句

发音人1（男）

第16组	音节1	音节2	音节3	音节4	音节5	音节6	音节7	音节8	音节9
实验句1	0.94	0.85	1.32	1.22	0.67	0.78	0.92	0.60	1.58
实验句2	0.92	0.71	1.47	0.96	0.62	1.33	0.77	0.76	1.30
实验句3	0.63	0.98	1.93	1.14	0.66	1.03	0.59	0.99	1.31
实验句4	0.73	0.93	1.87	1.07	0.62	1.30	0.56	0.74	1.39
实验句5	0.59	1.16	1.32	0.85	0.62	0.47	1.32	0.71	1.66
实验句6	0.60	0.89	1.22	1.04	0.60	1.24	0.71	0.96	1.21
第16组	音节10	音节11	音节12	音节13					
实验句1	0.93	0.84	0.98	1.39					
实验句2	1.11	0.90	1.00	1.12					
实验句3	1.15	0.82	0.79	1.00					
实验句4	1.21	0.89	0.70	1.01					
实验句5	1.47	0.91	0.92	1.00					
实验句6	1.32	0.85	0.85	1.49					

发音人2（女）

第16组	音节1	音节2	音节3	音节4	音节5	音节6	音节7	音节8	音节9
实验句1	0.97	1.05	1.29	1.19	0.60	1.39	1.25	0.42	0.71
实验句2	0.67	0.96	1.60	0.86	0.58	0.85	0.70	1.42	1.00
实验句3	0.57	1.09	1.37	0.68	0.72	1.13	0.76	1.25	1.35
实验句4	1.06	1.21	1.34	0.94	0.54	1.13	0.63	0.93	1.08
实验句5	0.71	1.13	1.36	0.87	0.52	1.08	0.61	1.00	1.49
实验句6	0.66	1.24	1.56	0.92	0.60	1.31	0.65	1.13	0.80
第16组	音节10	音节11	音节12	音节13					
实验句1	1.10	0.99	0.68	1.37					
实验句2	0.61	0.88	1.09	1.75					
实验句3	1.23	0.94	0.78	1.17					
实验句4	0.97	1.04	0.66	1.47					
实验句5	1.21	0.83	0.83	1.41					
实验句6	0.82	0.72	0.90	1.66					

第17组 作为附加问句的正反问句

发音人1（男）

第17组	音节1	音节2	音节3	音节4	音节5	音节6	音节7	音节8	音节9
实验句1	0.94	0.94	1.45	1.03	0.80	1.01	1.31	0.96	1.04
实验句2	0.75	0.79	1.35	0.75	0.94	1.10	1.19	1.12	1.13
实验句3	0.73	0.92	1.52	0.81	0.88	1.30	1.27	1.18	0.73
实验句4	1.00	1.02	1.45	0.87	0.72	1.17	1.17	1.19	0.64
实验句5	0.79	0.94	1.33	1.00	0.76	1.20	1.14	1.32	0.88
实验句6	0.72	0.95	1.30	0.70	0.95	1.36	1.38	0.84	1.12

第17组	音节10	音节11	音节12	音节13
实验句1	1.46	0.71	0.59	0.75
实验句2	1.62	0.83	0.53	0.84
实验句3	1.66	0.78	0.48	0.78
实验句4	1.32	0.74	0.59	1.09
实验句5	1.64	0.65	0.51	0.85
实验句6	1.59	0.69	0.64	0.76

发音人2（女）

第17组	音节1	音节2	音节3	音节4	音节5	音节6	音节7	音节8	音节9
实验句1	0.99	1.07	1.09	1.02	0.71	1.29	1.10	0.79	1.28
实验句2	0.82	0.94	1.31	1.17	0.88	1.28	0.93	0.99	1.09
实验句3	0.87	0.98	1.75	0.71	0.70	1.23	0.94	1.26	0.81
实验句4	1.17	1.02	1.31	1.49	1.01	0.87	0.86	0.84	0.91
实验句5	0.78	0.95	1.64	0.91	1.00	1.00	1.00	1.02	0.89
实验句6	1.06	1.02	1.40	0.60	0.98	1.05	0.97	0.80	1.11

第17组	音节10	音节11	音节12	音节13
实验句1	1.24	0.75	0.65	1.03
实验句2	1.31	0.77	0.50	0.98
实验句3	1.37	0.63	0.58	1.04
实验句4	1.10	0.83	0.47	1.12
实验句5	1.39	0.60	0.57	1.07
实验句6	1.46	0.88	0.45	1.24

第18组 选择问句(选择项之间有关联词语"还是")

发音人1(男)

第18组	音节1	音节2	音节3	音节4	音节5	音节6	音节7	音节8
实验句1	0.82	0.89	1.06	0.92	0.48	1.40	1.26	0.76
实验句2	0.51	0.76	1.25	0.72	0.80	1.38	1.13	1.09
实验句3	0.53	1.06	0.95	0.71	0.93	1.50	1.40	0.58
实验句4	0.77	0.83	1.33	0.54	0.84	1.72	1.22	0.92
实验句5	0.54	0.91	0.79	0.66	0.83	1.59	1.27	0.79
实验句6	0.54	0.89	0.76	0.68	0.84	0.91	1.39	0.73
第18组	音节9	音节10	音节11	音节12	音节13	音节14	音节15	音节16
实验句1	0.90	0.90	1.22	1.60	1.47	0.68	0.56	1.06
实验句2	0.91	1.34	0.86	1.25	1.30	0.70	0.91	1.09
实验句3	1.00	1.01	0.78	1.00	1.65	0.88	0.74	1.31
实验句4	0.54	1.21	0.85	0.77	1.24	1.18	1.11	0.90
实验句5	0.94	1.04	1.04	1.30	1.22	0.77	0.85	1.44
实验句6	0.80	1.72	1.26	1.42	1.62	0.60	0.68	1.18

发音人2(女)

第18组	音节1	音节2	音节3	音节4	音节5	音节6	音节7	音节8
实验句1	0.94	0.93	0.96	1.00	0.86	1.31	1.09	0.86
实验句2	0.68	0.76	0.88	0.69	0.88	1.41	1.10	1.16
实验句3	0.64	1.08	1.29	0.91	1.03	1.36	1.25	0.93
实验句4	0.96	1.08	1.25	0.56	0.92	1.60	0.81	1.24
实验句5	0.70	1.39	0.80	0.78	0.90	1.46	1.26	1.05
实验句6	0.65	1.29	0.94	0.75	0.79	1.34	1.18	0.79
第18组	音节9	音节10	音节11	音节12	音节13	音节14	音节15	音节16
实验句1	0.86	1.47	0.77	0.71	0.97	0.88	1.17	1.25
实验句2	1.19	1.59	0.81	0.66	0.71	0.84	1.24	1.35
实验句3	0.88	1.17	0.75	0.65	1.05	0.66	0.86	1.47
实验句4	0.62	1.06	0.64	0.67	0.83	1.36	1.37	1.02
实验句5	1.18	1.16	0.64	0.66	1.00	0.85	0.58	1.60
实验句6	0.96	1.58	0.75	0.80	1.21	0.67	0.89	1.40

第19组 选择问句（选择项之间有问号）

发音人1（男）

第19组	音节1	音节2	音节3	音节4	音节5	音节6	音节7	音节8
实验句1	1.01	1.16	1.02	1.08	0.86	0.93	1.01	0.97
实验句2	0.68	0.80	1.16	0.80	1.24	1.18	1.03	0.86
实验句3	1.01	1.03	1.25	0.66	0.87	1.10	0.98	0.81
实验句4	0.94	1.00	1.26	0.63	0.75	1.07	0.89	1.14
实验句5	0.82	1.22	0.68	1.08	0.88	1.09	1.05	1.25
实验句6	0.88	1.47	0.73	1.11	0.84	0.82	1.08	0.68
第19组	音节9	音节10	音节11	音节12	音节13	音节14	音节15	音节16
实验句1	1.03	1.35	0.96	1.01	0.92	0.87	1.06	0.73
实验句2	0.93	1.36	1.14	1.09	0.82	1.08	1.08	0.78
实验句3	1.10	1.13	1.02	1.30	0.90	0.86	1.45	0.50
实验句4	0.76	1.12	1.32	0.75	1.29	1.29	0.99	0.74
实验句5	1.29	0.97	1.22	0.99	0.63	0.77	1.28	0.79
实验句6	0.94	1.31	1.22	1.27	0.88	1.03	1.02	0.73

发音人2（女）

第19组	音节1	音节2	音节3	音节4	音节5	音节6	音节7	音节8
实验句1	0.92	0.86	1.08	0.96	0.77	1.46	1.31	0.87
实验句2	0.67	0.76	0.93	0.77	1.05	1.42	1.00	0.98
实验句3	0.60	1.18	0.81	0.70	1.02	1.31	1.19	0.67
实验句4	0.96	1.11	1.23	0.63	0.97	1.37	0.95	0.99
实验句5	0.60	1.25	1.19	0.93	0.95	1.40	1.20	0.85
实验句6	0.63	1.22	0.83	0.86	0.78	1.15	1.16	0.78
第19组	音节9	音节10	音节11	音节12	音节13	音节14	音节15	音节16
实验句1	0.83	1.07	1.23	0.99	0.81	0.84	0.99	1.06
实验句2	1.03	1.05	1.04	0.89	0.99	1.31	1.08	0.98
实验句3	1.04	1.15	1.10	1.05	0.92	0.73	1.47	1.04
实验句4	0.58	0.99	1.11	0.80	1.50	0.90	1.02	0.92
实验句5	1.06	0.93	1.25	0.75	0.73	0.75	1.25	0.93
实验句6	0.94	1.04	1.27	1.23	0.77	0.78	1.16	1.36

第20组　紧缩的选择问句

发音人1（男）

第20组	音节1	音节2	音节3	音节4	音节5	音节6	音节7	音节8	音节9
实验句1	0.95	1.04	0.79	0.89	0.74	1.24	1.13	0.91	1.06
实验句2	0.73	0.80	0.92	0.82	1.03	1.14	1.28	0.84	0.97
实验句3	0.76	1.02	0.91	0.71	0.83	1.17	1.17	0.64	1.30
实验句4	1.00	1.03	1.16	0.76	0.69	1.42	0.86	1.13	0.75
实验句5	0.80	0.74	1.07	0.83	0.84	1.17	1.05	0.98	1.09
实验句6	0.78	1.05	1.04	0.75	0.86	0.82	0.96	0.82	1.34

第20组	音节10	音节11	音节12	音节13	音节14
实验句1	1.39	1.11	0.68	0.97	1.13
实验句2	1.49	1.06	0.73	0.87	1.29
实验句3	1.46	1.03	0.93	0.56	1.54
实验句4	1.36	0.79	1.28	1.00	0.74
实验句5	1.07	1.08	0.86	0.66	1.67
实验句6	1.41	1.15	0.76	0.93	1.32

发音人2（女）

第20组	音节1	音节2	音节3	音节4	音节5	音节6	音节7	音节8	音节9
实验句1	0.87	0.86	0.72	0.87	0.75	1.43	1.13	0.78	0.95
实验句2	0.65	0.89	1.41	0.74	1.02	1.45	1.09	0.92	1.06
实验句3	0.57	1.15	0.77	0.75	1.06	1.18	1.32	0.85	1.10
实验句4	0.87	1.03	1.26	0.52	1.16	1.40	0.80	1.32	0.55
实验句5	0.78	1.30	0.80	0.57	0.95	0.69	1.19	0.72	1.32
实验句6	0.64	1.22	0.69	0.93	0.79	1.31	1.19	0.81	0.96

第20组	音节10	音节11	音节12	音节13	音节14
实验句1	1.33	1.39	0.81	0.93	1.23
实验句2	0.83	0.76	0.70	1.08	1.39
实验句3	1.30	1.00	0.66	0.81	1.50
实验句4	0.76	0.68	1.20	1.28	1.19
实验句5	1.00	1.46	0.72	0.76	1.62
实验句6	1.58	0.97	0.69	0.70	1.51

注：每个方框中的数据表示一个音节的时长比值。

附录3 音强数据(音量比值)

第1组 语调是非问句

发音人1(男)

第1组	音节1	音节2	音节3	音节4	音节5	音节6	音节7	音节8	音节9	音节10
实验句1	1.54	1.15	1.32	0.86	0.44	0.98	1.61	0.56	0.84	0.70
实验句2	0.69	2.10	1.43	0.63	1.01	1.12	0.96	0.95	0.46	0.64
实验句3	1.28	1.13	1.45	0.61	0.70	1.15	1.66	0.49	0.74	0.78
实验句4	1.81	0.74	1.00	0.47	0.98	1.36	1.10	1.05	0.57	0.82
实验句5	0.73	0.87	2.61	1.09	0.62	0.88	1.25	0.56	0.75	0.65
实验句6	1.09	1.36	1.54	0.82	0.59	1.35	0.99	0.88	0.48	0.91

发音人2(女)

第1组	音节1	音节2	音节3	音节4	音节5	音节6	音节7	音节8	音节9	音节10
实验句1	1.46	0.95	1.33	0.66	0.53	1.14	0.97	0.99	0.88	1.09
实验句2	1.12	1.56	1.97	0.56	1.02	1.03	0.72	0.66	0.57	0.79
实验句3	0.92	1.42	1.51	0.55	0.83	1.16	0.69	0.80	1.06	1.05
实验句4	1.76	0.72	1.09	0.48	1.00	1.37	0.76	0.89	0.54	1.39
实验句5	0.89	0.93	1.70	0.66	0.72	1.11	1.74	0.40	0.54	1.31
实验句6	1.07	1.20	1.78	0.82	0.67	1.51	0.70	1.06	0.55	0.66

第 2 组　语气词 "吗" 是非问句

发音人 1（男）

第2组	音节1	音节2	音节3	音节4	音节5	音节6	音节7	音节8	音节9	音节10	音节11
实验句1	1.75	1.12	1.15	0.93	0.42	1.03	1.73	0.83	0.60	0.56	0.86
实验句2	0.62	1.89	2.21	0.64	0.99	1.14	1.10	0.83	0.45	0.59	0.52
实验句3	0.98	1.51	1.91	1.33	0.85	0.95	0.94	0.62	0.90	0.56	0.43
实验句4	1.95	0.81	1.01	0.69	0.93	1.45	1.10	0.87	0.56	1.03	0.39
实验句5	1.26	1.15	1.56	0.82	0.74	0.76	1.34	0.75	1.16	0.73	0.75
实验句6	1.31	1.34	1.57	0.80	0.55	1.10	1.27	1.10	0.51	0.54	0.90

发音人 2（女）

第2组	音节1	音节2	音节3	音节4	音节5	音节6	音节7	音节8	音节9	音节10	音节11
实验句1	1.82	1.06	1.28	0.57	0.40	1.37	0.98	0.85	0.98	0.69	0.81
实验句2	0.85	1.64	1.72	1.02	0.96	1.39	0.79	0.64	0.57	0.69	0.71
实验句3	1.16	1.70	1.90	0.44	0.95	1.19	0.64	0.76	0.91	0.62	0.74
实验句4	2.06	0.94	0.94	0.73	0.83	1.28	0.98	0.89	0.61	0.69	0.95
实验句5	1.19	1.25	1.76	0.62	0.74	1.42	1.64	0.55	0.50	0.58	0.74
实验句6	1.00	1.25	2.05	0.54	0.85	1.73	0.71	0.78	0.61	0.58	0.88

第 3 组　对比焦点的是非问句（句首焦点）

发音人 1（男）对比焦点的语调问句

第3组语调问	音节1	音节2	音节3	音节4	音节5	音节6	音节7	音节8	音节9	音节10
实验句1	1.43	1.56	1.51	0.78	0.41	1.29	1.03	0.82	0.59	0.56
实验句2	1.09	1.61	1.80	1.11	0.76	0.67	0.80	0.93	0.61	0.67
实验句3	1.28	2.22	1.40	0.60	1.14	0.68	0.46	0.70	0.72	0.26
实验句4	1.47	0.95	0.96	0.85	0.93	0.97	1.01	1.34	0.57	0.88
实验句5	1.67	1.72	1.26	0.66	0.84	0.72	1.00	0.66	1.00	0.39
实验句6	1.36	1.08	1.81	0.75	0.86	1.20	0.63	1.20	0.49	0.66

发音人1（男）对比焦点的语气词"吗"问句

第3组"吗"问	音节1	音节2	音节3	音节4	音节5	音节6	音节7	音节8	音节9	音节10	音节11
实验句1	1.76	1.55	1.62	0.85	0.34	1.23	0.96	0.97	0.67	0.52	0.48
实验句2	0.93	1.46	2.03	1.33	0.60	0.90	0.84	1.14	0.68	0.49	0.60
实验句3	0.97	2.40	1.46	0.71	1.04	0.87	0.77	0.88	0.74	0.46	0.72
实验句4	1.59	1.16	1.05	0.55	1.02	1.08	1.01	1.04	0.49	1.39	0.58
实验句5	1.23	1.56	1.31	0.60	0.87	1.04	1.35	0.72	0.92	0.63	0.76
实验句6	1.24	0.96	1.84	0.87	1.04	1.30	0.66	1.19	0.66	0.46	0.81

发音人2（女）对比焦点的语调问句

第3组语调问	音节1	音节2	音节3	音节4	音节5	音节6	音节7	音节8	音节9	音节10
实验句1	1.49	1.12	1.54	0.90	0.34	1.15	0.85	0.73	0.98	0.78
实验句2	0.63	1.05	1.79	1.08	1.32	0.79	0.74	1.00	0.76	0.82
实验句3	1.41	1.03	0.55	0.86	1.34	1.07	0.52	1.03	1.55	0.69
实验句4	1.50	0.92	1.69	0.78	0.75	1.03	0.86	0.75	0.78	0.94
实验句5	0.54	1.25	1.46	0.96	0.67	1.08	1.54	0.42	1.00	1.21
实验句6	1.41	0.66	2.00	0.75	0.78	1.63	0.53	1.19	0.38	0.56

发音人2（女）对比焦点的语气词"吗"问句

第3组"吗"问	音节1	音节2	音节3	音节4	音节5	音节6	音节7	音节8	音节9	音节10	音节11
实验句1	1.77	1.35	1.50	0.81	0.31	1.12	1.15	0.77	1.04	0.46	0.88
实验句2	1.04	1.42	2.05	1.04	1.04	0.79	0.71	0.75	0.75	0.54	0.83
实验句3	1.35	1.45	1.30	0.95	1.20	0.90	0.70	0.80	1.10	0.45	0.75
实验句4	1.78	0.78	1.99	0.65	0.83	0.91	0.87	0.70	0.48	1.17	0.52
实验句5	1.56	1.26	1.48	0.96	0.59	1.07	1.52	0.52	0.96	0.44	0.70
实验句6	1.17	1.17	2.38	0.42	0.88	1.58	0.71	1.04	0.46	0.21	0.92

第4组 对比焦点的是非问句（句中焦点）

发音人1（男）对比焦点的语调问句

第4组语调问	音节1	音节2	音节3	音节4	音节5	音节6	音节7	音节8	音节9	音节10
实验句1	1.21	1.03	1.21	1.10	0.60	1.76	0.67	0.90	0.72	0.81
实验句2	0.77	1.04	1.59	1.30	1.00	1.49	0.74	0.77	0.52	0.78
实验句3	0.93	1.81	1.60	0.90	1.49	0.66	0.66	0.76	0.70	0.52
实验句4	1.39	0.82	1.14	1.13	1.16	1.29	0.62	1.12	0.52	0.87
实验句5	1.03	1.18	1.66	1.16	1.28	0.91	0.84	0.52	1.12	0.24
实验句6	1.07	1.12	1.71	1.07	1.29	1.05	0.53	0.98	0.51	0.66

发音人1（男）对比焦点的语气词"吗"问句

第4组"吗"问	音节1	音节2	音节3	音节4	音节5	音节6	音节7	音节8	音节9	音节10	音节11
实验句1	0.95	0.84	1.28	1.14	0.72	1.66	1.07	1.25	0.69	0.68	0.67
实验句2	0.60	1.05	1.49	1.79	1.19	1.30	0.66	1.18	0.60	0.51	0.62
实验句3	0.89	1.37	1.24	1.00	1.62	1.03	0.69	0.90	0.82	0.85	0.65
实验句4	1.16	0.70	0.93	0.80	2.07	1.12	0.72	1.23	0.68	1.05	0.58
实验句5	0.88	0.97	1.20	1.13	1.36	0.77	1.36	0.81	1.04	0.61	0.81
实验句6	0.89	1.08	1.47	1.09	0.97	1.33	0.66	1.17	0.84	0.50	1.05

发音人2（女）对比焦点的语调问句

第4组语调问	音节1	音节2	音节3	音节4	音节5	音节6	音节7	音节8	音节9	音节10
实验句1	1.17	0.68	1.45	0.79	0.62	2.02	1.57	0.68	0.36	0.74
实验句2	0.49	1.05	1.64	1.44	0.75	1.45	0.78	0.40	0.64	1.35
实验句3	0.33	1.71	2.10	0.80	0.96	1.16	0.82	0.42	0.49	0.91
实验句4	1.35	0.98	1.06	0.57	1.04	1.47	0.80	0.84	0.37	1.49
实验句5	0.39	1.02	2.23	0.57	1.06	1.35	1.53	0.37	0.69	0.76
实验句6	0.82	1.63	1.87	0.71	0.97	1.39	0.87	0.53	0.47	0.79

发音人 2（女）对比焦点的语气词"吗"问句

第4组"吗"问	音节1	音节2	音节3	音节4	音节5	音节6	音节7	音节8	音节9	音节10	音节11
实验句1	1.28	1.28	1.41	0.78	0.44	1.97	1.19	0.72	0.69	0.38	0.78
实验句2	0.67	1.30	1.56	2.00	1.41	0.89	0.78	0.70	0.56	0.33	0.67
实验句3	0.91	1.39	1.57	0.70	1.26	1.09	0.78	0.96	1.00	0.43	0.74
实验句4	1.27	0.69	1.50	0.88	1.50	1.62	0.92	0.73	0.50	0.81	0.50
实验句5	1.13	1.38	1.63	0.92	0.92	1.04	1.50	0.46	1.04	0.42	0.79
实验句6	1.29	0.79	1.79	0.88	1.00	2.83	0.54	0.83	0.29	0.13	0.75

第5组 对比焦点的是非问句（句末焦点）

发音人 1（男）对比焦点的语调问句

第5组语调问	音节1	音节2	音节3	音节4	音节5	音节6	音节7	音节8	音节9	音节10
实验句1	0.87	0.84	1.32	0.89	0.48	1.04	0.94	1.15	1.35	1.18
实验句2	0.51	1.20	1.21	1.25	0.80	0.92	1.23	1.20	0.83	0.89
实验句3	0.91	1.51	1.47	0.68	1.27	0.76	0.82	0.85	1.09	0.59
实验句4	1.26	0.65	0.92	0.72	0.91	1.42	1.08	1.17	0.64	1.21
实验句5	0.98	1.12	1.87	0.95	0.80	0.77	1.23	0.77	0.84	0.68
实验句6	0.57	0.88	1.58	0.94	1.10	1.14	0.88	1.35	0.64	0.89

发音人 1（男）对比焦点的语气词"吗"问句

第5组"吗"问	音节1	音节2	音节3	音节4	音节5	音节6	音节7	音节8	音节9	音节10	音节11
实验句1	1.02	0.73	1.10	0.95	0.52	1.34	1.10	1.30	1.11	0.92	0.96
实验句2	0.53	1.05	1.38	1.43	0.86	0.97	1.03	1.44	0.88	0.71	0.75
实验句3	0.92	1.45	1.17	0.88	1.53	1.02	0.59	1.00	1.15	0.47	0.79
实验句4	1.23	0.72	0.88	0.73	1.17	0.93	0.95	1.72	0.64	1.38	0.70
实验句5	0.88	0.79	1.36	0.69	0.92	0.79	1.86	1.13	1.12	0.74	0.80
实验句6	0.72	1.14	1.67	0.90	0.71	1.01	0.88	1.44	1.04	0.58	0.93

发音人2（女）对比焦点的语调问句

第5组语调问	音节1	音节2	音节3	音节4	音节5	音节6	音节7	音节8	音节9	音节10
实验句1	1.23	0.83	1.02	0.64	0.64	2.00	1.23	0.68	0.49	1.13
实验句2	0.65	1.35	1.40	1.13	0.67	1.54	0.94	0.50	0.77	1.02
实验句3	0.38	2.28	1.23	0.67	1.05	1.26	1.10	0.44	0.56	1.08
实验句4	1.43	0.98	0.80	0.65	0.84	1.65	1.16	0.67	0.43	1.29
实验句5	0.42	0.95	1.70	0.53	1.30	1.05	1.21	0.72	0.79	1.30
实验句6	0.64	1.56	1.17	0.50	0.89	1.33	1.03	0.86	0.89	1.19

发音人2（女）对比焦点的语气词"吗"问句

第5组"吗"问	音节1	音节2	音节3	音节4	音节5	音节6	音节7	音节8	音节9	音节10	音节11
实验句1	1.50	0.94	1.00	0.61	0.31	1.67	1.33	1.14	0.75	0.64	1.14
实验句2	0.78	1.60	1.23	0.70	0.93	1.00	0.80	1.23	0.70	0.83	1.13
实验句3	0.74	1.43	1.97	0.71	0.97	0.89	0.94	1.11	0.77	0.69	0.80
实验句4	1.57	0.57	0.71	0.57	0.89	1.20	1.26	1.51	0.60	1.57	0.63
实验句5	0.73	0.88	1.91	0.79	0.61	1.33	2.15	0.76	0.67	0.45	0.76
实验句6	0.87	1.20	1.43	0.73	0.73	1.53	0.67	1.20	0.70	0.70	1.37

第6组 回声问句（全句焦点）

发音人1（男）

第6组	音节1	音节2	音节3	音节4	音节5	音节6	音节7	音节8	音节9	音节10
实验句1	0.71	0.97	2.00	1.09	1.06	1.13	0.84	0.38	1.63	1.28
实验句2	0.56	0.75	2.44	0.59	1.17	1.31	1.21	1.17	1.10	1.31
实验句3	0.56	0.63	1.89	0.70	1.00	1.41	1.19	1.22	1.52	0.96
实验句4	0.56	1.06	1.69	1.26	0.69	1.09	0.57	0.69	1.00	1.51
实验句5	0.46	0.63	1.40	0.53	0.97	1.50	1.22	0.47	1.31	1.89
实验句6	0.64	0.90	2.05	0.63	1.35	1.13	1.03	1.10	1.33	1.15
第6组	音节11	音节12	音节13	音节14						
实验句1	1.09	0.88	0.59	1.06						

第6组	音节1	音节2	音节3	音节4	音节5	音节6	音节7	音节8	音节9	音节10
实验句2	1.07	0.97	0.41	0.83						
实验句3	0.81	1.22	0.41	0.67						
实验句4	1.09	0.97	1.46	0.83						
实验句5	0.72	1.28	0.44	0.75						
实验句6	1.53	0.63	0.33	0.88						

发音人2（女）

第6组	音节1	音节2	音节3	音节4	音节5	音节6	音节7	音节8	音节9	音节10
实验句1	0.80	0.47	1.73	1.58	1.56	1.33	0.78	0.38	1.60	0.91
实验句2	0.76	0.57	1.92	1.00	1.19	0.94	1.14	1.47	0.89	0.92
实验句3	0.97	0.58	2.52	0.82	1.11	1.43	0.71	1.46	1.29	0.71
实验句4	0.76	0.55	1.73	1.21	0.73	1.33	0.76	0.94	1.18	1.00
实验句5	0.96	0.73	2.19	1.04	1.65	1.39	0.65	0.74	1.04	1.39
实验句6	0.94	0.74	2.39	1.25	0.71	2.14	0.54	0.93	1.71	0.46

第6组	音节11	音节12	音节13	音节14
实验句1	0.64	0.91	0.62	0.73
实验句2	1.17	0.86	0.31	1.03
实验句3	0.89	1.68	0.36	0.71
实验句4	0.79	0.94	0.97	1.09
实验句5	0.74	1.17	0.48	0.87
实验句6	1.29	0.54	0.14	1.32

第7组　一般特指问句（"谁"问句）

发音人1（男）

第7组	音节1	音节2	音节3	音节4	音节5	音节6	音节7	音节8
实验句1	1.67	0.67	0.33	1.48	1.42	0.85	0.79	0.76
实验句2	2.04	1.04	0.96	1.08	0.92	0.88	0.56	0.64
实验句3	1.37	1.16	1.05	1.21	1.16	0.63	0.92	0.53
实验句4	1.45	1.00	0.88	1.37	1.29	0.82	0.49	0.73

续表

第7组	音节1	音节2	音节3	音节4	音节5	音节6	音节7	音节8
实验句5	2.42	0.82	0.87	0.95	1.44	0.46	0.62	0.28
实验句6	1.58	1.23	0.83	1.30	0.98	1.05	0.50	0.58

发音人2（女）

第7组	音节1	音节2	音节3	音节4	音节5	音节6	音节7	音节8
实验句1	1.82	0.91	0.35	1.24	0.88	0.91	1.12	0.79
实验句2	1.64	1.39	1.30	0.79	0.70	0.94	0.67	0.61
实验句3	2.38	0.76	1.29	0.86	0.52	1.10	0.71	0.52
实验句4	1.36	0.96	1.20	1.40	1.00	0.92	0.36	0.92
实验句5	2.14	0.77	0.82	0.86	1.27	0.55	1.05	0.45
实验句6	1.85	0.77	1.00	1.36	0.45	1.09	0.45	0.41

第8组　一般特指问句（"什么时候"问句）

发音人1（男）

第8组	音节1	音节2	音节3	音节4	音节5	音节6	音节7	音节8	音节9	音节10	音节11
实验句1	1.56	1.26	2.18	0.69	0.62	0.62	1.21	1.26	0.67	0.54	0.46
实验句2	0.78	1.47	1.47	0.69	0.66	0.53	1.00	2.03	0.78	0.66	0.78
实验句3	0.69	1.35	2.12	0.65	0.73	0.65	1.46	1.12	0.69	1.27	0.31
实验句4	1.71	1.21	1.47	0.50	0.76	0.71	1.32	1.18	0.44	0.79	0.85
实验句5	0.71	1.14	1.68	0.54	0.75	0.79	1.29	2.43	0.50	0.93	0.21
实验句6	1.07	1.36	1.75	0.79	0.86	0.82	1.43	0.96	0.96	0.39	0.54

发音人2（女）

第8组	音节1	音节2	音节3	音节4	音节5	音节6	音节7	音节8	音节9	音节10	音节11
实验句1	1.14	0.95	1.02	1.38	0.70	1.16	1.48	1.11	0.91	0.52	0.70
实验句2	1.04	1.30	0.74	1.26	0.57	0.96	0.77	1.06	0.51	1.04	1.75
实验句3	0.35	1.60	1.73	1.56	0.44	1.08	1.63	0.81	0.46	0.58	0.79
实验句4	1.46	1.25	1.06	0.83	0.48	1.02	1.73	0.75	0.38	0.83	1.31
实验句5	0.51	1.37	2.63	1.24	0.68	0.95	0.73	1.10	0.51	0.66	0.73
实验句6	0.87	1.74	1.03	1.11	0.55	1.08	1.74	0.71	1.00	0.53	0.79

第9组 一般特指问句("什么/哪里"问句)

发音人1(男)

第9组	音节1	音节2	音节3	音节4	音节5	音节6	音节7	音节8	音节9
实验句1	1.40	1.18	1.93	0.72	0.47	1.60	0.88	0.51	0.37
实验句2	0.63	1.54	1.50	1.02	0.93	1.09	0.98	0.61	0.63
实验句3	0.59	1.50	2.03	1.22	1.13	1.22	0.41	0.38	0.53
实验句4	0.91	1.09	1.33	0.67	1.06	1.85	0.94	0.67	0.45
实验句5	0.78	1.19	1.84	1.47	0.66	0.94	1.28	0.41	0.34
实验句6	0.80	1.32	2.00	1.24	1.00	1.36	0.44	0.32	0.44

发音人2(女)

第9组	音节1	音节2	音节3	音节4	音节5	音节6	音节7	音节8	音节9
实验句1	1.68	1.25	1.13	0.78	0.23	1.50	1.13	0.58	0.85
实验句2	0.40	1.38	1.45	1.17	1.24	1.02	0.81	0.98	0.55
实验句3	0.83	1.24	1.90	0.76	1.17	1.24	0.76	0.38	0.76
实验句4	1.48	0.73	1.43	0.55	0.98	1.50	1.03	0.83	0.60
实验句5	1.00	1.33	1.44	0.75	0.69	0.89	1.50	0.78	0.50
实验句6	1.04	0.92	1.62	0.88	1.04	1.77	0.58	0.27	0.77

第10组 包含两个位置较远的疑问词的特指问句

发音人1(男)

第10组	音节1	音节2	音节3	音节4	音节5	音节6	音节7
实验句1	2.32	0.39	0.46	1.68	1.11	0.39	0.54
实验句2	1.48	1.34	0.66	1.03	0.72	0.97	0.72
实验句3	2.23	1.27	1.05	1.00	0.55	0.32	0.59
实验句4	1.57	1.70	0.70	1.04	0.65	0.39	1.04
实验句5	2.30	0.80	0.75	0.65	1.25	0.60	0.80
实验句6	2.20	0.81	0.94	1.13	0.63	0.31	0.81

发音人 2（女）

第 10 组	音节 1	音节 2	音节 3	音节 4	音节 5	音节 6	音节 7
实验句 1	1.65	0.71	0.65	1.12	1.50	0.94	0.50
实验句 2	2.06	1.03	0.81	0.81	1.03	0.68	0.65
实验句 3	2.17	0.78	0.84	0.81	0.75	0.66	0.59
实验句 4	1.67	1.04	1.30	0.85	0.96	0.74	0.43
实验句 5	2.24	1.00	0.74	0.47	1.34	0.82	0.47
实验句 6	2.03	0.88	1.03	1.28	0.69	0.56	0.47

第 11 组　包含两个位置相连的疑问词的特指问句

发音人 1（男）

第 11 组	音节 1	音节 2	音节 3	音节 4	音节 5	音节 6	音节 7	音节 8	音节 9	音节 10
实验句 1	1.14	1.14	1.41	1.18	1.27	0.55	0.77	1.27	0.55	0.64
实验句 2	0.67	1.33	1.48	0.81	1.05	0.67	1.29	1.00	0.95	0.95
实验句 3	1.06	1.50	1.06	0.81	1.06	1.13	1.31	0.88	0.44	0.69
实验句 4	1.63	0.74	1.32	0.63	0.79	0.58	1.32	1.00	1.26	0.79
实验句 5	0.81	1.25	1.13	0.81	1.13	0.75	1.31	1.63	0.50	0.56
实验句 6	1.38	0.92	1.38	0.69	1.23	0.92	1.15	1.08	0.31	0.85

发音人 2（女）

第 11 组	音节 1	音节 2	音节 3	音节 4	音节 5	音节 6	音节 7	音节 8	音节 9	音节 10
实验句 1	1.82	1.64	1.46	0.75	0.68	0.46	0.71	0.82	0.50	1.04
实验句 2	0.79	1.52	1.41	0.69	0.72	0.66	1.31	0.86	1.48	0.62
实验句 3	1.26	1.48	1.48	0.78	0.87	0.70	1.26	0.74	0.61	0.78
实验句 4	1.82	0.93	1.43	0.64	0.68	0.61	1.00	1.39	1.00	0.57
实验句 5	1.00	1.36	1.48	0.64	0.72	0.56	1.00	1.48	0.56	1.12
实验句 6	1.10	1.40	1.85	0.70	0.95	0.65	1.25	0.45	0.40	0.95

第12组 特指问句与选择问句的混合形式

发音人1（男）

第12组	音节1	音节2	音节3	音节4	音节5	音节6	音节7	音节8
实验句1	1.54	0.50	0.54	1.62	1.38	0.73	0.58	0.88
实验句2	1.47	0.84	1.00	1.32	0.89	1.05	1.16	0.89
实验句3	1.14	0.52	1.19	0.76	1.00	0.43	0.76	0.67
实验句4	1.12	0.96	1.08	1.27	1.08	0.73	0.62	1.96
实验句5	2.25	0.65	0.90	0.85	1.60	0.65	1.00	0.55
实验句6	1.85	1.00	1.05	1.30	1.00	1.50	0.30	0.80
第12组	音节9	音节10	音节11	音节12	音节13	音节14	音节15	音节16
实验句1	1.73	1.15	2.15	0.42	0.73	0.54	0.85	0.85
实验句2	0.95	1.16	1.47	0.58	0.95	0.68	1.00	0.42
实验句3	1.19	1.43	1.14	0.71	1.71	1.48	0.67	0.95
实验句4	1.62	0.08	1.00	0.69	1.27	0.65	0.88	1.12
实验句5	1.10	1.25	1.30	0.55	1.35	0.80	0.35	1.00
实验句6	1.00	0.60	0.90	0.40	0.85	0.85	0.95	1.25

发音人2（女）

第12组	音节1	音节2	音节3	音节4	音节5	音节6	音节7	音节8
实验句1	2.18	0.69	0.40	1.74	1.40	1.00	0.44	0.87
实验句2	1.93	1.47	0.60	1.35	1.03	0.48	0.82	1.50
实验句3	1.87	0.74	0.96	0.85	0.81	0.50	0.52	1.07
实验句4	1.91	1.09	0.75	2.00	1.19	1.00	0.40	1.32
实验句5	2.00	0.72	0.90	1.20	1.58	0.50	0.90	1.10
实验句6	1.92	1.32	0.94	1.08	0.76	0.58	0.76	1.28
第12组	音节9	音节10	音节11	音节12	音节13	音节14	音节15	音节16
实验句1	1.11	0.74	1.47	0.55	0.95	0.76	0.90	0.79
实验句2	0.65	1.10	1.47	0.47	0.67	0.17	0.93	1.23
实验句3	0.37	1.80	1.96	0.39	0.61	1.06	0.59	1.09
实验句4	1.26	0.75	1.02	0.54	0.82	0.14	0.49	1.18
实验句5	0.38	1.02	1.14	0.50	0.78	0.40	0.74	1.22
实验句6	0.52	1.36	1.58	0.50	0.64	0.80	0.68	1.00

第13组 一般正反问句（V不V）

发音人1（男）

第13组	音节1	音节2	音节3	音节4	音节5	音节6	音节7	音节8	音节9	音节10	音节11	音节12
实验句1	1.67	1.73	1.70	0.57	0.63	0.87	1.37	0.83	0.73	0.77	0.60	0.47
实验句2	1.30	1.33	1.47	1.40	1.10	1.33	1.33	0.40	0.80	0.53	0.57	0.47
实验句3	1.29	1.35	1.71	1.16	1.42	0.94	0.58	1.00	0.77	0.74	0.71	0.35
实验句4	1.41	1.41	0.83	1.46	1.00	1.05	0.95	0.93	0.80	0.56	0.63	0.93
实验句5	1.35	1.15	1.41	1.03	1.06	1.09	1.18	1.03	1.18	0.44	0.85	0.24
实验句6	1.27	1.09	1.36	0.94	0.91	1.30	0.94	1.15	0.73	1.18	0.55	0.45

发音人2（女）

第13组	音节1	音节2	音节3	音节4	音节5	音节6	音节7	音节8	音节9	音节10	音节11	音节12
实验句1	1.21	0.98	0.83	0.60	0.65	1.38	1.29	0.33	1.33	1.87	0.46	1.08
实验句2	0.90	1.69	1.00	1.08	0.84	1.47	1.45	0.37	0.45	0.55	0.55	1.67
实验句3	0.42	1.81	1.77	1.02	1.12	1.51	1.12	0.49	1.02	0.49	0.72	0.47
实验句4	1.64	1.23	0.93	0.89	1.16	0.80	1.05	0.23	0.89	0.86	0.73	1.61
实验句5	0.55	1.09	2.05	0.86	1.25	1.39	1.61	0.36	1.18	0.55	0.61	0.52
实验句6	0.64	1.95	1.08	0.62	1.13	2.26	1.10	0.62	0.85	0.69	0.41	0.79

第14组 一般正反问句（V不）

发音人1（男）

第13组	音节1	音节2	音节3	音节4	音节5	音节6	音节7	音节8	音节9	音节10	音节11
实验句1	1.47	1.16	1.37	0.78	0.63	1.98	1.18	0.88	0.65	0.49	0.37
实验句2	0.85	1.36	1.44	1.23	0.82	0.92	1.44	0.79	0.64	0.46	0.92
实验句3	0.83	1.34	1.97	1.00	1.00	1.24	0.62	0.52	0.93	0.55	1.00
实验句4	1.27	1.00	1.38	0.73	1.23	1.69	1.08	0.58	0.81	0.85	0.38
实验句5	0.72	1.20	1.76	1.36	0.64	1.36	1.64	0.68	0.76	0.36	0.56
实验句6	0.57	1.35	1.39	1.35	1.09	1.70	0.70	1.17	0.74	0.30	0.83

发音人 2（女）

第 14 组	音节 1	音节 2	音节 3	音节 4	音节 5	音节 6	音节 7	音节 8	音节 9	音节 10	音节 11
实验句 1	1.19	1.31	1.05	0.50	0.31	0.98	1.88	1.17	0.90	0.76	1.00
实验句 2	0.82	1.38	1.36	0.64	0.79	1.10	1.56	1.18	0.69	0.74	0.74
实验句 3	0.78	1.83	1.56	0.61	0.72	0.94	0.83	0.67	0.53	1.31	1.19
实验句 4	1.63	0.96	0.94	0.56	1.04	1.10	1.69	1.19	0.81	0.54	0.63
实验句 5	0.81	0.84	1.84	0.73	0.65	1.27	1.54	0.86	0.65	0.97	0.73
实验句 6	0.81	1.41	1.22	0.59	0.91	1.59	0.81	0.91	1.06	0.88	0.72

第 15 组　一般正反问句（V 没有）

发音人 1（男）

第 15 组	音节 1	音节 2	音节 3	音节 4	音节 5	音节 6	音节 7	音节 8	音节 9	音节 10	音节 11	音节 12
实验句 1	1.19	0.76	1.19	0.62	0.60	1.65	2.38	1.74	0.47	0.57	0.50	0.35
实验句 2	0.46	1.13	1.78	1.29	1.01	0.94	1.39	1.39	0.86	0.71	0.71	0.36
实验句 3	0.74	1.77	1.74	0.94	1.58	1.06	0.74	0.77	1.12	0.74	0.26	0.58
实验句 4	1.73	0.97	0.90	0.83	1.10	1.08	1.16	1.12	0.56	1.44	0.62	0.42
实验句 5	0.86	1.09	1.64	0.61	0.68	1.00	1.70	0.80	1.29	0.86	0.53	0.86
实验句 6	1.10	1.42	1.25	0.89	0.87	0.89	1.00	1.38	0.72	1.00	1.08	0.39

发音人 2（女）

第 15 组	音节 1	音节 2	音节 3	音节 4	音节 5	音节 6	音节 7	音节 8	音节 9	音节 10	音节 11	音节 12
实验句 1	1.29	1.04	0.87	0.69	0.82	1.73	1.56	0.78	0.60	0.76	0.64	1.09
实验句 2	0.81	1.63	1.05	0.79	1.07	1.74	1.21	0.65	1.23	0.47	0.58	0.72
实验句 3	0.50	1.50	1.88	0.83	1.19	1.45	1.26	0.69	0.74	0.74	0.43	0.67
实验句 4	1.80	1.59	0.90	0.71	1.04	1.61	1.00	0.92	0.43	0.71	0.63	0.71
实验句 5	0.63	1.04	1.70	0.80	1.24	0.98	1.54	0.76	0.83	0.76	0.74	0.89
实验句 6	0.59	2.05	1.43	0.65	1.08	1.73	0.95	0.97	0.92	0.32	0.51	0.76

第16组 带"是不是"的正反问句

发音人1（男）

第16组	音节1	音节2	音节3	音节4	音节5	音节6	音节7	音节8	音节9
实验句1	1.62	1.19	2.16	1.00	1.00	0.69	0.77	0.42	1.31
实验句2	1.04	1.93	1.71	0.68	0.68	1.36	1.54	0.75	0.89
实验句3	0.92	1.76	2.16	0.80	0.76	1.20	0.72	1.12	1.20
实验句4	1.09	0.96	1.83	0.91	0.52	1.48	0.65	0.91	1.17
实验句5	0.75	1.38	1.96	0.63	0.63	1.50	0.54	0.79	0.88
实验句6	1.07	1.43	1.87	0.78	0.72	1.76	0.87	0.70	1.13

第16组	音节10	音节11	音节12	音节13
实验句1	0.62	0.58	0.65	0.62
实验句2	0.71	0.71	0.54	0.25
实验句3	0.80	0.64	0.64	0.32
实验句4	1.17	0.70	0.65	0.78
实验句5	1.75	0.50	1.17	0.54
实验句6	0.80	0.72	0.39	0.63

发音人2（女）

第16组	音节1	音节2	音节3	音节4	音节5	音节6	音节7	音节8	音节9
实验句1	1.07	0.79	1.40	0.88	1.21	2.00	0.89	0.67	1.18
实验句2	0.96	1.51	1.16	1.45	0.39	0.65	2.02	1.04	0.92
实验句3	0.30	1.73	2.38	1.38	0.35	1.13	0.58	0.98	1.00
实验句4	1.79	1.69	1.05	1.23	0.36	1.00	0.72	0.77	0.62
实验句5	0.43	0.93	2.28	1.08	0.50	1.28	0.40	0.90	1.13
实验句6	0.59	1.71	1.68	1.29	0.44	1.12	0.54	0.88	0.88

第16组	音节10	音节11	音节12	音节13
实验句1	0.98	1.00	0.33	0.68
实验句2	0.75	0.45	0.67	1.00
实验句3	0.90	0.68	0.53	0.83
实验句4	0.72	0.82	0.82	1.54
实验句5	1.55	0.75	0.75	0.93
实验句6	1.05	0.85	0.85	1.17

第17组 作为附加问句的正反问句

发音人1（男）

第17组	音节1	音节2	音节3	音节4	音节5	音节6	音节7	音节8	音节9
实验句1	0.82	1.09	1.52	0.77	0.40	1.80	1.05	0.98	0.80
实验句2	1.40	1.16	1.62	1.00	0.95	1.54	0.87	0.76	0.76
实验句3	1.32	1.02	2.28	1.23	0.95	1.32	0.58	0.96	0.75
实验句4	1.35	0.90	1.22	1.04	1.39	1.83	1.47	0.82	0.36
实验句5	1.26	0.86	2.15	1.05	0.85	0.79	1.93	0.86	0.84
实验句6	1.52	0.77	2.28	0.93	0.85	1.33	0.81	1.21	0.52
第17组	音节10	音节11	音节12	音节13					
实验句1	0.97	1.01	0.38	1.45					
实验句2	0.83	0.68	0.40	1.07					
实验句3	0.56	0.54	0.36	1.11					
实验句4	0.77	0.71	0.35	0.93					
实验句5	0.91	0.44	0.20	0.88					
实验句6	0.68	0.59	0.51	1.01					

发音人2（女）

第17组	音节1	音节2	音节3	音节4	音节5	音节6	音节7	音节8	音节9
实验句1	1.42	1.11	0.97	1.21	0.61	1.07	1.14	1.06	0.90
实验句2	0.97	0.75	1.52	0.70	1.36	1.19	1.04	1.21	0.99
实验句3	1.50	1.11	1.09	1.29	1.15	0.89	0.85	1.32	1.32
实验句4	1.69	1.18	1.88	0.86	0.98	1.00	1.08	1.17	0.41
实验句5	1.58	1.41	1.22	0.59	1.18	0.78	1.18	1.05	1.21
实验句6	1.50	1.31	1.67	0.94	1.32	1.44	0.89	1.13	0.71
第17组	音节10	音节11	音节12	音节13					
实验句1	1.16	0.54	0.41	0.63					
实验句2	1.02	0.66	0.19	0.72					
实验句3	0.83	0.64	0.38	0.65					
实验句4	1.02	0.65	0.22	0.56					
实验句5	0.59	0.95	0.44	0.83					
实验句6	0.70	0.64	0.17	0.57					

第18组 选择问句（选择项之间有关联词语"还是"）

发音人1（男）

第18组	音节1	音节2	音节3	音节4	音节5	音节6	音节7	音节8
实验句1	1.12	1.20	1.52	0.92	0.60	1.96	2.04	0.76
实验句2	0.93	1.30	1.89	0.48	0.70	1.07	0.85	0.85
实验句3	0.78	1.67	1.54	0.72	1.50	0.83	1.00	0.56
实验句4	1.41	0.56	1.33	1.00	1.22	1.19	1.26	0.59
实验句5	0.81	1.19	1.80	0.81	0.90	0.86	1.81	0.86
实验句6	1.25	1.63	1.81	0.69	1.13	1.63	0.81	1.00
第18组	音节9	音节10	音节11	音节12	音节13	音节14	音节15	音节16
实验句1	0.80	0.84	0.44	0.48	0.92	1.00	0.80	0.80
实验句2	1.07	0.85	0.48	0.52	0.56	0.67	1.56	0.96
实验句3	1.22	0.89	0.44	0.50	0.94	0.83	0.61	1.16
实验句4	0.52	1.44	0.48	0.33	1.00	1.26	0.48	1.30
实验句5	1.38	0.67	0.33	0.43	1.33	1.24	0.43	0.90
实验句6	0.69	1.06	0.31	0.50	0.75	0.38	0.81	1.05

发音人2（女）

第18组	音节1	音节2	音节3	音节4	音节5	音节6	音节7	音节8
实验句1	1.28	0.86	1.14	0.66	0.76	1.26	1.58	1.20
实验句2	0.85	1.38	1.22	0.63	0.78	1.56	1.49	0.50
实验句3	0.60	2.02	1.96	1.00	1.18	1.28	1.06	0.82
实验句4	1.27	0.97	0.64	0.79	0.94	1.94	1.03	1.10
实验句5	0.54	1.23	1.60	0.90	1.29	1.04	1.71	0.63
实验句6	0.60	1.85	1.19	0.71	0.94	1.77	1.13	0.90
第18组	音节9	音节10	音节11	音节12	音节13	音节14	音节15	音节16
实验句1	0.64	1.42	0.54	0.76	1.22	0.90	1.28	0.62
实验句2	1.10	1.66	0.43	0.51	1.12	0.59	1.10	1.12
实验句3	0.90	0.92	0.40	0.72	0.58	0.62	0.48	1.22
实验句4	0.49	1.46	0.52	0.66	0.91	1.03	1.51	0.76
实验句5	1.00	1.10	0.33	1.04	1.27	0.85	0.48	1.10
实验句6	0.67	1.33	0.65	0.92	1.04	0.33	1.00	0.92

第19组 选择问句（选择项之间有问号）

发音人1（男）

第19组	音节1	音节2	音节3	音节4	音节5	音节6	音节7	音节8
实验句1	1.38	1.46	1.63	0.58	0.58	1.17	1.29	1.54
实验句2	0.89	1.56	1.26	1.19	1.19	1.37	1.52	1.00
实验句3	1.40	1.44	1.64	1.04	1.24	0.92	0.68	0.80
实验句4	1.33	0.67	0.85	0.96	1.19	0.85	1.07	1.37
实验句5	1.48	1.24	1.12	1.36	0.76	0.92	1.16	0.72
实验句6	1.40	1.92	1.00	1.60	0.92	1.28	0.64	1.40
第19组	音节9	音节10	音节11	音节12	音节13	音节14	音节15	音节16
实验句1	0.96	0.75	1.29	0.83	1.29	0.38	0.46	0.33
实验句2	1.00	0.63	0.96	1.04	1.37	0.48	0.37	0.22
实验句3	0.88	0.80	0.88	0.68	0.96	1.04	1.44	0.28
实验句4	1.00	1.15	0.78	1.00	1.59	0.96	0.93	0.19
实验句5	1.12	0.68	0.76	1.16	1.72	0.76	0.40	0.64
实验句6	0.68	0.44	1.00	0.76	0.32	1.76	0.76	0.24

发音人2（女）

第19组	音节1	音节2	音节3	音节4	音节5	音节6	音节7	音节8
实验句1	1.40	0.88	1.13	0.73	0.71	1.58	1.75	1.06
实验句2	0.83	1.31	1.52	1.28	0.94	1.69	1.52	0.59
实验句3	0.50	1.79	2.17	0.85	0.92	1.31	1.23	0.62
实验句4	1.83	1.09	0.83	0.90	1.17	1.45	1.29	0.90
实验句5	0.55	1.15	2.64	1.02	1.25	1.26	1.66	0.64
实验句6	0.48	2.48	1.19	0.81	0.75	1.48	1.25	0.69
第19组	音节9	音节10	音节11	音节12	音节13	音节14	音节15	音节16
实验句1	0.63	0.81	1.21	1.08	0.94	0.79	0.50	0.77
实验句2	1.11	0.50	0.65	1.07	0.83	1.07	0.59	0.48
实验句3	0.83	0.65	0.69	1.13	0.73	0.77	1.13	0.67
实验句4	0.48	0.81	0.71	0.95	0.97	1.17	1.12	0.31
实验句5	1.04	1.13	0.83	0.92	0.66	0.81	0.17	0.25
实验句6	0.85	0.54	1.17	1.23	0.46	1.15	0.92	0.69

第20组　紧缩的选择问句

发音人1（男）

第20组	音节1	音节2	音节3	音节4	音节5	音节6	音节7	音节8	音节9
实验句1	1.15	0.91	1.27	0.76	0.42	1.97	1.76	0.94	1.06
实验句2	0.89	1.08	1.54	0.86	1.32	1.11	1.59	1.08	0.86
实验句3	0.60	1.29	1.89	1.11	1.26	1.31	0.91	0.91	0.86
实验句4	1.14	1.41	1.16	0.78	0.78	1.41	1.32	0.92	0.76
实验句5	0.71	0.89	1.43	1.17	0.69	1.11	1.69	0.46	0.74
实验句6	0.85	1.22	1.30	1.15	0.93	1.30	1.37	1.48	0.81

第20组	音节10	音节11	音节12	音节13	音节14
实验句1	1.06	0.91	0.94	0.24	0.52
实验句2	1.30	0.68	0.84	0.54	0.32
实验句3	1.09	0.43	0.60	0.66	0.89
实验句4	1.43	0.70	0.78	0.59	0.68
实验句5	0.89	2.14	0.94	0.40	0.57
实验句6	1.07	0.56	0.33	0.67	0.78

发音人2（女）

第20组	音节1	音节2	音节3	音节4	音节5	音节6	音节7	音节8	音节9
实验句1	1.38	0.86	0.70	0.68	0.84	2.46	1.38	1.02	0.64
实验句2	0.50	1.44	1.52	1.33	0.79	1.94	1.13	0.54	0.96
实验句3	0.34	1.79	1.38	0.77	0.77	1.34	1.19	0.68	0.66
实验句4	1.47	1.02	0.88	0.51	1.28	1.63	1.12	1.05	0.37
实验句5	0.45	0.92	1.49	0.78	1.33	0.90	1.37	0.61	1.00
实验句6	0.79	1.58	0.88	0.88	0.91	2.07	1.21	0.81	0.86

第20组	音节10	音节11	音节12	音节13	音节14
实验句1	1.21	1.07	0.54	0.86	0.38
实验句2	0.56	0.83	0.40	0.96	1.17
实验句3	1.64	1.11	0.72	0.47	1.25

续表

第20组	音节10	音节11	音节12	音节13	音节14			
实验句4	1.07	0.98	0.65	0.67	1.23			
实验句5	0.73	1.98	0.92	0.78	0.75			
实验句6	1.47	0.84	0.33	0.67	0.52			

注：每个方框中的数据表示一个音节的音量比值。

鉴于篇幅的限制，本书中每组实验句仅展示了两位发音人（1男1女）的数据样本。如果您想要获取更为详尽、完整的数据资料，诚挚邀请您通过电子邮件与作者取得联系。作者的邮箱地址为yjt@caztc.edu.cn。

后　　记

在这本著作即将付梓之际，我感慨万千。回首过往，这段研究与写作的时光，让我对学术的敬畏与热爱愈发深沉，也让我在心灵层面收获了前所未有的充实与笃定。

本书是对汉语疑问焦点韵律表现的研究。在项目立项之初，五位业内专家便倾囊相授，给出了极具价值且详尽的修改意见。这些意见宛如熠熠星辰，照亮了本研究前行的道路，成为我们宝贵的行动指南。我们怀着虔诚之心，对专家的每一条反馈都进行了细致入微的分析，并逐条落实，由此逐步完善了研究方案与实验设计，为后续研究的顺利开展打下了良好基础。在这一充满挑战的探索过程中，我们遭遇了诸多难题。然而，我们对研究的热情却从未有丝毫减退。

实验设计方面，在原有大量前期准备的基础上，我们增加了实验内容，加强了对比性研究，并引入了感知实验的方法。参与的发音人数量也由6—8名增加至10—20名。这些调整显著增加了录音、数据提取和统计分析的工作量。然而，突如其来的疫情对我们的工作造成了严重影响。由于防疫措施的限制，参与实验的受试者数量和实验环境的控制都面临困难，我们不得不调整实验方案和进度。此外，通过灵活采用线上与线下相结合的方式，与多位专家进行深入交流与探讨，我们获得了研究设计和数据分析的宝贵指导。这些建议不仅优化了实验设计，还极大地丰富了研究视角，使我们能够更全面地理解疑问与焦点之间的复杂关系。正是这些努力，使我们得以克服疫情带来的困难，确保了研究的连续性和完整性。

研究过程中，本书合作者高晓天老师主要负责数据的采集和处理工作。他精心筛选发音人，并负责录音工作，确保录音环境的标准化和一致性。在此基础上，他对实验数据展开细致整理与精准分类，运用专业方法对实验结果进行统计分析，并借助可视化手段直观呈现关键信息，为后续研究的顺利推进筑牢根基。而我则主要承担书稿撰写的任务。除了对数据进行分析解释，我还结合相关文献，对实验结果进行系统总结，并将理论与实践相结合，阐述了研究的背景、方法、结论及其学术意义。此外，在书稿创作过程中，我还负责整体架构的设计和内在逻辑的梳理，全力保障内容层次分明、逻辑环环相扣。整个研究中，我们保持密切合作，力争为读者呈现一个完整且系统的汉语疑问焦点韵律表现的研究框架。

在项目结项之际，三位专家再次为我们提供了宝贵的鉴定与修改建议。这些极具价值的反馈，激励我们精益求精，使本书在严谨性与丰富度上都更上一层楼。收到专家反馈后，我们迅速行动，对实验设计的合理性与科学性进行全方位审视，同时对研究内容进行反复打磨与充实，对书稿进行了全面的修订。

我深知，任何学术成果的取得都离不开前人的积累与努力。在此，我衷心感谢在这一领域默默奉献、持续耕耘的各位学者。正是您们不懈的探索与深入研究，积累了丰硕的学术成果，让我们得以站在巨人的肩膀上，进一步拓展学术视野、深化理论认知，向着更高的学术目标迈进。同时，也感谢我的学校领导、同事和同门师友，正是这份支持与鼓励，使我在遇到困难时能够坚持下去。未来，我期待这本书能够为汉语教学、语言技术以及其他相关领域的研究提供参考和启发。希望读者们能够从中获得新的视野，激发更多的思考与讨论。

再次感谢每一位为本书付出心血的人。愿我们的努力能够为语言学界带来更多的生机和力量，也愿我们的研究能够在更广阔的舞台上继续发光发热。

锦婷

2024 年 11 月 10 日